KB220847

민속이슬람

민속이슬람

한국이슬람연구소 김아영 엮음
초판 1쇄 찍은날 · 2004년 9월 10일
초판 1쇄 펴낸날 · 2004년 9월 17일
펴낸이 · 김승태
출판본부장 · 김춘태
책임편집 · 장인숙
편집 · 최지영
디자인 · 최설란
등록번호 · 제2-1349호(1992. 3. 31)
펴낸곳 · 예영커뮤니케이션
　　　　110-616 서울시 광화문우체국 사서함 1661
　　　　유통사업부 T.(02)766-7912 F.(02)766-8934 E-mail. jeyoungsales@chol.com
　　　　출판사업부 T.(02)766-8931 F.(02)766-8934 E-mail. jeyoungedit@chol.com
　　　　홈페이지 www.jeyoung.com

ISBN 89-8350-328-9 (03230)

값 8,000원

■ 잘못 만들어진 책은 언제든지 교환해 드립니다.

민속이슬람

한국이슬람연구소 김아영 엮음

예영커뮤니케이션

연구집 발간에 보내는 말

한국이슬람연구소에서 다섯 번째 연구지를 발간하게 되었습니다. 이슬람 세계의 도전으로 한국에서 이슬람의 정체에 관하여 질문하기 시작하였고, 증가하고 있는 선교 관련자들이 보다 의미 있는 선교 접근을 하기 위하여 이슬람 자료를 요청하고 있는 때에, 더디기는 하지만 그동안 연구소에서 발표하였던 자료들을 모아 한 권의 책으로 내어놓게 되었습니다.

이슬람연구소에서 이렇게 책을 발행할 수 있게 된 것은 연구소의 정기 세미나에서 주제 발표를 해 주신 분들의 연구와 후원의 열매인 것입니다.

글을 모을 수 있도록 세미나 발표 자료를 사용하도록 허락해 주시고, 연구소의 느리고 느린 준비 작업에 대하여 인내해 주신 발표자들에게 이 기회에 감사드립니다. 이 연구지의 편집 작업을 위해 정성을 다한 이현경 연구원과 김아영 부소장에게도 감사를 드립니다. 그리고 이 책을 맡아 준 예영커뮤니케이션의 김승태 사장께 감사를 드립니다.

2004년 9월
전재옥(한국이슬람연구소 소장)

|목차|

연구집 발간에 보내는 말 · *5*

「이슬람과 유대교, 기독교의 메시아사상 비교 연구」 Peter G. Riddell *11*

「이슬람의 영 사상」 이동주 *38*

「통합과 융화의 이슬람 문화: 토속 관행과 이슬람 관행」 조희선 *58*

「파키스탄 이슬람화 정책과 무슬림 여성의 지위」 김영남 *107*

「이슬람의 사랑 개념」 이현경 *143*

서평

『기독교와 이슬람의 대화』(쇼캣 모우캐리 지음) 박성은 *182*

『기독교와 이슬람』(전재옥 지음) 김홍기 *185*

A History of Christian-Muslim Relations (Hugh Goddard) 김아영 *190*

Ministry to Muslim Women (Fran Love and Jeleta Eckheart 편집) 김영남 *193*

『빼앗긴 얼굴』(라티파 지음) 이주영 *197*

『이슬람의 딸들』(미리암 애드니 지음) 이현경 *200*

Called from Islam to Christ (Jean-Marie Gaudeul 지음) 이현경 *203*

부록

한국이슬람연구소 강좌 자료(1999년 이후) *208*

단행본과 번역서 *213*

《이스마엘 우리의 형제》 연구발표 내용(38호–68호) *214*

한국이슬람연구소 소장 도서 *218*

논문

이슬람과 유대교, 기독교의 메시아사상 비교 연구
이슬람의 영 사상
통합과 융화의 이슬람 문화: 토속 관행과 이슬람 관행
파키스탄 이슬람화 정책과 무슬림 여성의 지위
이슬람의 사랑 개념

이슬람과 유대교, 기독교의 메시아사상 비교 연구*

Peter G. Riddell[1]

1. 서론

세계적인 유일신 종교인 유대교와 기독교, 이슬람은 모두 메시아사상을 가지고 있다. 언뜻 보기에는 이 세 종교의 메시아사상이 동일한 것 같기도 하다. 그러나 좀더 자세히 살펴보면 이들 간의 사상적 차이가 상당히 크며, 메시아사상을 통해 세 종교 간의 연속성을 찾기가 어렵다는 것을 발견하게 될 것이다. 무슬림들이 믿는 메시아는 단순히 유대 개념으로부터 발달된 기독교 메시아사상의 확대판이 아닌 것이다.

이 자료는 이슬람의 메시아사상을 중점적으로 다루면서 유대교와 기독교의 메시아사상을 비교하여, 이를 통해 유일신 종교의 메시아사상에 대한 좀더 깊은 이해를 제공할 것이다.

---

* 이현경(한국이슬람연구소 연구원) 역.
1) 'London Bible College 이슬람 센터(CIS, Center for Islamic Studies)' 소장.

2. 이슬람의 메시아사상

크로우(Crow)는 5세기와 6세기의 근동 지역에 종말론적 기대감이 확산되어 있었다고 주장한다. 꾸란에는 심판의 날이나, 마지막 때의 징표들(ashrat al-sa'ah), 의인에 대한 보상과 악인이 당할 고통에 대한 구절들이 자주 등장한다. 일부 학자들은 무함마드가 아라비아 기독교인들이나 유대인들과 접촉한 데서 그러한 구절들의 근원을 찾기도 하지만, 종말론적 견해들은 당시 근동의 많은 종교 공동체 가운데 이미 널리 퍼져있던 개념이다.

메시아사상은 이슬람 경전에서 분명하게 드러난다. 꾸란은 이슬람의 메시아를 지칭하는 많은 구절들을 제시한다. 종말론적 메시아의 도래에 대한 직·간접적인 언급들은 이슬람의 전통인 하디스에서도 풍부하게 제시되고 있다.

(1) 알-마시(al-masih)에 대한 이해

1) 꾸란에서의 이해

무함마드가 계시받은 알라의 말씀으로 여겨지는 꾸란은 '알-마시'라는 단어를 11번 사용한다. 이 단어는 항상 예수-이슬람에서는 '이사(Isa)'라고 불린다-의 이름과 함께 등장한다. 알-마시는 히브리어 '마시아(mashiah)'와 같은 어원이며, 다양한 해석이 있긴 하지만 보통은 메시아로 해석된다. 이 단어가 히브리어 마시아와 같은 어원이긴 하지만 꾸란이 알-마시의 역할에 대해 분명하게 제시하지 않는다는 점에서 성급한 결론은 금해야 한다.

알-마시라는 단어가 예수의 이름과 늘 연계되어 등장한다는 점으로 보아, 이슬람 경전에서 이들의 역할을 이해하기 위해서는 이 두 단어가 어떻게 사용되었는지를 이해할 필요가 있다. 먼저 제기되어야 하는 질문은, 예수의 삶과 가르침에 관한 구절들을 통해 알-마시가 어떻게 제시되고 있는가 하는 것이다.

꾸란은 예수를 예언자라고 단 한 번 말하고 있을 뿐(Q 19:31), 예수에 대한 꾸란의 묘사는 이슬람의 예언자에 대한 묘사와 대체로 일치한다. 예수는 천상의 판(luh mahfuz)으로부터 내려온 경전을 계시한 자, 즉 신의 계시를 받은 자로 묘사된다. 예수의 예언자로서의 지위는 무함마드에 이어 두 번째로 높으며, 이 둘은 놀랄 만큼 유사하게 묘사된다. 예수와 무함마드 모두 자신을 적대시하는 상황에 처하며, 메카 시기의 무함마드처럼 예수도 공개적으로 거짓 가르침을 비판한다.

꾸란에서의 예수에 대한 묘사는 매우 짧다. 6,000여 개에 달하는 꾸란 구절 중에서 오직 93개만이 예수에 대해 말하고 있으며, 그중 64개는 그의 탄생에 대한 것이다. 이러한 이유로 크래그(Cragg)는 복음서가 예수의 수난과 일대기를 광범위하게 다루고 있는 반면, 꾸란에서 예수에 대해 묘사한 부분은 '탄생 이야기와 빈약한 후속편'이라고 표현했다.

꾸란은 예수의 가르침을 그다지 많이 다루지 않는다. 그의 백성을 옳은 길로 인도한 자로 그려지며(Q 3:50ff; 5:117), 알라를 다른 신들과 관련시키지 않도록 가르친 자로 나타난다(Q 5:72). 더 나아가 이슬람에서 주장하는 마지막 예언자로서의 무함마드의 위상을 뒷받침하여, 예수는 '글을 알지 못하는 문맹 예언자', 즉 무함마드를 예언한 자로 기록하고 있다.

예수에 대한 꾸란의 이해는 성경에서 제시되는 그의 모습들과는 거리가 멀다. 예수의 동정녀 탄생은 성육신으로 이해되지 않으며, 단지 알라의 전능하심을 드러내는 예일 뿐이다. 꾸란 112장이나 18장 4-5절과 같은 구절들은 기독교에서 말하는 성육신을 확실하게 반대하고 있다. 꾸란 역시 예수를 질병 치유와 같은 많은 기적을 행한 자로 그리고 있지만(Q 3:49; 5:113-118), 이러한 기적들은 예수의 신적인 면을 드러내는 것이 아니라, 알라로부터 특별한 은사를 받은 자이기 때문에 가능한 일로 묘사된다.

또한 메시아로서 중요한 역할인 십자가 상의 죽음을 부인함으로써(Q 4:157-159), 예수의 부활 역시 부인하고 있다. 꾸란 이외의 다른 이슬람 자료들에서는 보편적으로 등장하는 예수의 다시 오심에 대해서도 꾸란에서는 간접적으로만 제시될 뿐이다.

> 그 성서의 백성들 가운데 그가 임종하기 전에 그(예수)를 믿지 아니한 자 없었으며 그(예수)가 심판의 날 그들을 위한 증인이 됨을 믿지 아니한 자 없으리라(Q 4:159)

> 실로 예수의 재림은 심판이 다가옴을 예시하는 것이라. 그러므로 일러 가로되 그 시각에 대하여 의심치 말고 나를 따르라(Q 43:61)

2) 주석에서의 이해

이제 꾸란에 대한 권위 있는 주석들을 통해 이들이 어떻게 알-마시에 대해 말하고 있는지 살펴볼 것이다. 주석가들은 메시아 예수를 기름부음 받은 존재로 그리고 있다.

타바리(923년 사망)는 예수가 가브리엘로부터 기름부음을 받아 사탄이 인간에게 미치는 악으로부터 자유로웠다고 전한다. 또한 꾸란은 이러한 기름부음을 예수에 대한 알라의 특별한 은총으로 묘사한다.

이때 그가 말하길, "나는 하나님의 종으로 그분께서 내게 성서를 주시고 나를 예언자로 하셨습니다." 말하더라. "제가 어디에 있던 저를 축복받은 자로 하셨고 제가 살아 있는 한 예배를 드리고 자카트를 바치라 저에게 명령하셨습니다."(Q 19:30-31)

더 나아가 그의 활동을 근거로 하여, 메시아 예수를 다른 이들에게 기름을 바르는 자로 그리고 있다. 그는 거룩한 기름을 눈먼 자의 눈에 바르고, 병자들에게 손을 얹고, 백성들을 죄로부터 깨끗하게 하는 존재이다.

예수가 십자가 상에서 죽지 않았고, 죽기 전 하늘로 들림을 받았다는 문제에 대해서는 논쟁이 분분하다. 꾸란 주석가들은 이 문제에 대해서도 다양한 해석을 제시한다. 어떤 학자들은, 알라가 예수가 잠자는 동안에 그를 하늘로 올렸다고 주장한다. 유명한 전통 주석자인 알-바이다위(1286년 사망)는 알라가 예수에게 그를 하늘로 올릴 것임을 말했다고 전한다. 예수가 자신을 따르는 자들에게 "나의 모습을 입고, 십자가에서 죽은 후 천국에 들어갈 자가 누구인가?" 하고 말하자 그중 한 명이 자원했고, 알라가 그를 예수처럼 보이게 하여 십자가에서 죽게 했다고 한다. 또 다른 전통 주석가인 알-자마크샤리(1144년 사망)는 말하기를, 증인들은 예수가 십자가에서 죽었다고 생각하지만 그것은 그들의 상상일 뿐이라고 한다. 사실 예수는 살아 있었고 알라가 그를 자신에게로 이끌어 올렸다는 주장이다.

3) 하디스에서의 이해

하디스는 여러 구절에서 예수가 다시 올 것이며 그것이 마지막 날의 징표가 될 것임을 말한다. 부카리는 다음과 같이 기록한다.

후라이라의 설명이다. 알라의 사도께서 말씀하시기를, "나의 영을 주관하시는 분인 알라에 의해 마리아의 아들인 예수는 곧 너희 가운데 다시 올 것이며, 꾸란의 법을 따라 인류를 공의로 심판할 것이다. 그는 고통을 없애고, 추악한 자들을 죽일 것이며… 돈이 너무나 많아서 아무도 그것을 얻으려고 하지 않을 것이며, 알라에게 드리는 엎드림(기도)이 이 세상 무엇보다도 더 값진 것이 될 것이다."

위의 하디스 내용은 예수를 공의를 실현하는 자로 묘사하는 꾸란 구절과도 일치한다. 또한 예수의 다시 오심을 암시하고 있는 꾸란 구절을 설명해 준다. 부카리와 같은 다른 하디스의 구절들은 종말에 그리스도와 적그리스도 사이에 있을 대립에 대해 말한다.

압둘라 빈 우마르의 설명이다. 알라의 사도께서 말씀하시기를 "나는 지난밤 꿈에서 카바 근처에 내가 있는 것을 보았다. 그리고 또한 불그스름한 혈색을 가진 자를 보았는데, 내가 본 중에 가장 뛰어난 자였고, 단정하게 빗은 아름다운 머리가 귓불에까지 닿았으며, 머리에서부터 물이 방울져 떨어지고 있었고, 두 사람에게 기대어 카바 주변에서 타와프를 행하고 있었다. 나는 '이가 누구입니까?' 하고 물었고, 누군가 답하기를 '그는 마리아의 아들 메시아이다.' 고 했다. 그러고 나서 나는 곱슬머리를 하고 오른쪽 눈이 멀고 흉하게 튀어나온 어떤 사람을 보았다. 나는 '이가 누구입니까?' 하고 물었고, 누군가 답하기를 '그는 메시아 아드-다잘(적그리스도)이다.' 라고 했다."

라이어빅(Leirvik)은 그의 최근 연구에서 정경으로 인정되는 하디스에서 예수에 대해 묘사하고 있는 5가지 형태를 제시했다.

1. 무함마드와 예수 사이의 관계를 설명하는 내용들
2. 예수의 외모를 설명하는 내용들
3. 예수의 다시 오심을 예언하는 종말론적 성격의 내용들
4. 예수의 특별한 공적들을 설명하는 내용들
5. 기독교 복음서와의 유사점들을 가리키는 내용들

위에서 인용된 두 하디스 구절은, 하나의 구절이 이러한 다양한 형태를 동시에 포함하고 있음을 보여 준다. 즉, 위의 두 구절들은 모두 종말론적 성격을 가지고 있다. 첫 하디스 구절은 예수의 공적을 언급하고 있고, 두 번째 구절은 예수의 외모에 대해 서술하고 있다. 따라서 이슬람의 메시아 사상을 좀더 이해하기 위해서는 꾸란 이외의 다른 이슬람 문서들을 참조할 필요가 있음을 알 수 있다.

4) 예수에 대한 학문적 이해와 대중적 이해

위에서 언급된 것을 포함하여 이슬람 경전에서 발견되는 메시아 예수에 대한 자료들은 이슬람 학자들과 민간 작가들에 의해 폭넓게 해석되고 있다. 이슬람에서는 이런 방식으로 메시아 예수에 대한 이해를 제시하지만, 이는 성경에서 그리고 있는 예수의 삶과 메시아로서의 모습과는 상당히 다르다.

17세기 인도의 이슬람 신학자이자 작가인 누르 알딘 알-라니리(Nur al-Din al-Raniri, 1658년 사망)는 그의 작품 *Asrar al-insan*에서 기독교인들이 믿고 있다고 여겨지는 예수의 모습에 대해 다음과 같이 정리하였다.

1. 예수는 아버지 없이 태어났다.
2. 예수는 진흙으로 생물을 만들 수 있었다.
3. 예수는 죽은 자를 살릴 수 있었다.
4. 예수는 병자를 낫게 할 수 있었다.
5. 예수는 숨겨진 진리를 설명해 줄 수 있었다.

알-라니리는 이러한 다섯 요소들을 지적하면서 기독교인들은 지나치게 예수에게 집착함으로써 알라의 존재를 희석시키고, 예수는 단지 예언자로서 알라의 도구였을 뿐이라는 사실을 간과하고 있다고 주장한다. 알-라니리는 계속하여 이슬람에서 제시하는 예수의 특별한 속성 네 가지를 소개한다.

첫째로 예수는 빛이다(nur). 그러나 그는 단지 거울과 같이 알라의 빛을 반사하는 자일 뿐, 그 빛의 근원은 아니다. 알-라니리는 이 속성은 모든 예언자들이 공통으로 갖고 있는 것이라는 점을 밝힌다. 둘째로, 예수는 영이다(ruh). 그러나 이 점에 있어서 예수는 아담과 결코 다르지 않다(Q 3:59). 알라는 아담에게 그랬던 것처럼 예수에게도 숨을 불어넣었다. 그러므로 예수는 죽은 자나 진흙으로 만든 새 등에 숨을 불어넣을 수 있었다. 즉, 예수는 단지 알라의 도구였을 뿐 영의 근원이 되는 존재는 아니다. 셋째, 예수는 알라의 말씀이다(kalimat minhu). 이 역시 min + hu (from+God: 알라로부터)에 강조점이 있으며, 예수는 도구일 뿐이다. 마지막으로, 예수는 메시아이다(al-masih). 알-라니리는 이 용어를 설명하지는 않지만, 예수와 아담을 비교하는 데 중점을 두고 있다.

이슬람의 메시아 예수에 대한 좀더 민간적인 묘사는 자바의 18세기 이슬람 작품인 *Kitab Usulbiyah*에서 찾아볼 수 있다. 이 작품은 예수와 무함마드의 지상에서의 만남에 대해 자세히 묘사하고 있는데, 위에서 언급된 라이어빅의 첫번째 범주에 속하는 하디스의 설명에 영향을 받았음을 알게 된다. 이 책은 종말에 역할을 감당하는 위대한 두 예언자를 함께 제시함으로써 매우 가치 있는 작품으로 평가되었다. 또한 이 책을 복제하는 자에게는 1,000번의 메카 순례를 행한 것과 동일한 유익이 주어지는 것으로 여겨졌다.

이처럼 경전을 보충해 주는 다양한 문서의 다채로운 설명으로 인해 민간 수준에서의 예수는 다시 오실 메시아로, 그의 오심은 임박한 심판의 징표로 이해되었다.

(2) 알-마흐디(al-Mahdi)에 대한 이해

그럼에도 불구하고, 이슬람의 메시아사상은 어느 정도의 다양성을 가지고 있다. 이슬람에서 두 가지 용어가 메시아적인 뉘앙스를 나타내는데, 그것은 위에서 살펴본 알-마시와 알-마흐디('인도함을 받은 자'라는 의미)이다.

알-마흐디의 개념은 이슬람 초기 몇 십 년간 윤곽이 잡혔고, 655년 칼리프 우스만의 암살과 681년 무함마드의 사촌 후세인의 암살 사이의 일련의 정치적 사건들을 통해 체계화되었다. 후세인 암살 사건은 686년 쉬아파의 반란과 함께 쉬아파의 독자적인 노선을 확실히 하는 계기가 되었는데 이때 문서에서 처음으로 알-마흐디 용어가 발견된다. 알-마흐디 사상이 쉬아 이슬람에서 가장 명료하게 표현되고 있음은 놀라운 일이 아니다. 쉬아파에게 마흐디는 종말론적 인물로 그려지고 있는데, 그는 지상에서의 삶을 살았고, 알라에 의해 자취를 감추었다가, 마지막 때 심판의 날에 임박하여 공의를 회복하기 위해 의인들의 지도자로 다시 올 존재이다.

쉬아 공동체는 '십이 인들'이라고 알려진 무함마드 사후 이슬람 공동체를 이끌었던 열두 이맘들에 대한 믿음을 가지고 있다. 이들 대부분은 이중 열두 번째 이맘이 현재 알라에 의해 자취를 감추었으며, 그가 바로 마흐디라고 믿고 있다. 십이 인들은 대부분 알-마흐디보다는 '이맘'이라고 불리고 있지만, 이 명칭이 종말에 있을 그들의 역할을 희석하지는 않는다.

또 다른 쉬아 그룹인 'Kaysaniyyah'는 알-마흐디 사상의 시조라고 할 수 있다. 그들은 마흐디를 후세인의 이복형제인 무함마드 알-하나피아라고 보기도 하고 예수를 마흐디라고 보기도 했다.

이슬람 역사를 보면 수차례에 걸쳐 마흐디로 추정되는 인물들이 발견되며, 그들은 무슬림이 어려움에 처했을 때 나타났다. 예를 들면, 수단의 무함마드 아흐마드는 1881년 영국의 제도에 반대하여 반란을 일으키면서 자신을 마흐디라고 선언하고, 1885년 영국의 키신저에 의해 패할 때까지 마흐디 정권을 세우기도 했다. 다른 경우들을 살펴볼 때, 자신을 마흐디라고 주장하는 인물들이 출현할 경우 결국 이슬람 내의 분열로 이어짐을 알 수 있다. 파티미드 칼리프 알-하킴(1021년 사망)을 마흐디로 보았던 드루즈, 20세기 초반에 인도에서 살았던 미라자 굴람 아흐마드를 마흐디로 보았던 아흐마디아, 1844년 스스로 마흐디임을 주장했던 페르시아 쉬라즈의 미르자 알리 무함마드를 믿었던 바하이스, 열두 번째 쉬아 이맘이 알라에 의해 가려진 것을 기념했던 1,000주년 기념식 등의 경우가 그랬다. 이처럼 알-마흐디 용어의 사용은 이슬람 역사를 통해 다양하게 규정되었으며, 다양한 인물들이 자신을 마흐디로 주장했거나 사람들에 의해 그렇게 여겨졌음을 알 수 있다. 이러한 만연한 믿음을 생각할 때, 알-마흐디라는 용어가 꾸란에 등장하지 않는다는 사실은 다소 충격적이다. 꾸란에서 가장 유사한 것은 동일한 아랍어 어원을 가지고 있고 '옳게 인도함을 받은 자' 라는 의미를 지니고 있는 용어인 '알-무흐타드' 이다.

하나님이 인도하사 그는 좋은 길로 인도되며 하나님께서 방황케 두사 그대는 그를 인도할 보호자를 발견치 못하리라(Q 18:17)

무슬림 세계의 다수를 차지하는 순니 이슬람은 쉬아 이슬람에 비해 마흐디의 주장에 대해 훨씬 불분명한 입장을 취한다. 다수의 순니 학자들은 쉬아 학자들과는 달리, 누군가가 자신을 마흐디라고 주장하는 일은 있을 수 없다고 주장한다. 그러나 민간적 차원에서는 종종 예수가 세상을 개혁하기 위해 지상에 돌아올 마흐디로 믿어지기도 했다. 이것에 대해서는 다양한 주장들이 있다. 예수를 마흐디가 오기 전 선임자라고 보는 의견과, 마흐디는 적그리스도의 세력 이전에 세상을 지배하는 존재이고, 적그리스도의 세력은 예수의 도래에 의해 멸망될 것이라는 의견이 그것이다.

이처럼 다양한 의견이 있긴 하지만 그 공동적인 부분들을 정리해 보면 다음과 같다.

· 마흐디의 통치는 무함마드 통치 당시의 순수함을 다시 실현할 것임
· 분파적 차이가 사라질 것임
· 마흐디의 도래는 거대한 시련과 악에 대한 선의 궁극적인 승리를 예고하는 것임

크로우는 무슬림들 사이의 마흐디에 대한 이해를 다음과 같이 잘 요약하였다. "다수 무슬림들의 마음속에는 마흐디에 대한 믿음이 살아있다. 시련의 때에 이 믿음이 다시 살아나게 되고, 왜곡된 역사를 바로잡기 위해 마흐디의 도래를 소망하게 되는 것이다."

3. 유대교의 메시아사상

히브리 용어 '마시아(mashiah)'는 '기름을 바르다'를 의미하는 히브리 동사 'mashaha'로부터 유래했다. 남성명사 마시아는 다음과 같이 히브리 성경에서 다양한 의미로 사용되고 있다.

a. 하나님의 명에 의해 기름 부음을 받은 이스라엘의 왕(mashiah adonai)
b. 이스라엘의 대제사장(ha-kohen ha-mashiah)(레 4:3, 5, 16; 6:15)
c. 하나님에 의해 임명받은 자 고레스(meshihu)(사 45:1)
d. 왕으로 오시는 메시아(ad-mashiah nagir)(단 9:25)
e. 기름부음 받은 왕으로 여겨지는 유대민족의 조상들(대상 16:22)

히브리 성경에서 나타나는 'mashiah'의 다양한 사용은 역사를 통해 이 용어에 대한 유대인의 이해가 어떻게 발전해 왔는가를 보여 준다.

(1) 첫단계: 왕이신 메시아

성경에 나타나는 고대 이스라엘 왕들은 예언자들을 통해 하나님께서 임명하신 지도자로 기름부음을 받았다고 믿어졌으며, 그 임관식에는 기름부음의 과정이 포함되어 있었다. 사무엘상의 기록이 이를 잘 보여 준다.

> 여호와를 대적하는 자는 산산이 깨어질 것이라 하늘 우레로 그들을 치시리로다 여호와께서 땅 끝까지 심판을 베푸시고 자기 왕에게 힘을 주시며 자기의 기름부음을 받은 자의 뿔을 높이시리로다(삼상 2:10)

> 이스라엘의 하나님 나 여호와가 말하노라… 내가 나를 위하여 충실한 제사장을 일으키리니 그 사람은 내 마음, 내 뜻대로 행할 것이라 내가 그를 위하여 견고한 집을 세우리니 그가 나의 기름 부음을 받은 자 앞에서 영구히 행하리라(삼상 2:30-35)

> 사무엘이 온 이스라엘에게 이르되… 내가… 너희 위에 왕을 세웠더니… 내가 여기 있나니 여호와 앞과 기름 부음을 받은 자 앞에서 내게 대하여 증거하라…(삼상 12:1-5)

성경에 등장하는 기름부음 받은 왕 중에 가장 뛰어난 자는 다윗이었다. 그는 하나님에게 (예언자 사무엘을 통하여) 선택함을 입은 인자한 왕인 초기 메시아사상의 예표로, 하나님의 교훈을 따라 이스라엘 백성들을 지혜로 인도하고 하나님의 왕 되심을 나타내는 자였다. 그는 이처럼 예언자, 제사장들과 함께 '신성함을 입은 자'였다.

이러한 그의 위치는 다양한 발전 단계들의 정점을 보여 준다. 이스라엘의 왕권이 확립되기 이전에는 예언자들이 이스라엘 백성에게 하나님의 명령과 뜻을 일러 주는 주요 도구였다. 다윗의 시대 그리고 솔로몬의 성전이 건립된 이후에는, 군주가 위협이나 적들로부터의 구원을 위한 희망의 대상이었던 것처럼 군주의 종교적 중요성 역시 강조되었다.

바벨론 유수(BC 587-539) 이전 시기의 메시아사상은 군림하는 군주의 선상에서 이해되었으며 아직 명확한 종말론적 차원은 아니었다. 실제로 일부 학자들은 히브리 성경에서 'mashiah'라는 용어가 종말론적으로 사용된 적이 없다고 주장한다. 그럼에도 불구하고 나중에 종말론적인 해석을 내리게 되는 요인들은 처음부터 성경에 존재하고 있었다.

> … 그러므로 이제 내 종 다윗에게 이렇게 말하라… 네 수한이 차서 네 조상들과 함께 잘 때에 내가 네 몸에서 날 자식을 네 뒤에 세워 그 나라를 견고케 하리라 저는 내 이름을 위하여 집을 건축할 것이요 나는 그 나라 위를 영원히 견고케 하리라 나는 그 아비가 되고 그는 내 아들이 되리니… 네 집과 네 나라가 네 앞에서 영원히 견고하리라(삼하 7:8-17)

나단의 비전을 통해, 하나님은 다윗에게 그의 후손을 높이실 것이며 그의 왕국을 영원히 세우리라고 약속하셨다. 이것이 초기의 메시아사상이라고 할 수 있으며, 후에 성경 문맥을 통하여 발전되었다. 그러나 이 초기 단계에서, 'mashiah'는 하나님으로부터 선택받은 높임받는 인간 왕이었음을 알 수 있다. 이 단계에서 다윗 계열에 속하는 메시아에 대한 희망이 분명히 드러나고 있지만, 초기 예언서에는 마지막 때의 다윗과 같은 통치자에 대한 기대는 거의 나타나고 있지 않다.

(2) 종말론적 차원에서의 메시아사상

종말론적 자료들은 바벨론 유수 이전의 마지막 시기와 유수 시대의 예언서들에서 나타난다. 이 예언서들은 구원자 메시아를 예언하는데, 이 메시아는 대재난 이후에 올 자이며, 하나님과 그의 백성들을 화해시키실 분으로 묘사된다. 그러한 예언들은 긴장과 극적인 사회 변화의 상황에서 제시된다. 이사야는 하나님의 신실하심에 의해 회복되고 구속될 시온을 생생하게 묘사한다. 이사야 이후에 쓰인 다니엘 9장은 시온의 멸망과 하나님께 대한 불순종에 대해 증거하고 있다.

바벨론 유수 기간 동안 백성들이 고역하는 상황은 이스라엘 전성기 시대의 메시아사상에 변화를 가져왔다. 즉, 그들을 고통으로부터 구원할 것을 예고하는 자로서의 메시아사상이 발전된 것이다. 모빙켈(Mowinckel)은 이러한 묘사가 군주국의 초기 시대부터 이미 존재하고 있었다고 주장한다. 다윗의 시편에서, 굴욕을 당하고 패하지만 궁극적으로 그의 공의와 하나님께 대한 헌신으로 인해 구원받는 다윗과 같은 왕이 묘사되고 있다는 것이다.

예언자가 아닌 군주가 유대 공동체의 인도자로 인식되었던 것은 오직 이스라엘 군주국의 마지막 시대뿐이었다. 바벨론이 예루살렘을 함락하고 대다수의 유대인들이 바벨론으로 추방당하면서, 군주가 없는 상황에서 예언자들은 다시 미래의 의미와 미래에 대한 소망을 제시하는 역할을 감당했다. 그럼에도 불구하고, 이전 시대에 기대했던 메시아적 희망 대상으로서의 왕의 존재는 잊혀지지 않았다. 실제로, 추방 이후에 많은 유대인들은 외부의 적들로부터 자신을 구원할 수단으로서의 왕권 회복을 갈구했다. 이러한 방식으로 왕권은 그의 백성들을 향한 신의 축복의 통로로써 여전히 남아 있었다.

바벨론 유수 이전의 마지막 시기에 발견되는 종말론적 메시아에 대한 구절의 진위여부는 자료비판 연구에 있어서 가장 논쟁적인 문제 중 하나였다. 많은 기독교 신학자들은 19세기 후반 벨하우젠 학파에 의해 이루어진 연구로 인해, 바벨론 유수 이전의 예언자들에 의해 기술된 종말론적 서술의 예언들은 유수 이후의 저자들에 의해 후기에 삽입되었으며, 이 예언자들은 종말론적 차원의 메시아사상이 활발하게 발전하고 있던 시대에 활동한 자들이라는 결론을 내리게 되었다.

궁켈(Gunkel)은 더 나아가, 유수 이후에 유대교에 등장하기 시작한 종말론적 메시아사상은 사실 바벨론의 창조 신화로부터 유래한 것이라고 주장하기도 했다. 이를 반대하면서 그레스만(Gressman)과 같은 다른 신학자들은 오래 전부터 히브리인들 사이에 이미 종말론이 널리 퍼져 있었고, 다수의 백성들이 하나님께서 이스라엘의 적들을 멸망시키실 때를 심판의 날로 보고 있었다고 주장했다. 모빙켈은 종말론은 남왕국의 멸망 후에 등장했고, 그 주요 내용은 야훼의 왕권과 자연재해, 적으로부터의 구원, 심판, 새 창조와 계약, 종말의 향연, 신의 임명을 받았지만 그 자신이 신성을 갖고 있지는 않은 메시아였다고 주장한다.

종말론적 메시아사상에 대한 자세한 발달의 경로가 어떠했든지, 분명한 것은 바벨론 유수 이전과 바로 직후의 고대 이스라엘인들은 메시아에 대해 다양한 해석을 내렸다는 것이다. 상당한 기간 동안 고대 이스라엘 백성 사이에 신이 임명한 인간 통치자로서의 메시아 개념과 마지막 날에 고통으로부터 자신들을 구원할 메시아 개념이 함께 공존하고 있었음을 알 수 있다.

유수 이후에 종말론적 구원자로서의 메시아에 대한 이해는 확고히 자리 잡게 되었다. 기원전 5세기 중반에 활동했던 말라기는 하나님과 그의 백성 간의 계약을 새롭게 할 사자(messenger)를 기대했고, 또한 심판의 날 직전에 활동할 예언자들을 예언했다. 말라기는 본문에서 모세와 엘리야의 두 이름을 언급하면서 엘리야가 마지막 시련 이전에 나타날 선지자임을 말한다.

> 너희는 내가 호렙에서 온 이스라엘을 위하여 내 종 모세에게 명한 법 곧 율례와 법도를 기억하라(말 4:4)

> 보라 여호와의 크고 두려운 날이 이르기 전에 내가 선지 엘리야를 너희에게 보내리니(말 4:5)

(3) 중간기 시대

계속되는 논의들은 히브리 성경이 나타내는 메시아 개념과 그 초점이 다양함을 확실히 한다. 찰스워스(Charlesworth)가 지적하듯이 히브리 성경은 '메시아를 위한 잘 짜여진 선교'는 포함하고 있지 않다. 이러한 상황에서, 중간기 시대의 유대인들이 메시아에 대해 갖고 있던 기대는 다양성으로 규정지을 수 있다.

신약학자들은 종종 예수 이전의 메시아사상은 하나라고 생각한다. 호슬리(Horsley)는 기독교 신학자들이 종종 자신의 위치를 확고히 하기 위해 유대의 현상들을 상투화시킨다고 주장한다. 예를 들면, 메시아를 기대하면서 로마제국에 강하게 저항하는 유대인들의 모습을 부각시킴으로써 기독교의 메시아사상을 강조한다는 것이다. 이러한 태도는 기독교 학문과 본문을 중시하는 신약학자들에게 주로 나타났다. 그러나 후기에 들어와서, 중간기 시대의 유대 메시아사상을 이해하기 위해서는 그 당시에 존재했던 유대 원문들에 중점을 두어야 한다는 입장을 갖게 되었다. 그리고 더 이상 복음서나 바울서신이 70년대 이전의 유대교 메시아사상의 이해를 위해 충분한 자료를 제공한다고 여기지 않게 되었다.

중간기 시대 유대인들의 외경 문서는 4개가 존재한다. 『솔로몬의 시편』, 『1 에녹』, 『4 에스라』와 『1 바루크서』가 그것이다. 이러한 문서들은 중간기 시대에 유대인들이 단일한 메시아사상을 갖고 있지 않았음을 알려 준다. 또한 메시아사상이 유대인이 로마에 항거한 주요 원인도 아니라는 것을 말한다. 그러한 항거는 로마의 압제 하에서 유대인의 피할 수 없는 선택이었다. 이 문서들은 또한 메시아와 예수의 행적들 사이에 거리가 있음을 보여 준다. 유대 외경 문서들은 종말의 대제사장인 메시아, 자비로운 능력 있는 왕, 사악한 자들의 심판자, 하나님의 백성을 구원할 자로서의 메시아를 그리고 있다. 그러나 이들 문서의 어디에도 기적을 행하는 자로서의 메시아, 또는 그의 백성들을 구속하기 위해 고난당하는 자로서의 메시아의 개념은 찾아볼 수 없다. 찰스워스는 이 당시의 유대 문학은 메시아에 대해 일치하는 모습을 보이지 않으며, 또한 이들 문서들이 당시의 모든 유대인들의 메시아사상을 반영하고 있지도 않다고 말한다. 이처럼 중간기 시대의 유대인들은 논리적이고 일관된 메시아사상을 제시하지 못하고 있다. 또한 대부분의 유대인들이 메시아의 오심을 갈망하고 있었다는 증거도 찾아볼 수 없다.

위와 같은 찰스워스의 결론은 쉬프만(Schiffman)의 쿰란 사해 문서 고찰에 근거하고 있는데, 이 문서는 다양한 메시아사상과 동기를 제시한다. 쉬프만은 메시아사상에서, 영광스러웠던 고대 이스라엘과 그 왕권의 회복을 갈망하는 기류와 이상적인 미래를 꿈꾸는 유토피아적 기류가 서로 긴장관계 있었다고 말한다. 쿰란 문서는 회복하는 메시아상을 담고 있는 부분은 다윗과 같은 메시아상을 그리고 있으며, 유토피아적 메시아상을 그리는 부분은 심판 날에 오실 제사장 메시아를 기대하고 있다. 사해 문서에서 이 두 부분들은 서로 함께 밀접하게 관련되어 섞여 있으면서 단절된 모습을 보이지 않고 있다. 쉬프만은 유토피아적 기류가 후에 유대교 랍비의 메시아사상으로 자리 잡았다고 말하고, 1세기 랍비 문서를 연구했던 찰몬(Talmon)은 이를 반박한다. 중간기 시대의 이러한 다양한 메시아 이해는 다른 학자들의 연구를 통해서도 계속해서 증명되고 있다.

4. 신약의 메시아사상

지난 수세기 동안 기독교 내에서 메시아사상에 대한 연구가 이루어져 왔다. 포르테우스(Porteous)는 프록쉬(Procksch)의 예수에 대한 묘사를 인용하여 기독교의 정통적 관점을 잘 설명하였는데, 프록쉬는 예수를 구약 예언의 완성으로 보았으며 구약은 예수에 대한 이해 없이는 이해될 수 없다고 주장했다. 예수는 상황 속으로 오신 다윗의 자손인 메시아, 인자, 하나님의 종으로 이해되었다. 이러한 견해는 복음서에서 제시되고 있는 하나님의 기름부음을 받은 자로서의 메시아인 크리스토스(Christos)의 개념을 잘 반영하고 있으며, 다음 구절에서 분명히 제시된다.

그런즉 이스라엘 온 집이 정녕 알찌니 너희가 십자가에 못 박은 이 예수를 하나님이 주와 그리스도가 되게 하셨느니라(행 2:36)

그러나 일부 신약학자들은 위와 같은 정통적 관점에 대해 몇 가지 의문을 제기한다. 찰스워스(Charlesworth)는 메시아사상을 쉽게 기독론과 연결시키는 것을 경고하면서 그것은 추측일 뿐이라고 말한다. 예수는 결코 자신을 메시아라고 선포하지 않았다는 것이다. 이와 유사하게, 달(Dhal)은 메시아사상이 다양한 것처럼 기독론도 다양하다고 말하면서, 예수의 메시아로서의 자의식이 어느 정도였는지는 알 수 없다고 주장한다.[2]

이 시점에서 예수의 메시아로서의 자의식이 어떠했는가를 복음서를 통해 살펴보는 것이 도움이 될 것이다. 이를 통해 서로 상반되는 것처럼 보이는 신약학자들의 관점들을 재고해 볼 수 있을 것이다.

(1) 예수의 메시아로서의 자의식

예수가 자신을 메시아라고 선포한 적이 없다는 찰스워스의 주장은 다음의 복음서 구절을 통해 반박될 수 있다.

> … 대제사장이 다시 물어 가로되 네가 찬송받을 자의 아들 그리스도냐… 예수께서 이르시되 내가 그니라…(막 14:61-62)

로우위(Rowe)과 같은 일부 학자들은 이 구절을 바탕으로 예수가 공개적으로 자신을 그리스도로 선포하였다고 본다. 그러나 마태복음은 예수의 대답을 다소 불분명하게 제시하고 있다.

> … 대제사장이 가로되 내가 너로 살아계신 하나님께 맹세하게 하노니 네가 하나님의 아들 그리스도인지 우리에게 말하라 예수께서 가라사대 네가 말하였느니라…(마 26:63-64)

---

2) 보르그(Borg, 1994)는 예수의 자의식 문제에 대한 유용한 논의들을 다루고 있다.

이러한 마태의 기록은 예수가 "내가 메시아라는 것을 네가 말했다. 나는 말하지 않았다."고 대답하는 것처럼 보인다. 던(Dunn)과 같은 학자가 이러한 입장이며, 이를 바탕으로 그는 찰스워스의 관점을 지지한다.

누가의 기록은 더욱 불분명하다. 예수가 공개적으로 자신의 메시아 됨을 말하지 않고 단지 암시만 하는 것으로 기록되었기 때문이다.

> … 네가 그리스도여든 우리에게 말하라 대답하시되 내가 말할지라도 너희가 믿지 아니할 것이요…(눅 22:67)

마태복음에 기록되어 있는 베드로의 확신 있는 대답에 대해서 역시 예수는 명료하게 그의 메시아 됨을 밝히지는 않으나, 암시적으로 그러함을 알려 주고 있다.

> 시몬 베드로가 대답하여 가로되 주는 그리스도시요 살아 계신 하나님의 아들이시니이다 (마 16:16)

> 예수께서 대답하여 가라사대 바요나 시몬아 네가 복이 있도다 이를 네게 알게 한 이는 혈육이 아니요 하늘에 계신 내 아버지시니라(마 16:17)

이처럼 표면적으로는 예수의 메시아 됨에 대한 직접적인 선포가 없지만, 복음서 기자들의 기록(막 14:61; 눅 22:67; 마 16:17 등)은 찰스워스보다는 로우위의 견해 쪽에 더 가깝게 보인다.

예수의 자의식을 살펴보기 위해서 예수의 진술이나 행동들을 보다 폭넓게 살펴볼 필요가 있다. 다음과 같은 구절들이 예수의 '크리스토스'로서의 자의식을 반영하고 있다고 보인다.

먼저, 예수는 자신이 잘 교육받은 신학자들 이상의 존재임을 확실히 하고 있다.

> 누구든지 이 음란하고 죄 많은 세대에서 나와 내 말을 부끄러워하면 인자도 아버지의 영광으로 거룩한 천사들과 함께 올 때에 그 사람을 부끄러워하리라(막 8:38)

> 예수께서 대답하여 가라사대 너희가 이 성전을 헐라 내가 사흘 동안에 일으키리라(요 2:19)

> 우리가 그의 말을 들으니 손으로 지은 이 성전을 내가 헐고 손으로 짓지 아니한 다른 성전을 사흘에 지으리라 하더라 하되(막 14:58)

> 지나가는 자들은 자기 머리를 흔들며 예수를 모욕하여 가로되 아하 성전을 헐고 사흘에 짓는 자여(막 15:29)

예수는 분명히 자신을 하나님 나라를 설명하고, 율법을 해석하고, 자신을 통한 개인의 구원을 말하고, 하나님의 새 성전을 지을 능력을 가진, 메시아의 자격을 갖추고 있는 자로 인식하고 있다.

둘째로, 일부 구절들은 다윗과 같은 왕족 메시아로서의 예수의 자의식을 드러내고 있다. 예수는 '하나님의 아들' 이라는 명칭을 기꺼이 받아들이고 있는데, 다음 구절에서 증명되듯이 '하나님의 아들' 은 유대교에서 다윗과 같은 왕에게 주어지는 것이었다.

> 내가 영을 전하노라 여호와께서 내게 이르시되 너는 내 아들이라 오늘날 내가 너를 낳았도다(시 2:7)

더 나아가 예수는 메시아의 의미를 내포하고 있는 '다윗의 아들' 이라는 명칭을 거부하지 않는다.

나사렛 예수시란 말을 듣고 소리질러 가로되 다윗의 자손 예수여 나를 불쌍히 여기소서 하거늘(막 10:47)

마지막으로, 우리는 예수가 메시아를 사칭하는 자라는 죄목으로 십자가 상에서 죽음을 맞았다는 사실을 기억할 필요가 있다. 이러한 사실은 십자가에 붙어 있던 푯말의 내용과 로마 병사들의 조롱에서로 잘 드러난다. 비록 예수를 통해 드러난 그리스도의 모습이 히브리 성경에서 말하고 있는 많은 모습들과는 다른 점이 있었지만, 예수가 자신에게 주어지는 메시아라는 비난과 고소를 피하려고 애쓰지 않았다는 사실은 유념할 필요가 있는 것이다.

(2) 예수 사후의 메시아사상

위에서 논의된 바와 같은 예수의 태도는 제자들이 새로운 메시아사상을 확립하는 데 중요한 역할을 했으며, 예수의 죽음과 그의 부활 소식에 힘입어 제자들은 독자적 노선을 취할 수 있었다. 제자들은 예수가 구약에서 그리고 있는 메시아의 여러 모습을 보여 주고 있다고 생각했다. 예수는 왕족으로서의 호화로운 메시아에 대해서는 상반되는 모습을 보였고, 이사야 61장 1-2절과 같은 구절은 자신의 삶을 통해 분명히 드러냈으며, 일부 구절은 변형된 방법으로 표현했다. 그러나 이 시점에서 확실히 해 두어야 할 것은, 이렇게 새롭게 발전된 기독론이 구약의 메시아사상에 재정의를 내리긴 했지만, 그럼에도 불구하고 우리는 예수를 다양한 유대 메시아사상의 넓은 흐름 속에서 보아야 한다는 것이다. 제자들의 메시아사상은 1세기에 나타난 그러한 흐름의 모습 중 하나인 것이다.

이렇게 재정립된 기독론이 어떻게 구약의 메시아사상을 재정의하고 있는가? 이것은 과거에는 메시아의 모습을 그리고 있다고 여겨지지 않았던 구약 구절들에 대해, 예수나 그의 제자들이 새로운 해석을 내림으로써 이루어졌다. 왕과 같은 메시아의 모습이 아닌 좋은 소식을 전하는 자, 백성들의 죄짐을 지고 고통당하는 자의 모습을 그리고 있는 구절들을 메시아의 모습으로 제시한 것이다. 이사야서는 다음과 같이 전하고 있다.

> 내가 붙드는 나의 종, 내 마음에 기뻐하는 나의 택한 사람을 보라 내가 나의 신을 그에게 주었은즉 그가 이방에 공의를 베풀리라 그는 외치지 아니하며 목소리를 높이지 아니하며 그 소리로 거리에 들리게 아니하며 상한 갈대를 꺾지 아니하며 꺼져가는 등불을 끄지 아니하고 진리로 공의를 베풀 것이며 그는 쇠하지 아니하며 낙담하지 아니하고 세상에 공의를 세우기에 이르리니…(사 42:1-4)

> 그는 실로 우리의 질고를 지고 우리의 슬픔을 당하였거늘… 그가 찔림은 우리의 허물을 인함이요 그가 상함은 우리의 죄악을 인함이라 그가 징계를 받음으로 우리가 평화를 누리고 그가 채찍에 맞음으로 우리가 나음을 입었도다… 여호와께서는 우리 무리의 죄악을 그에게 담당시키셨도다(사 53:4-6)

기독교 내에서의 이러한 새로운 방향성이 기독교의 중심 사상으로 자리 잡았다. 세갈(Segal)은, 유대교는 하나님의 명령을 강조하면서 개인적인 헌신을 유도하는 반면 재정의된 메시아사상에 기초한 바울적 기독교는 극적인 회심을 통한 헌신을 말하면서 세례와 같은 전통적인 의식은 별로 중시하지 않았다고 주장한다. 이와 유사하게, 복음서는 고대의 유대 역사를 통해 뛰어난 유대 인물들의 특징들과 닮은 예수의 모습을 그림으로써 이러한 재정립의 과정에 기여했다. 마태는 예수를 다윗이나 모세, 아브라함과 같은 모습을 갖춘 왕 같은 자로, 무기력한 백성에게 힘을 주고 새 율법을 제시하는 자로, 좀더 넓은 세상으로 손을 내미는 자로 묘사한다. 이러한 복음서에 의한 재정의의 과정은, 복음서의 저자들이 일부 구약 구절들에 대해 그것이 예수를 가리키고 있다고 해석함으로써 이루어졌다.

> 전에 고통하던 자에게는 흑암이 없으리로다 옛적에는 여호와께서 스불론 땅과 납달리 땅으로 멸시를 당케 하셨더니 후에는 해변길과 요단 저편 이방의 갈릴리를 영화롭게 하셨느니라(사 9:1)

> 이는 선지자 이사야로 하신 말씀을 이루려 하심이라 일렀으되 스불론 땅과 납달리 땅과 요단강 저편 해변길과 이방의 갈릴리여 흑암에 앉은 백성이 큰 빛을 보았고 사망의 땅과 그늘에 앉은 자들에게 빛이 비취었도다(마 4:14-16)

마찬가지로, 마태는 미가서의 구절을 베들레헴에서 태어나는 메시아를 가리키는 것으로 해석했다.

> 베들레헴 에브라다야 너는 유다 족속 중에 작을지라도 이스라엘을 다스릴 자가 네게서 내게로 나올 것이라(미 5:2)

> 왕이… 그리스도가 어디서 나겠느뇨 물으니 가로되 유대 베들레헴이오니 이는 선지자로 이렇게 기록된 바 또 유대 땅 베들레헴아 너는 유대 고을 중에 가장 작지 아니하도다 네게서 한 다스리는 자가 나와서 내 백성 이스라엘의 목자가 되리라(마 2:4-6)

더 나아가 우리가 이전에 살펴보았던 것처럼, 마태는 스가랴 9장 9절을 예수의 예루살렘 입성을 예언하는 것으로 보았다. 또한 그는 시편 2편이 예수의 세례를 언급하고 있는 것으로 해석했다.

> 내가 영을 전하노라 여호와께서 내게 이르시되 너는 내 아들이라 오늘날 내가 너를 낳았도다(시 2:7)

> 하늘로서 소리가 있어 말씀하시되 이는 내 사랑하는 아들이요 내 기뻐하는 자라(마 3:17)

5. 결론

이 논문은 예수가 메시아라는 사실에 초점을 두고 시작했고 그렇게 끝을 맺었다. 우리가 살펴본 이슬람과 유대교와 기독교의 메시아사상 연구가 연대의 전후 관계를 보여 주지는 못했지만, 상세하지도 않고 명확성도 없었던 메시아사상이 어떻게 예수의 메시아됨에 대해 뚜렷한 인식으로 발전되었는가를 보여 주었다.

우리의 연구 주제를 위해 몇 가지 요소를 비교해 볼 필요가 있을 것이다. 이런 비교를 통해 유대교와 이슬람의 메시아사상이 꽤 다양하게 나타났음을 발견하게 된다. 반면에 기독교의 메시아사상은 그 신앙의 역사를 살펴볼 때 초기부터 상당한 정통성을 가졌음을 보게 된다. 다음 도표는 이 세 가지 신앙의 메시아사상의 주제에 있어 서로 간의 유사성과 차이점을 보여 준다.

	이슬람	유대교	기독교
지상의 통치자	12번째 이맘	왕 메시아	다윗의 자손
제사장		○	
종말론적 인물	○	○	○
예수	○		○
고난당하는 메시아			○
지상에서의 삶을 살았던 존재	○		○
죽지 않음	○		
신적인 존재			○
회복시키는 존재		○	
이상향적인 존재	○	○	○
정체성에 대하여 의견이 분분함	○	○	

이를 통해 세 종교에서 나타나는 공통적인 요소를 찾을 수 있다.

첫째, 모두가 메시아를 이 세상 통치자와 연결짓고 있다. 쉬아파 이슬람은 이 세상에서 살았던 열두 번째 이맘이 나타나길 고대하고 있고, 유대교는 부분적으로나마 고대 이스라엘의 왕들에게 기대를 하고 있으며, 기독교는 다윗 왕의 계보에 초점을 맞추고 있다.

둘째, 세 종교 모두 종말론적 차원을 메시아사상에 가미하고 있다. 이슬람과 기독교는 그 역사적 시초부터 종말론적 차원을 중심에 두고 있었고, 유대교는 후반기에 그 사상의 전개를 보였다.

셋째, 세 종교 모두 메시아사상에 유토피아적 차원을 허용하였는데, 즉 메시아가 이 세상을 하나님이 창조하셨던 본래의 순수함으로 회복시킬 것이라는 사상이다.

이와 더불어 각각의 신앙은 메시아사상에 대한 독특한 관점을 갖고 있다. 유대교는 회복적인 차원, 즉 고대 이스라엘 왕국의 영광을 그리워하는 시각과 더불어 제사장적인 차원을 가미하고 있다.

기독교는 메시아가 하나님 백성들의 죄를 위하여 죽음을 통한 속죄의 고통을 당하신 분이라는 핵심사상이 독특하다. 또한 기독교만 메시아를 신적으로 묘사하는데, 이는 근본적으로 하나님과 동체이심을 주장하는 것이다.

이슬람은 메시아가(열두 번째 이맘으로 나타났든, 예수로 나타났든) 역사 속에서 실제로 살았던 존재이나, 죽지는 않았고 하나님이 들어올리셨거나 숨기셨다고 생각한다.

마지막으로, 두 신앙은 비슷하고 하나는 다른 양상을 보이는 것이 있다. 기독교와 이슬람은 예수를 메시아로 인식하는 점에 동의하며, 또한 메시아는 이미 존재했었다는 믿음을 갖고 있다.

유대교와 이슬람은 기독교와 다른 점을 공유한다. 메시아의 신분, 즉 메시아가 과연 누구인가에 대해 논란이 많은데 다양한 이론들이 그들의 신앙 역사 속에서 꾸준히 전개되어 왔다는 점이다.

세 종교의 메시아사상을 검토해 볼 때, 공통점도 많지만 그보다는 상이점이 너무 커서 메시아사상을 단순하게 연속선상에 놓고 볼 수는 없다. 메시아의 십자가상의 죽음과 부활은 기독교의 핵심이 되는 반면 이슬람에서는 십자가상의 죽음을 부인하므로, 둘은 핵심적인 면이 분명하게 상치가 된다. 이 근본적 상치점에 대해 현대 무슬림 학자인 세이드 후세인 나스르는 "꾸란은… 그가 십자가에서 죽었다는 사실을 용납하지 않고 직접 하늘로 옮기웠다고 말한다. 이것은 기독교와 이슬람을 분리시키는 한 가지 절대적 '사실'로서 두 종교의 혼합을 막기 위해 섭리적으로 현실 속에 놓여진 '사실'이다."라는 글을 썼다. 이 절대적 차이점은 의문의 여지가 없다(이 차이가 과연 섭리적으로 놓여졌는가에 대한 여부는 기독교 무슬림 간의 대화의 주제가 될 수도 있을 것이다).

각 신앙은 각각의 배경과 상황 속에서 이해되어야 한다. 그 메시아사상의 공통점들은 유대교인, 기독교인, 무슬림으로 구성된 학문적 포럼의 토의 제목으로 지성의 만남을 위해 사용될 수 있겠지만, 그 공통점들에만 토의 제목을 집중한다면 별 의미가 없게 될 것이다.

이슬람의 영 사상

이동주[1]

1. 서론

이슬람에는 기독교에서 창조주 하나님의 영을 의미하는 것과 같은 거룩한 영의 개념이 없다. 알라는 성자와 성령이 없는 신이기 때문에, 아버지도 아니고 따라서 인간과 접촉도 없다. 이슬람의 영들은 모두 가브리엘 천사나 진(Zinn, Demon)과 같은 피조물들이다. 그러나 꾸란은 성경을 부분적으로 인용하면서 성령 개념을 피조물인 영 개념으로 번역함으로써 성경말씀을 왜곡하여 사용하였다(Q 2:87, 253; 5:113; 4:171; 21:91; 66:12). 꾸란에서 어떤 인간과도 접촉하지 않은 알라는 그의 최종 선지자 무함마드와도 대화한 일이 없다. 예외적으로 알라와 접촉한 '피조물'이 있다면, 죽지 않고 승천하여 알라 가까이 있다는 '마리아의 아들 예수'가 유일하다. 꾸란에는 그가 알라와 대화한 내용이 기록되어 있다.

이슬람의 영들 중에는 천사들이나 영(Jibril)들 외에도 몇 종의 진(Jinn)

---

1) 아세아연합신학대학교 교수.

들이 있다. 본고에서는 꾸란에 서술된 이 영들의 특성과 역할을 파악하고 기독교의 성령과의 차이점을 살펴보고자 한다.

이를 위해 꾸란을 중심으로 연구하였고, 오스트리아의 필라흐출판사에서 출판된 압드 알 마시(Abd Al-Masih)의 저서 『이슬람에서 알라의 영은 누구인가?』(Wer ist der Geist von Allah im Islam?), 『이슬람의 성전(聖戰)』(Der Heilige Krieg im Islam, 1991), 『모든 것 중에 가장 간교한 자』(Der Listigste von Allen, 1995)를 주로 인용하였다.

한글 꾸란은 1999년 파하드 국왕 꾸란 출판청에서 출판된 『성 꾸란 의미의 한국어 번역』을 사용하였다. 이 번역은 최영길이 1988년에 번역한 『꾸란 해설』(송산출판사)과 내용면에서 거의 같다. 꾸란은 매 장마다 '자비하고 인자하신 알라의 이름으로' 라는 말로 시작하며 이 첫 마디가 번역에 따라 첫 절이 되기도 하고, 첫 절의 서두에 쓰이기도 하므로 번역된 꾸란들의 절수가 서로 일치하지 않는다. 영어 꾸란은 메디나에서 출판된 The Noble Qur'an을, 독일어 꾸란은 1989년 Hazrat Mirza Tahir Ahmed의 Der Heilige Qur'an을 이용하였다. 본문에 설명 없이 기입된 괄호 안에 있는 꾸란 구절들은 한글 꾸란 구절들이다.

2. 꾸란의 영들

무함마드 압둘 아렘 시디끼의 『이슬람 교리문답』은 꾸란에 나오는 영들 중 천사들에 관해서 설명하는데, 이들은 정신적 피조물로서 성(性)이 없고, 부모도 없고, 육체의 형태도 없고, 먹거나 마시거나 잠자지 않는다고 한다. 중요한 천사들의 이름은 사도들에게 하나님의 복음을 전달한 지브리일과 미카이일, 이스라피일, 이즈라일 등이며, 기타 천사들의 수효나 직무는 하나님만이 아시고 그들은 모두 오직 하나님의 명령대로만 행동한다[2]고 설명하고 있다.

영들 중 최고의 천사이며 알라의 계시자로 알려진 지브리일(Jibril)은 무함마드가 메카에서 받은 10년 동안의 '계시'에는 나오지 않는 이름이다. 메카 계시 시대는 다만 '그 영(Sura 17:86; der Geist[3])' '나의 영으로부터(Sura 15:30; von meinem Geist[4])' 또는 '우리[5]의 영으로부터(Sura 21:92; von unserem Geist)' 온 영으로서 이름도 소속도 확실치 않았다.

이 영에게서 첫 계시(Sura 96)를 받을 때의 모습에 관해서 사히 알 부카리(Sahih al-Bukhari)와 사히 무슬림(Sahi Muslim)은 다음과 같이 묘사하고 있다.

> 그가 가까이 올 때 나는 벌들이 내 머리 주위에서 윙윙거리는 소리나, 종이 울리는 소리나, 쇠붙이가 부딪치는 소리를 듣는다. 그러면 나는 곧장 말이나 낙타에서 내려와 바다에서 내 머리를 덮어야 한다. 그러면 그가 와서 바닥으로 나를 내리누르고 나를 큰 힘으로 가슴이 으깨지도록 내리누르거나 때려서, '내가 이러다 죽겠구나' 하고 생각한다. 그 다음에 그는 나에게 말씀하고 내가 절대로 잊지 않도록, 그리고 후에 너희에게 정확하게 읊도록 그의 말씀을 내 마음에 새겨 넣는다."[6]

---

2) 무함마드 압둘 아렘 시디끼, 『이슬람교리문답』(이슬람 선교성, 트리폴리) 서정길 역(주한 리비아 국민사무소, 1983[1], 1984[2]), 비매품 도서.

3) 한글 꾸란 17:85의 '그 영'을 영어 꾸란은 원어대로 'ruh(the spirit)'로, 독일어 꾸란은 'Seele(영혼)'로 번역하였다.

4) 한글 꾸란 15:29은 '나의 영혼'으로 번역하였다.

5) 꾸란은 알라의 명칭을 대부분 복수대명사로 받고 있다. 무슬림 학자들은 이를 'pluralis majestatis'라고 설명한다(Abd Al-Masih, p. 37).

또 무함마드가 계시 받던 장면을 본 이븐 한발(Musnad Ahmad Ibn Hanbal)은 다음과 같이 묘사했다.

> 계시받을 때 그는 낙타새끼같이 색색거렸고 땀이 이마에 맺히고 가끔 그의 입에서 거품이 나오고 의식불명처럼 땅에 누워 있었다."[7]

무함마드가 소위 계시를 받던 일은 다음과 같다. 권력과 향락에 빠진 쿠라이쉬족에 대한 회의를 느낀 무함마드는 40세가 되던 610년 라마단월에 메카에서 3마일 떨어진 광야에 있는 히라 산 동굴에 들어가 기도를 하였다. 그때 그는 동굴 안에서 시끄러운 종소리와 같은 굉음의 환청을 경험하고 한 영을 보게 되었다. 그는 술 취한 사람처럼 바닥에 쓰러져 진땀을 흘리고 낙타새끼같이 부르짖었다고 한다.[8]

서구 학자들은 그의 인격에 관하여 기만자, 간질환자, 히스테리환자, 도취자, 선지자라는 등의 여러 견해를 가지고 있다.[9]

---

6) Ibid., p. 118 주 80-81. "Wenn er sich nahert hore ich einen summenden Ton, sie wenn Bienen um meinen Kopf schwirren, oder wie wenn eine Glocke schellt, oder wie wenn ein Eisen aufs andere schlagt. Dann weiβ ich, jetzt muss ich sofort vom Pferd oder Kamel steigen, mich auf den Boden legen und mein Haupt bedecken. Dann kommt er, presst mich zu Boden, druckt mir mit groβer Kraft die Burst zusammen oder schlagt mich, so dass ich meine, sterben zu mussen. Dann redet er zu mir und pragt mir weine Worte ein, dass ich sie nie mehr vergessen kann und sie euch spater genau rezitiere."

7) Ibid., pp. 117-118 주 80. "Seine engsten Freunde aber bezeugten in verschiedenen Aussagen, dass Muhamad beim Empfang seiner sogenannten Offenbarungen oft wie ein Kamel rochelte, Schweiβ auf seiner Stirn stand, ja bisweilen Schaum aus seinem Munde hervortrat und er wie bewusstlos auf dem Boden lag."

8) Kellerhals, E., Der Islam, Guhtersloh (1978), p. 27.
"Sie waren von starkem Schweissausbruch und von glockenahnlichem Getose begleitet, Er fiel dabei Boden wie ein Betrunkener und brullte wie ein Kamelfohlen."

9) Ibid., pp. 36f.

무함마드 자신도 처음에는 이 방문자를 악령(Jinn)으로 생각하였다. 그 영은 "여러 가지 형상으로 변모해서 사생활을 해롭게 간섭하는 정신상태에 사로잡히게 했다."[10]

무함마드는 그의 체험을 곧장 카디자에게 이야기했다. 그런데 카디자는 그의 남편이 만난 신은 참 하나님이라며, 당신은 하나님이 택한 자이며 하나님의 사도라는 소명의식(Sendungsbewuβtsein)을 강력하게 심어 주었다.[11]

여러 해 후에 무함마드는 가브리엘 천사가 하늘에서부터 나타나 자신에게 알라의 계시, 즉 꾸란을 주었다고 확신하게 되었다.

그러나 메카에서 여러 부족들과 그의 삼촌 아부탈립은 그의 가르침을 배척하였다. 무함마드는 마술사, 거짓말쟁이, 사기꾼 등으로 몰리게 되었다. 결국 그는 615년, 남자 11명 여자 44명과 함께 비밀리에 아비시니아로 피난을 떠나야 했다.

초기 계시 중 하나인 Sura(97:1-5) '권능의 밤'[12]의 계시에도 이 계시자의 이름은 밝혀지지 않은 채 다만 대명사 'ihn'으로 받고 있다. 무함마드는 이 무명의 영을 히지라(622년) 이후에 지브리일과 동일시하였다 (2:97-98; 66:4). 그것은 무함마드가 메디아에서 만난 기독교인들의 영향을 받았음을 나타낸다. 다른 천사들과 구별되어 'ruh'라고 칭해지는 지브리일은 성경의 가브리엘과 동일시될 뿐 아니라 한글 꾸란에서는 '성

---

10) 『하디스』 서정길 편저(한국이슬람교중앙연합회, 1978), p. 60, 68.

11) Hoppenworth, K., *Islam contra Christentum gestern und heute*(Bad-Liebenzell, 1976), p. 17f.

12) Abd Al-Masih, *Wer ist der Geist von Allah im Islam?*(Villach-Osterreich), pp.107-109. 권능의 밤(Nacht der Macht)은 영광의 밤(Nacht der Ehre), 예정의 밤(Nacht der Vorherbestimmung), 결심의 밤(Nacht der Entscheidung)이라고도 칭한다.

령'이라고 해석하거나 번역하여 큰 오류를 빚기도 하였다(17:85; 66:4).
이 계시 전달자 'ruh' 내지 지브리일은 꾸란에서 원래 하나님 자신의 영이 아니라 이름 없는 피조물의 영이었다. 누가복음 1장 19절과는 대조적으로, 꾸란에서 이 영은 자신을 지브리일로 자칭한 일이 없다. Sura 97장에는 그 영과 천사들이 무함마드와 동트기까지 함께 있었고, 그때까지 평안하였다고 기록되어 있다.[13]

그러나 압둘 마시흐는 이 영과 천사의 차이가 마리암장(Sura 19)과 이므란장(Sura 3)에서 완전히 사라졌다는 것을 발견했다.[14]

흙이나 응혈로 창조되었다는 인간과, 빛으로 창조되었다는 영들과는 달리, 진(Jinn)들은 불로 창조되었다고 한다. 진의 종류는 다음과 같이 다양하다.

1) Jinni: 개별적인 진
2) Amir: 인간과 함께 거하는 진(Sura 6:130; 17:88)
3) Shaitan: 악하고 해로운 진이며, 아담을 유혹하고 타락시킨 영(Sura 7:19-20, 27) 무연의 불(smokeless fire)로 창조된(Sura 7:12) 사탄의 고유명인 Iblis는 아담에게 부복하지 않아 인간의 적이 되었음(Sura 18:50)

---

13) "Friede wahrt bis zum Anbruch des Morgenrote" "There is peace until the appearance of dawn" 한글 꾸란에는 위와 같이 묘사되어 있지 않다.
14) 이븐 알-마쉬(Abd Al-Masih), p. 47. 같은 책(pp. 163-165)에서 압둘 마시흐는 꾸란 114장 중에서 오직 43장(38%)만이 바뀌지 않은 장으로 남아있다는 것과, 비전문가들은 폐기된 구절들과 폐기되지 않은 구절들을 꾸란에서 알아내기가 어렵다는 것을 진술했다. 예를 들면 무슬림의 기도 방향이 예루살렘에서 메카로 바뀐 것(Sura 2:142-150)과, 알라가 무함마드에게 여인들과 더 이상 결혼하지 말라는 지시(Sura 33:52)가 후에는 더 혼인할 수 있다고 계시한 바와 같다(Sura 33:50). 또 성서의 백성 외의 비무슬림은 다 죽일 것을 지시한 알라(Sura 9:5)가 후에는 이를 취소하고, 성서의 백성들도 항복하고 인두세를 낼 때까지 모든 비무슬림처럼 다 죽일 것을 지시하고 있다(Sura 9:29-30).

4) Ifrit: 사탄보다 더 강하고 능력 있는 진(27:39)[15]

진들은 알라의 창조물이고 자주 인간과 함께 병행하여 언급되며(Sura 17:88; 27:17; 41:25; 51:56; 55:33), 한글 꾸란은 진을 '영마' 라고 번역하여 성경의 마귀(Demon)를 연상케 한다. 꾸란은 '한 무리의 진들(a com-pany of the Jinn)' 도 인간처럼 꾸란을 듣고 감격하여 무슬림이 되었다고 한다(Sura 46:30-32; 72:1-2). 우주의 영들이 다 선교 대상이고 무슬림이 되어야 한다는 암시이다(Sura 6:130). 그러나 진들은 힘센 수호자들 때문에 천국에 입장하지 못하며 또 그럴 권리도 없다고 한다(Sura 72:8).

3. 알라로부터의 영(Geist von Allah)과 예수

꾸란은 성령 강림의 근거가 되는 예수 그리스도를 통한 속죄와 부활 사건을 철저히 부정하지만 '마리아의 아들 예수(Isa)' 의 동정녀 탄생을 받아들인다. 예수가 아버지 없이 태어나게 된 이유는 알라가 '그의 영으로부터' 동정녀 마리아에게 불어넣었기 때문이라는 것이다(Sura 21:91). 그러면 알라가 마리아에게 불어넣은 영은 어떤 영인가? Sura 21장 91절에 다음과 같이 기록되어 있다.

---

15) Mustafa Ashour, *Jinn, Dar Al Taqwa*(London, 1993), pp. 8-13.
한글 꾸란은 'Ifrit' 를 '영매 가운데 한 요정' 이라고 번역하여 사탄의 이미지가 잘 나타나지 않는다.

그녀의 이야기를 상기하라. 그녀는 순결을 지켰으니 하나님은 그녀에게 성령을 불어넣어 그녀와 그녀의 아들로 하여 온 백성을 위한 예증으로 하였노라

한글 꾸란이 이 구절에서 알라가 불어넣은 영을 '성령'이라고 번역한 것은 오류이다. 그 영은 꾸란에 근거하여, 알라 자신의 영일 수도 없고 지브리일 자신의 영일 수도 없는 오직 알라의 입에서 나온 피조물이어야 한다. 어떤 무슬림은 지브리일이 마리아의 소매를 잡고 그 입으로 숨(Hauch)을 불어넣으니 그 숨이 옷 속을 통해 모태로 들어갔다고도 한다.[16]

그러나 본문에서 마리아에게 숨을 불어넣은 주체는 알라이므로 그 숨은 가브리엘의 숨이 아니라 알라의 숨이다.

알라가 아담을 창조할 때 그에게 불어넣은 것은 알라 자신의 영도 아니고, 천사의 숨도 아니고, 피조물인 다른 알라의 영('von meinem Geist', Sura 32:9; 38:72)이었다. 그러므로 이 영은 알라의 명령을 받은 영들 중의 하나이며 비인격적인 숨으로 이해된다.

그러나 꾸란은 '알라의 숨'이나 '알라의 영'에 관해서 아는 바가 없다. 그 밖에 예수 그리스도의 탄생에 관하여 위와는 다른 진술이 있다. Sura 3장 59절은 다음과 같다.

하나님께서 아담에게 그랬듯이 예수에게도 다를 바가 없도다. 하나님이 흙으로 그를 빚어 그에게 말씀하셨다. "있어라, 그리하여 그가 있었느니라."

이를 통해 Sura 96장의 초기 계시적 인간 창조론, 즉 하나님이 응혈로

---

16) Abd Al-Masih, p. 53.

아담을 만들었다는 진술과는 모순되게도, 흙으로 아담을 빚은 것같이 흙으로 예수를 빚고, 또 "있어라." 하고 명함으로 말미암아 예수가 말씀으로 창조되었다고 설명하고 있다.

마리아가 잉태한 예수에 관해서 한글 번역 Sura 4장 171절은

> 실로 예수 그리스도는 마리아의 아들이다. 하나님의 선지자로서 마리아에게 말씀이 있었으니 이는 주님의 영혼(a sprit, [ruh])이었느니라. 하나님과 선지자들을 믿되 삼위일체설을 말하지 말라 하니 이는 너희에게 복이 되리라. 실로 하나님은 단 한 분이시니 그분에게는 아들이 있을 수 없음이니라.

고 하여, 예수를 보통 '메시아'라고 하던 꾸란이 이번에는 '그리스도(Christ Jesus)'라는 표현을 사용했고, 그는 마리아에게 온 알라의 '말씀'이며 동시에 '주님의 영'이라고 했다.[17]

이 진술은 위의 흙으로 창조되었다는 '마리아의 아들 예수'와는 대조적으로 예수는 알라가 보낸 '말씀(ein Wort von Allah)'이며 또 그가 보낸 한 '영(ruh)'이다.[18]

여기서 '주님의 영혼'이라는 말을 영어 꾸란은 '그에게서 나온 영(a spirit proceeding Him)'이라 하여 하나님 자신에게서 발생해 나온 듯한 인상을 주었고, 독일어 꾸란(Sura 4:172)은 '그에게서 나온 영' 또는 '주님의 영혼' 대신 '그로부터의 은혜(eine Gnade von ihm)'라고 번역하여 혼돈을 빚었다. 그러나 아랍어의 'ruh'는 '영'이라고 번역해야 할 것이다. 한글 꾸란의 '삼위일체'라는 단어는 '셋 중의 하나(thalathatun)'를

---

17) 원어 'ruh'는 '영혼'으로 번역하기보다는 '영'으로 번역하는 것이 더 정확하다. 그러나 이슬람교에서 일컫는 영은 모두 피조물이다.
18) 참고. Abd Al-Masih, p. 63.

잘못 번역한 것이다.

Sura 66장 12절에서는 예수를 흙으로 창조된 인간 대신 알라가 마리아에게 불어넣은 영(ruh)이라고 하였다.

> 또한 순결을 지킨 이므란의 딸 마리아가 있었느니라. 그래서 우리(하나님)는 그녀의 몸에 우리(하나님)의 영혼(our spirit, [ruh])을 불어넣었더니…

꾸란에서 가브리엘 천사가 ruh인데, 이 구절은 알라가 마리아에게 지브리일을 불어넣었다는 뜻이 되므로 모순이다. 또한 그녀의 몸에 spirit을 불어넣은 주체는 '우리(알라)'이므로 여기에서는 피조물인 가브리엘을 가리키지는 않는다.

그러나 한글 꾸란은 Sura 2장 87절과 253절에서 알라가 마리아에게 '성령'을 주어 강하게 했다고 번역한 후, 각주(251-4)를 달아 성령을 가브리엘이라고 설명한다. 한글 꾸란은 Sura 2장 87절의 "마리아의 아들 예수에게 하나님의 권능을 주어 성령으로 그를 보호케 하였도다"를 해설하면서 성령은 살 세포와 뼈가 형성되기 이전 예수의 영혼일 것이라고 해설함으로써[19] 예수의 영혼이 예수를 보호하는 모순적 진술을 하고 있다.

꾸란에 의하면, 알라의 영은 알라의 창조물이기 때문에 인간에게 보낼 알라 자신의 영은 없다. 오직 '마리아의 아들 예수'만이 독특하게 '알라로부터 온 영(ein Geist von Allah)' 또는 '주님의 영혼'으로 설명되었고, 동시에 '알라의 말씀(ein Wort von Allah)'이고(Sura 4:171-172), 또 '거룩한 자의 영(Geist des Heiligen)'이다(Sura 2:87, 253; 5:171).

예수는 이 영의 보호와 알라의 뜻을 따라서 무함마드가 행하지 못한 기

---

19) Sura 2:87 주 87-2.

적을 행하여 흙으로 새를 창조하고, 장님과 문둥병을 치료하고, 죽은 자를 살게 했던 것이다(Sura 5:110). 그러므로 무슬림들은 예수 그리스도를 '알라의 표적(Ajatulla)' 으로 이해한다. 이러한 기적 행위에 삼위일체 하나님의 동시 사역이 엿보인다.[20]

4. 보혜사와 아마드

꾸란은 그리스도를 하나의 피조물이며 선지자 중의 하나로 만든 다음 무함마드는 자신을 '찬양 받을 자' 의 위치에 올려놓았다. Sura 61장 7절에는 이렇게 기록되어 있다.

> 마리아의 아들 예수께서 말씀하시기를, "오 이스라엘의 자손들이여 나는 알라의 보내심을 받은 자이며, 내 전에 있었던 토라를 완성하는 자이다. 또한 내 뒤에 오시는 자에 대한 기쁜 소식을 가져온 자다. 그 이름은 아흐마드(Ahmad)이다.

*Der Heilige Qur'an*에는 위의 절 '아흐마드' 에 관한 각주가 있다. 그 내용은 아흐마드가 성경의 보혜사(Paraklet)와 동일하고, 그것은 무함마드가 온다는 뜻이라고 한다.[21]

Sura 7장 157절의 각주 157-1에 의하며, 신명기 18장 15절의 '나와 같은 선지자' 와 요한복음 14장 16절의 '또 다른 보혜사' 가 바로 무함마드라는 것이다. 이러한 주장은 전형적인 현대 기독교 이단과 병행된다. 이 아

---

20) Abd Al-Masih, p. 74.
21) Sura 5:15 주 5-1에도 보혜사를 아메드와 동일시했다.

흐마드 예언은 동시에 무함마드의 대리인이 아흐마드의 이름으로 올 것에 대한 예언이라고도 하여 이슬람교의 메시아 운동인 아흐마디야 운동(Ahmadiyya-Bewegung)을 부추기고 있다.[22]

Sura 3장 81절의 주 81-1에는 신구약 성경에 무함마드가 올 것을 예언해 놓았다고 하고, 그 근거를 신명기 18장 18절과 요한복음 14장-16장에 둔다. 무슬림은 요한복음의 보혜사 성령 '파라클레토스(parakletos)'가 본래는 '페리클뤼토스(periklutos, 찬양받을 자)' 즉, 아마드인데 기독교인들이 성경을 왜곡하여 무함마드에 관한 예언을 성경에서 지웠다고 주장한다. 그들은 아흐마드(아흐메드)를 무함마드라 하고 '찬양받을 자(Der Gepriesene)'로 해석한다. 그러나 누가 언제 어디서 파라클레토스를 페리클뤼토스로 모든 성경에서 살짝 변경시켰는지는 어느 무슬림도 말하고 있지 않다.

5. 성령과 삼위일체

"하나님은 영이시니 예배하는 자가 진리와 성령으로 예배할지니라"(요 4:23f)[23]는 말씀과 같이 기독교는 하나님과 성령을 분리할 수 없는 하나로 보고 있다. 성령은 하나님의 영이다.

콘스탄티노플의 니케아 신조(Nicaeno-Constantinopolitanum)에서는 삼위일체 하나님의 본질을 'οὐσία'라는 개념으로 표현하고 삼위를 구

---

22) *Der Heilige Qur'an*, p. 647 각주 215.

23) 요 4:23f의 '신령과 진정으로'라는 개역 한글판 성구의 원어가 'εν πνευμτι καί ἀληθεία이므로 '성령과 진리로'로 번역해야 한다.

이슬람의 영 사상 | *49*

별하기 위해서 ῥπόστασις라는 개념을 채택했다. 이는 본질이라고 번역하지 않고 '인격'이라고 번역된다.[24]

μία οὐσια τρεις ὑπόστασεις로 표시된 하나님은 '파괴할 수 없는 일체'와 동시에 '파괴할 수 없는 구별'이며, 전자가 후자를 지양하지 않고 후자가 전자를 지양하지도 않는다. 그리고 아버지와 아들과 성령의 위는 서로 바뀔 수 없다.[25]

삼위일체 하나님에 관하여 김정주 박사는 신명기 6장 4절의 "이스라엘아 들으라 우리 하나님 여호와는 오직 하나인 여호와시니"의 구절에서 복수적 개념 '하나님(אֱלֹהִים)'과 복합적 의미를 담은 '하나(אֶחָד)'를 단일성 개념인 '하나(יָחִיד)'와 구별하면서 하나님의 일체성에 관하여 설명하고 있다. 야히드(יָחִיד)는 창세기 22장 2절, 스가랴 12장 10절과 같은 '독자'를 위한 개념으로서의 단일성을 나타내는 '하나'이나, 에하드(אֶחָד)는 에스겔 37장 17절의 두 막대기가 하나가 될 때, 또는 남자가 아내와 연합하여 둘이 한 몸이 될 때(창 2:24) 사용되는 복합적인 '하나'임을 잘 구별하였다.[26]

삼위일체는 양태론적으로도, 범신론적으로도, 다신론적으로도 왜곡할 수 없는 특별한 사건이며 하나님의 신비인 것이다. 특수한 삼위일체적인

---

24) 칼 바르트(K. Barth)는 ῥπόστασις를 '인격'이라고 번역할 때에 '자아의식(Selbst-bewuβtsein)'으로 오해가 될 수 있기 때문에 이를 차라리 '존재양식(Seinsweise 내지 Existenzweise)'으로 번역할 것을 제안했다. 그 예로서는 제2위에 대하여 'Er offenbart sich als der Sohn'이라고 하면서 양태론은 거부하고 있다(KD I/2, p. 176. KD I/1, pp. 336-338). 그러나 Barth의 이 제안은 아시아 철학적인 안목과 진화론자들의 입장에서 이해할 때에 양태론적 오해의 더 큰 위험을 안고 있다. 참고. Weber, O., Grundlagen der Dogmatik Bd 1(Neukirchen 1955), p. 416.

25) K. Barth., KD I/2, pp. 310-316.

26) 김정주, 『바울의 성령 이해』(기독교문서선교회, 1997), p. 279f.

'자기 구별(Selbst-unterscheidung)' [27]을 통해 하나님은 인간에게 오시며 또 우리를 구원하시는 것이다. 삼위일체론이란 이렇게 구속사적인 의미를 지닌다. 구원 계시에 의한 신관이 아니라면 우리는 하나님을 삼위일체로 고백할 지식이 없다. 삼위일체란 다만 우리와 관계하신 하나님, 즉 '우리를 위한 하나님[28](Gott fur uns)'의 체험으로 인한 고백인 것이다.

니케아(325년)와 콘스탄티노플(381년)에서 열린 총회는 그들이 채택한 신론에 대하여 "하나님의 비밀이나 하나님의 본질을 규정하려고 한 것이 아니라 오히려 예수 그리스도 안에서 참으로 하나님을 만나며 성령 안에서 하나님이 교회에 현재하시는 것"을 말하고자 한다고 설명했다.[29]

하나님의 삼위일체적인 계시는 로제(Lohse)가 말한 것처럼 하나님의 본질에 대한 계시가 아니라 하나님의 구원에 대한 계시이다. 하나님은 먼저 보내신 아들에 의하여, 그 다음에는 이어서 보내신 성령에 의하여 자신을 계시하신 것이다(요 16:7-14). 계시의 순서는 하나님 → 아들 → 성령이다. 그러나 인식의 순서는 성령에 의하여 하나님의 아들을 알 수 있게 되고(요 14:16; 고전 12:3), 아들에 의하여 아버지를 알 수 있게 되는 것이다(요 1:18). 아버지에 대한 신앙과 아들에 대한 신앙은 오직 성령에 의해서만 가능하다.[30]

성령은 예수 그리스도의 영이고(갈 4:6), 하나님의 영이다(롬 8:9f). 그는 진리의 영이며(요 16:13; 14:17), 예수 그리스도를 증거하고(행 1:8; 요 15:26), 그리스도께 영광을 돌리게 하며(요 16:14), 그리스도를 믿게 한다

---

27) 자기 분리가 아님.

28) 참고. Jungel, E. *Entsprechung: Gott-Wahrheit-Mensch*(Munchen, 1980), pp. 270-275. *Gottes Sein ist im Werden*(Tubingen, 1976), pp. 105-122.

29) Lohse, B., *Epochen der Dogmengeschichte*(Stuttgart, 1974), p. 72.

30) 비교. Jungel, E., *Gott als Geheimnis der Welt*(Tubingen 1982), p. 52f.

(고전 12:3). 그러므로 성령의 증거를 받은 사람이 '역사적인 예수(his-torischer Jesus)' 와 제자들에 의해서 '전파된 그리스도(verkun-digter Christus)' 의 동일성을 고백하는 것이다.[31]

가이사랴 빌립보에서 고백한 베드로의 기독론도 하나님에 의한 것이며, 고린도전서 12장 3절의 기독론적 고백 역시 성령에 의한 것이다. E. 브룬너는 성령을 받는 것은 높임 받으신 살아 계신 주를 만나는 것이며, 그 이유는 십자가에서 죽으셨다가 죽은 자 가운데서 부활하신 자를 성령께서 하나님의 아들이라고 증거하시기 때문이라고 말한다.[32]

M. 루터 역시 예수 그리스도에 대한 신앙은 성령의 증거로 인함이라는 것을 그의 소요리문답(Der Kleine Katechismus)에 명백히 하고 있다. "나는 나의 이성으로나 나의 힘에 의해 예수 그리스도를 나의 구주로 믿거나 그에게 나아올 수가 없다. 내가 주를 믿는 것은 성령께서 복음을 통하여 나를 부르시고 그의 은사로서 깨닫게 하시며 올바른 신앙으로 거룩하게 하시고 또 지키시기 때문이다."[33]

이와 같이 아버지에 대한 신앙과 아들에 대한 신앙도 오직 성령의 조명에 의해서만 가능하다.[34]

성령의 조명이 없기 때문에 이슬람교에는 하나님과의 관계에서 모든 피조물은 오직 '종' 일 뿐이라고 고백한다. 하나님과 체험적인 사랑의 교

---

31) 불트만(Bultmann R.)은 이와 반대로 그리스의 기독교가 예수를 하나님의 아들로 만들었다고 주장한다. Bultmann, R., *Jesus*(Tubingen, 1983), p. 146.

32) Brunner, E., *Die Lehre vom Heiligen Geist*(Zurich, 1945), pp. 11-4.

33) Ich glaube, da β ich nicht aus eigener Vernunft noch Kraft an Jesus Christus, meinen Herrn, glauben oder zu ihm kommen kann, sondern der Heilige Geist hat mich durch das Evangelium berufen, mit seinen Gaben erleuchtet, im rechten Glauben geheiligt und erhalten….

34) 비교. Jungel, E., *Gott als Geheimnis der Welt*(Tubingen, 1982), p. 2f.

제나 은사나 대화가 전혀 없기 때문이다. 가브리엘 천사와 대화했다는 무함마드조차도 알라와는 대화한 일이 한 번도 없다. 아들을 부인하는 자에게는 아버지도 없기 때문이다(요일 2:23).

우리 피조물이 하나님의 자녀가 되어 맺는 관계는 하나님이 친히 사랑으로 인해 맺어 주신 관계이며(요 3:16), 오순절에 오신 성령께서 그리스도인 속에 내주하시기 때문에 가능한 것이지(행 2:38; 요 14:16f) 피조물이 하나님의 본질을 갖게 되었기 때문이 아니다.

하나님과 가족을 이루는 이러한 관계는 구약에서 하나님이 그의 창조물을 일컬어 내 아들 내 딸이라고 하신 것과 같다(사 43:6f). 딸 시온(사 1:8), 딸 애굽(렘 46:11), 딸 바벨론(렘 50:42), 딸 암몬(렘 49:1-4), 처녀 이스라엘(렘 18:13), 처녀 유다(애 1:15), 처녀 예루살렘(애 2:13), 처녀 에돔(애 4:21), 처녀 애굽(렘 46:11) 등과 같이 일컫기도 하셨고, 그 백성을 아내(사 54:6)나 신부(사 62:4f)로 칭하기도 하셨으며, 하나님을 남편(사 54:5; 렘 3:8, 14), 아버지(사 64:8; 렘 3:19), 어머니(사 66:13)와 같은 분으로 묘사하고 있다.

마찬가지로 신약에도 하나님과 타락한 피조물과의 관계를 아버지와 죽은 자녀의 관계로(눅 15:24), 하나님과 새로운 피조물과의 관계를 아버지와 자녀의 관계로(요 1:12; 요일 3:1) 일컫기도 하고, 종이 아니라 자유한 아들로(갈 4:28-31), 양자로(롬 8:15), 징계 받는 아들로(히 12:5-9), 처녀로(마 25:1), 아내로(계 10:7) 대우하고 있다.

죄를 용서받은 경험도 없고, 성령을 받은 일도 없는 무슬림들이 하나님의 자녀가 되고 신부가 되는 이 말씀을 어찌 이해하겠으며, 가족을 창조하신 하나님이 그분 자신과 화목한 피조물을 가족 공동체로 가까이 대우하심을 어찌 알 수 있겠는가? 그들은 성령의 사람이 아니라 육체의 사람이므로 이 모든 은총의 관계 개념을 육체적이고 물질적으로 오해하는 것이다. 그들은 삼위일체 하나님을 부인함으로써 하나님의 자녀도 아니고 용서받은 일도 없는 죄의 종으로써, 하나님의 무서운 심판을 기다리는 것이다.

그러나 이미 칼케돈(Chalcedon) 신조가 명백하게 제시한 바와 같이, 아들 안에서 우리에게 '아버지'로 계시하신 하나님은 또한 그의 아들 안에서 우리를 '자녀'가 되게 하신 것이다(요 1:12; 요일 3:1f). 그러므로 아들을 믿지 않는 자는 하나님을 아버지로 알 수 없고, 또 하나님이 아버지가 될 수도 없다. 로마서 8장 5절과 갈라디아서 4장 4절과 같은 ἵνα절은 우리가 하나님의 자녀가 되게 하기 위한 구속 사건이며, 로마서 8장 15절과 갈라디아서 4장 6절과 같이 우리가 하나님을 아바 아버지(ἀββα ὁπατήρ)라고 부르게 된 것은 바로 하나님이 우리에게 그분의 아들을 보내심으로 인한 것이다.

이와 같이 하나님에 대한 올바른 지식은 인간의 주관적 체험이나 사색에 의해서가 아니라, 사도적인 전승[35]과 그리스도 중심적인 성경 해석, 그리고 진리에 대한 성령의 증거(autopistie)에 의해서 얻게 되는 것이다. 하나님은 추상적인 사색에 의해서가 아니라 삼위일체 하나님의 구체적인 구원 계시로 인해 인식되기 때문이다. 그러므로 삼위일체에서 벗어난 하나님 개념이나 기독론, 성령론은 기독교 신앙을 돕는 것이 아니라, 오히려 기독교 신앙을 파괴하는 것이다. 비서트 후프트(W.A. Visser't Hooft)가 비삼위일체적 신관은 삼위일체 하나님을 적대하는 것이라고 한 말은

---

35) 사도들은 예수 그리스도로부터 직접 배우고 오순절에 약속의 성령을 받고 그 가르침을 받았을 뿐만 아니라, 막 9:7과 요일 1:1f.의 말씀과 같이 큰 영광 중에 예수 그리스도에 대한 하나님의 직접적인 증거를 받은 자들이다.

36) Visser't Hooft, W.A.: Kein anderer Name(Basel, 1965), p. 45f.

옳은 지적이다.[36]

재래 종교철학적 신관이나 종교 체험들은 삼위일체 하나님께로 가까이 올 수 없는 것이다. 하나님은 다른 계시를 받고(렘 14:14f; 23:32), 다른 복음을 전하며(갈 1:6-9), 다른 영을 받게 하고, 다른 그리스도를 증거하는 일에 대하여(고후 11:4; 마 24:24) 엄히 경계하고 계신다.

사도 바울이 선교한 유럽 지역에도 여러 이단 사상이 발견되었다. 빌립보교회의 '손할례당'(빌 3:2)과 고린도교회의 '다른 예수' '다른 영' '다른 복음'(고후 11:4) 등이다. 바울은 이러한 왜곡된 메시지를 전하는 사람들을 그리스도의 사자로 가장하는 거짓 사도, 궤휼의 역군, 사단의 일꾼이라고 칭했다(고후 11:13f).

이단에 대한 경계는 바울서신만이 아니라 베드로서신에도 나타난다. 베드로서는 자기를 구속하신 예수 그리스도를 부인하는 이단의 멸망을 경고하고, 거짓 사도들의 그릇된 신앙과 발람의 율법 폐기론적인 행실을 책망했다(벧후 2:2, 15f). 또한 종말론을 부정하는 이단 사상도 경고했다(벧후 3:3-5).

유다서는 예수 그리스도를 부인하고 반율법적인 삶을 사는 영지주의적 이단과, 성령이 없는 육에 속한 무리들을 경고했다(유 1:4, 18f). 초대교회 내부에서 이와 같이 활개를 치던 이단은 예수께서 말씀하신 바와 같이 그의 재림 직전에 절정을 이룰 것이며(마 24:4f, 23-26), 그리스도가 강림하시기 전까지 교회 안에서 점차 그 세력을 넓혀갈 것이다(살후 2:1-8).

6. 결론

"하나님은 영이시니 예배하는 자가 진리와 성령으로 예배할지니라"(요 4:24)[37]는 예수 그리스도의 말씀과 같이 예배하는 사람은 하나님의 영(성령)과 하나님의 진리에 의해 예배를 드려야 한다. 어떻게 해야 이와 같은 예배를 드릴 수 있는가? 구약과 신약에 거듭 약속되어 있은 성령의 선물을 받고 거듭나야 하며(요 14:16; 행 2:38f), 그로 인해 부활하신 그리스도 안에서 하나님의 자녀가 되고(요 3:16), 하나님과 화목해야 할 것이다. 그리하면 진리와 성령 안에서 예배하며 권능을 받고 예수 그리스도의 증인이 될 것이다(행 1:8). 누가복음 4장 18-19절의 말씀과 같이, 예수께서도 주의 성령이 임하심으로써 가난한 자에게 복음을 전파하시고, 포로된 자에게 자유를, 눈먼 자에게 다시 보게 함을 전파하시며, 눌린 자를 자유케 하신 것이다.

무함마드는 그리스도의 신성을 부정함으로 인하여 적그리스도의 영이 되었다(요일 2:22-25; 4:1-5). 꾸란에는 17번이나 '이사' 가 하나님의 아들이 아니라고 기록되어 있다.

무슬림은 성령을 하나님의 동반자로 보아 삼위일체를 부정하고 성령의 신성을 부정하여, 우리 하나님이 '영' 이신 점과 대치하고 있다. 이슬람의 영은 알라의 영도 아니고, 인간의 영도 아니고, 여러 종류의 피조물인 것이다. 그러므로 그들은 성령을 받지도 못하고, 거듭나지도 못하고, 하나님과 화목할 수도 없고, 하나님의 영이 아닌 '다른 영' 과 관계되는 것이

---

37) 한글 성경은 원래의 '진리와 성령으로' 를 '신령과 진정으로' 로 번역하여 예배가 하나님의 영에 의한 것인지 인간의 영에 의한 것인지 불분명하다.

다(고후 11:4). 무슬림은 성령을 받을 길이 없기 때문에 성령을 알지 못하고, 그러므로 영을 분별할 척도도 없는 것이다. 알라에게 속박되어 있는 무슬림이나 알라와의 접근을 시도하는 비꾸란적인 수피들의 신비주의적 위험은, 바로 양심의 씻음과 거듭남이 없음으로 악령의 역사를 받아들이기 쉽다는 것이다. 성령을 받지 못한 무슬림들이 간음과 폭행과 탈취법을 정당화하는 이유도 그들이 하나님의 사랑을 받지 못했고, 배우지 못했고, 사랑의 능력 없이 타락한 인간의 모습대로 남아 있기 때문이다.

이슬람교는 구약과 신약을 무수히 인용하면서도 기독교 신앙과 핵심 교리를 왜곡하고, 교조를 선지자 내지 알라의 사도(종)라고 칭하는 메시아 운동을 하고 있다. 이들이 스스로를 기독교라 칭하지 않았기 때문에 교회가 '기독교 이단'으로 정죄하지는 않았으나, 이슬람교가 기독교 교리를 크게 왜곡한 '이단'인 것만은 사실이다.

이슬람교는 성령을 부정함으로써 구체적인 하나님의 구원사역을 막는 반영적 집단이며, 기독교 삼위일체 신관에 대해서는 반신적이며, 예수의 신성에 대해서는 반기독적이며, 십자가와 부활을 부정하여 구원의 길을 차단해 버린 반구원론적 이단이다. 또 예수 그리스도 위에 교조를 올려놓고, 그를 최종시하는 등 '기독교 이단'의 특징을 모두 지니고 있다. 이슬람교는 일반 종교 중의 하나가 아니라 기독교를 파괴하려는 의도로 성립되었고, 삼위일체를 신성모독이라 하여 대적하며, '메시야' 대신 '선지자' 무함마드를 메시아의 자리에 올려놓은 세계에서 가장 큰 이단이며 적그리스도의 영이다(요일 2:22-23).

통합과 융화의 이슬람 문화: 토속 관행과 이슬람 관행[1]

조희선[2]

1. 서론

어느 종교라도 한 지역에 정착하면 그 지역의 토속 관행에 영향을 받아 통합과 융화의 과정을 거치게 된다. 유럽에 기독교가 전파되면서 유럽의 토속 문화와 기독교가 통합, 융화되어 오늘날의 기독교 유럽 문화가 형성되었듯이, 그리고 우리나라에 불교와 유교가 들어와 우리 고유의 토속 관행과 혼합되어 인도와 중국과는 사뭇 다른 우리 고유의 문화가 형성되었듯이, 이슬람 문화 역시 아라비아반도를 비롯한 이슬람이 전파된 지역의 토속 관행과 어우러져 오늘에 이르고 있다.

이슬람 문화의 가장 커다란 특징은 어느 종교에서도 찾아볼 수 없는 통합과 융화의 의미를 내포하고 있는 점이다. 이슬람은 다양한 문화와 종교, 역사, 관습 등을 통합, 융화시켜 이슬람이라는 틀 속에서 재해석하였

---

1) 이 논문은 1998년 교육부 학술진흥재단, 해외지역연구 중점연구소 지원비에 의한 것이다.
2) 명지대학교 아랍지역학과 교수.

다. 이러한 통합과 융화를 통해 이슬람은 이전부터 내려온 역사와 전통과 종교의 계승자임을 자처하게 되었다. 타문화에 대한 이슬람의 포용과 관용은 기본적으로 타문화를 열등한 것으로 간주하고 자신의 문화를 모든 문화의 귀결점으로 인식하는 우월성에서 비롯되었다. 그 결과 이슬람 문화는 유대교와 크리스트교, 사비교도 등과 같이 성전을 지니고 있는 종교의 의식이나 교리뿐만 아니라 이슬람 이전 시대 아라비아반도의 다양한 우상숭배의 관행이나 의식까지도 이슬람 속에 융화시켰다.

본고에서는 이슬람 이전 아라비아반도의 토속 관행이 어떻게 이슬람에 수용, 정착되었으며, 이슬람 이후 8세기부터 이슬람 세계에 확산되기 시작한 수피주의의 영향이 어떻게 이슬람 속에 반영되었는지를 연구하기로 한다. 또한 후에 이슬람이 전파된 마그립 지역 베르베르인들의 관행이 어떻게 이슬람 속에 융화, 흡수되었는가도 연구하기로 한다.

아라비아반도에서 태동한 이슬람은 바로 아라비아반도의 토속 관행과 일차적으로 통합, 융화한 후 마그립 지역으로 전파되어 마그립 지역의 베르베르 관행과 다시 한 번 이차적인 통합과 융화의 과정을 거쳤기 때문에, 각 지역의 문화적 특색은 상당 부분 공유하는 지점과 그렇지 않은 지점이 혼재한다고 할 수 있다. 그 결과 어디까지가 아라비아반도를 중심으로 한 동부 아랍 세계의 관행이고 또 어느 것이 마그립 지역의 관행인가를 분류하기가 매우 어렵다. 다만 아라비아반도의 관행은 많은 부분 공식 이슬람이라는 제도권의 관행으로 굳어진 반면, 마그립 지역 베르베르인들의 관행은 동부 이슬람 세계와 상호작용을 하였음에도 불구하고 민속 이슬람의 영역으로 남아 있는 점이 그 특색이라 할 수 있다.

2. 아라비아의 토속 관행과 이슬람의 관행

본 장에서는 이슬람이 태동한 아라비아반도의 신성한 장소 메카와 카바에 관련된 의식을 비롯하여 후에 이슬람의 주요 규범으로 규정된 순례, 단식, 예배의 관행이 어떤 과정을 거쳐 이슬람의 관행으로 변형, 정착되었는가를 연구할 것이다.

(1) 신성한 메카와 카바

메카의 카바가 위치한 하람 성원에 대한 역사적인 자료는 매우 빈약하다. 그것에 대한 얼마 되지 않는 자료조차 대부분 이야기 형태를 띠거나, 예언자 무함마드가 속했던 쿠라이쉬 가문에 우호적인 것들이다. 역사가들은 자힐리야[3] 아랍인들이 하나님의 집 카바 주위에 자신들의 우상을 갖다 놓고 그곳을 정기적으로 순례하였다고 전한다. 그들은 어려움이 닥치면 그곳에 피난처를 구하기도 하는 등 그곳을 의지하였다. 또한 카바를 위해 봉사하는 것을 대단한 영광으로 여겼으며, 카바의 이름으로 맹세를 하는가 하면, 그곳에 재물을 바치고, 거기에서 부족 간의 동맹을 맺기도 하였다(al-Makki, 1991:119). 아랍 역사가들의 기본적인 생각은 아라비아반도의 아랍인들이 원래는 아브라함과 이스마일의 하나님을 믿었으나 타락하여 우상을 섬기게 되었다는 것이다. 그리고 메카의 카바는 사람들이 타락하여 그곳에 우상이 자리 잡기 전까지 신성한 하나님의 집터였다는 것이다.

---

3) 이슬람 이전의 시대를 지칭하는 용어이다.

아랍인들의 전설에 의하면 카바의 돌[4]은 메카와 헤르몬 산(레바논)과 올리브 산이 내려다보이는 산에서 채취되었다. 벽이 어느 정도 높이에 이르자 아브라함은 한 돌멩이에 자신의 발자국을 남겼다. 이것이 바로 오늘날 아브라함의 자리, 소위 마캄(Maqam) 아브라함이라고 불리는 곳이다. 아브라함은 다시 마캄에 올라가 온 인류에게 순례를 의무적으로 행하도록 공표하였다. 그 건물의 동쪽 부분을 형성하고 있는 신성한 '검은 돌'은 천사에 의해 아브라함에게 내려졌다. 그것은 본래 흰색이었으나 우상숭배 시대의 죄와 더러움으로 인해 검은 색으로 변했다는 것이 전설의 내용이다(Grunebaum, 1992:18-19).

꾸란에도 무슬림의 조상이라고 간주되는 아브라함과 이스마일이 카바의 기초를 세웠다고 언급되었다. "아브라함과 이스마일이 그 집(카바)의 주춧돌을 세우며, 주여 저희들로부터 우리의 기도를 받아 주소서 주여 당신이야말로 들으시고 아시는 분이옵니다"(Q 2:126-127) 그리고 꾸란은 카바를 신성시하고 그곳의 순례를 종교적 의무로 명하였다. "그곳에는 예증으로서 아브라함의 발자국이 있나니 그곳에 들어간 자는 누구든 안전할 것이며 능력이 있는 백성에게는 순례를 행할 것을 의무로 하셨나니 이를 거부한 자에게 하나님께서는 만물의 절대자임을 보여 주실 것이니라" (Q 3:97) "기억할지니 나는 카바를 인류의 안식처 및 성역으로 만들었으니 기도를 드리기 위해 아브라함이 멈춘 그곳을 경배의 장소로 할지어다 또한 카바 신전 돌기를 행하고 엎드려 경배하는 자들을 위해 나의 집을 정화할 것을 아브라함과 이스마일에게 명령하였느니라"(Q 2:125)

메카의 카바는 이슬람의 기도 방향, 즉 키블라(qiblah)이다. 키블라는

---

4) 직육면체 바윗돌. 이슬람의 키블라, 즉 기도 방향이다.

인간으로 하여금 신을 경외하고 내세의 행복을 추구하게 하는 중심점이 되었을 뿐만 아니라 한 사회를 통합하는 중요한 요소가 되었다. 유일신관을 계승한 초기 이슬람은 유대교와 기독교의 정통성을 인정하고 높이 평가하였다. 따라서 포교 초기 무슬림은 우상숭배자들의 손에 있던 메카 대신 예루살렘을 키블라로 간주하였다.

그러나 후에 계시에 의해 키블라를 예루살렘에서 메카로 변경하였다. 키블라를 변경하라는 계시는 메디나 이주 후에 내려졌다. 메디나로 이주한 후 16개월 동안 무슬림은 성지로 널리 인정되던 메카를 등에 둔 채 기도를 드려야 했다. 메디나에 도착하자마자 그들이 느낀 것은, 메카에서와는 달리 예루살렘 신전과 메카에 있는 신성한 하람을 향해 동시에 기도를 올릴 수 없다는 것이었다. 예루살렘과 메카의 방향이 서로 반대이므로 한쪽을 향하면 다른 쪽으로는 등을 돌릴 수밖에 없는 것이다(Mullana, n.d.: 511-512).

그러나 이러한 종교적인 해석 외에도, 키블라를 예루살렘에서 메카로 돌린 것은 이슬람의 포교가 비아랍인보다는 아랍인을 우선적 목표로 삼았다는 사실을 시사한다. 또 한편으로 무슬림은 키블라 방향인 카바의 메카를 유대교나 크리스트교의 성지 예루살렘과 같이 만들고 싶었는지도 모른다. 무슬림은 물 위에 떠 있는 지형인 메카의 카바로부터 세상의 땅이 퍼져 나갔다고 주장한다. 그리고 메카는 하늘과 가장 가까운 지역으로, 그곳에서 올리는 기도가 하나님께 가장 쉽게 전달된다고 믿는다. 또한 아담을 비롯한 많은 예언자가 묻힌 메카야말로 세상의 중심이며 세상의 끝을 맺기에 가장 이상적인 장소라고 무슬림은 믿고 있다(Grune-baum, 1992:20).

카바가 키블라로 정해진 시기에 관해 서구학자들은 메디나로 이주한

다음 예언자에게 일어난 여러 사건 때문에 순례 의식에도 변형이 있었던 것으로 본다. 그 주된 원인으로 623년 메카군과 무슬림군 사이에 일어났던 바드르 전투에서 무슬림군이 승리를 거둔 것을 들고 있다. 전쟁에서의 승리 이후 무함마드는 자신을 예언자로 인정하지 않는 유대교와의 결별을 예상하고 유서 깊은 메카의 역사성을 생각하게 된 것이다. 바드르 전투에서 눈부신 승리를 거두자 그는 메카의 정복을 꿈꾸었다. 정복은 이슬람 공동체의 세속적인 이익뿐만 아니라 종교적인 관점에서도 중요했다. 메디나의 유대인 공동체에게서 지지를 기대했던 무함마드는 그들과 불화가 깊어지자 유대교와의 결별을 불가피한 것으로 인식하기 시작하였다. 바로 이 시기에 유대교와 이슬람교의 원형이라고 추정되는 아브라함 종교에 대한 이론이 처음으로 등장한다. 그 결과 카바는 점차적으로 경배의 중심지로 자리 잡게 되었다. 즉, 유일신교의 시조 아브라함이 그의 아들 이스마일을 데리고 메카로 와서 카바를 건설하였고, 그곳은 점차 인류의 집합 장소가 되었다는 것이다. 이러한 이론이 등장한 이후, 즉 헤지라 2년 후에야 비로소 메카의 카바가 이슬람의 키블라로 정착되었다는 것이 일부 서구학자들의 주장이다(Mullana, n.d: 507-508). 한편 무슬림 학자 물라나(Mullana)는 알 부카리(al-Bukhari)의 하디스를 인용하여, 메카로의 키블라는 바드르 전투[5] 3개월 전인 헤지라 6개월 후에 이미 정해졌다고 했다. 그는 심지어 예언자가 메디나로 이주하기 이전에도 메카로의 키블라 이전을 염두에 두고 있었다고 주장했다(Mullana, n.d.: 509).

무슬림 학자들은 카바의 우상숭배 시원을 자르함(Jarham) 부족의 분열에 두고 있다. 자르함 부족이 분열되자 각각의 부족들은 메카의 돌멩이

---

5) 헤지라 2년 라마단 달(9월)에 일어났다.

를 하나씩 가져다 자신의 정착지에 두고 그 주위를 돌기 시작했다는 것이다. 한 하디스[6]는 암루 이븐 루하이('Amrubn Luayy: 250년경 사망)가 처음으로 아브라함의 종교를 변질시켰다고 전한다. 아브라함의 계명을 받은 종교는 메카의 카바에서 시작하여 야마마(Yamamah), 타이프(Ta'if), 야스립(Yathrib) 등 여러 도시의 우상숭배자들을 거치면서 그 지역의 정치·경제적 상황에 따라 통합과 분열을 계속하였다. 이슬람 도래 이전의 메카는 당시 예멘과 북쪽 지역을 이어 주는 무역의 요충지로 많은 상인들이 몰려드는 경제적 중심지였다. 또한 기독교인이 시작한 '코끼리 전투'[7]에서 메카군이 승리하자 메카는 당시의 종교·정치적 중심지로서의 위치를 더욱 확고히 할 수 있었다(Nas,r al-Din, 1994:226-228). 메디나로 이주한 예언자 무함마드가 메카를 정복하자 그는 메카에 있던 우상을 파괴하고 그곳의 신성한 역사성을 이슬람식으로 채색하였다. 아랍인들의 마음속에 자리 잡고 있었던 신성한 장소 메카의 역사성에 대한 인식은 이슬람이 아라비아반도에서 성공을 거둘 수 있었던 가장 중요한 요인이 되었다.

이렇듯 자힐리야 아랍인들이 신성시하여 순례하였던 메카의 카바는 오늘날 무슬림에게도 여전히 신성한 순례의 장소가 되었다. 신성한 도시 메카는 예언자 무함마드가 그의 민족에게 새롭게 제공한 공간이 아닌 오래 전부터 지속된 신성한 장소에 이슬람식 의미를 덧붙인 결과라 할 수 있다.

메카 성전에 천을 씌우던 것 역시 오랜 관행이라 할 수 있다. 천을 덮는 행위는 그곳이 원래 천막이던 것에서 유래되었다는 설도 있다. 즉, 카바가 건축되기 전에 그곳에 천막이 있었다는 것이다. 카바는 원래 4세기 말

6) 예언자 무함마드의 언행록이다.
7) 아라비아남부의 기독교인들이 코끼리를 타고 메카 정복을 시도하였으나 실패했다.

이나 5세기 초 예멘 왕 아스아드 아부 쿠릅 알 힘야리('As 'ad 'AbuKurb al-Himyari)에 의해 처음으로 예멘의 실크 천으로 덮였다고 역사가들은 전한다. 예언자는 카바를 예멘 천으로 덮을 것을 요구하였으나 칼리파 오마르와 오스만이 콥트 천으로 바꾸었다고 전해진다. 메카에 천 덮는 의식은 무하람(Muharram)달 10일인 아슈라(Ashura') 날에 거행되었다고 알려져 있다. 자힐리야인들에게 아슈라 날은 여러 면에서 성스러운 날로 간주되었다. 또한 원래 카바의 천은 오래된 천을 벗겨내지 않고 그 위에 새 천을 덮었으나, 이슬람이 온 이후 오래된 천이 누적되어 카바를 내리 누르자 벗겨내기 시작한 것으로 전해진다('Ali, V.6, 1970:441-444).

(2) 순례

신에게 가까이하기 위해 정해진 시간에 신성한 장소를 방문하는 것은 고대 셈족 종교의 공통적인 특징이었다. 순례를 의미하는 아랍어의 '핫즈(hajj)' 라는 말은 셈어에서 나온 것으로 셈족에 속하는 여러 민족의 저서에 언급되었다. 모세 오경에도 순례가 신성한 장소를 향하는 것이라 언급되어 있다. 고대 셈족의 신들에게는 거주하는 집이 있었는데 이는 '하나님의 집' 이라 불렸다. 따라서 숭배자들은 그곳에 가서 복을 빌었으며, 그 집에 가까이 다가가기를 간절히 희망하였다. 그것은 정해진 시간의 정해진 날에 행해졌으며, 그날은 신성한 날로 불렸다. 이러한 신성한 날은 축제로 간주되어 종교 의식과 숭배, 모임, 놀이의 행사가 통합된 양상으로 나타났다('Ali, V.6, 1970:347-348).

순례가 이루어지는 달은 다른 달들과 구별하여 '두 알 힛자(dhu al-hizzah)' 즉, 순례의 달이라 불렸다. 이러한 달의 명칭은 오늘날 무슬림

력에도 존재하는 것으로, 아랍 자힐리야인들에게서 유래된 것이다. 여러 기록들은 메카로의 순례가 정해진 시간에 이루어졌다고 전한다. 꾸란에는 순례의 달이 정확하게 언급되어 있지 않고, 단지 사람들 사이에 '알려진 달'에 행하라고만 언급되어 있다. "대순례는 알려진 달에 행하되 순례를 행하는 자는 성욕과 간사하고 사악한 마음을 갖지 말 것이며…"(Q 2:197) 여기서 '알려진' 혹은 '명시된' 달이라는 것은 보통 샤왈(shaww-al:10월), 두 알 키으다(dhual-qi 'dah: 11월), 두 알 힛자(12월)의 첫 10일 간을 의미한다고 주석가들은 해석한다('Ali, V.6, 1970:350).

서구 이슬람 학자들은 자힐리야인들이 두 알 힛자 달에 순례를 행하는 장소는 한 곳이 아닌 여러 곳이라고 지적하였다. 즉, 자힐리야인들의 순례 장소는 메카 이외의 다른 장소도 있을 것이라는 이야기이다. 각각의 부족은 자신들이 신성시 여기는 장소를 순례하고 그곳에 우상을 갖다 놓았다는 것이다. 아랍 역사가들도 우상의 집이 여러 군데 존재하였다는 데 견해를 같이 한다. 신성한 메카 외에도 타이프(Taif)의 알라트(al-Lat)[8]의 집, 아라파트 근처의 알 웃자(al- 'Ujjah)[9]의 집, 마나트(Manat)[10]의 집 등이 당시에 알려졌던 유명한 순례지였다. 당시의 순례는 자힐리야인들에게 축제와 같은 것이었으며, 사람들은 능력과 위치에 맞게 가축을 잡았고, 먹고 남는 고기는 가난한 사람들에게 나누어주었다('Ali, V.6, 1970:351). 그러나 몇몇 전언은 신의 집을 순례하지 않고 신성한 달을 지키지 않는 부족[11]이나 사람들도 있었다고 전한다('Ali, V.6, 1970:352).

---

8) 이슬람 이전에 아랍인들이 섬기던 신으로 '알라의 딸'이라 불린다.
9) 이슬람 이전에 아랍인들이 섬기던 신으로 '알라의 딸'이라 불린다.
10) 이슬람 이전에 아랍인들이 섬기던 신으로 '알라의 딸'이라 불린다.
11) 카스암(Khath 'am)과 따이(ṭayy), 쿠다 (Quda) 부족 등이다.

새로운 종교 이슬람은 신의 집으로의 순례를 신자들의 종교적 의무로 정착시켰을 뿐만 아니라 자힐리야인들이 순례시 행하던 의식의 일부를 이슬람의 순례 의식으로 받아들였다. 그럼으로써 기존에 부족마다 달리 하던 순례 의식이 이슬람에 의해 통합되었다. 이슬람에서 규정된 순례 의식은 다음과 같다. 먼저 메카로 이르는 지정된 장소 '마와키트(mawaqit)'에서 '이흐람(ihram)'[12]을 입고, 메카에 있는 하람(Haram) 성원으로 가서 카바 신전을 일곱 차례 돈 후(타와프, Tawwaf), 카바 신전에 있는 검은 돌에 입을 맞춘다. 아브라함 신전에서 기도를 드리고, 사파(Safa)와 마르와(Marwah) 동산 사이를 왕복하여 뛰고(sayy), 두 알 힛자 7일에 대설교 모임에 참석하며, 8일째는 미나(Mina) 계곡을 방문하여 그 곳에서 머무르며 밤을 새운다. 9일째에도 계속하여 아라파트에 있는 조그마한 동산(자발 라흐만, Jabal Rahman)에 올라 아담과 이브의 재회를 기념한 후, 10일째 되는 희생제('id al-'Adha) 날에는 미나 계곡에서 양이나 소를 잡아 희생제를 지내면서 사탄에게 7개의 조약돌을 그 다음날까지 연이어 던진다. 여기까지의 예식을 마치면 성지순례는 끝난 것이나 다름없으나, 2-3일 정도 체류 기간을 연장하면 더 큰 복이 된다고 전해진다(최영길, 1998:53).

위에 언급된 이슬람의 순례 의식은 자힐리야인들의 순례 관행에 근거한다. 자힐리야 시대 각 지역에는 정해진 마와키트가 있었고 메카 사람들은 집에서 이흐람 복장을 할 수 있었다. 알라의 집과 우상의 집을 타와프하는 것은 순례 의식의 기본 요소 가운데 하나였다. 쿠라이쉬 부족을 비롯한 각 부족은 자신이 섬기는 우상의 주위를 돌았다. 그들은 우상뿐만

---

12) 순례를 행하기 위하여 들어간 상태와 바느질하지 않은 순례 복장이다.

아니라 안삽('ansab)이라 불리는 세워 놓은 돌멩이 주위도 돌았다. 돌멩이의 숭배는 타와프 의식의 근간을 이루고 있다. 당시 타와프는 특별한 기간이나 장소에서만 행하는 것이 아니라 성전에 들어갈 때마다 행해졌으며, 그들은 성묘나 알라에게 바치는 제물 주위도 돌았다. 자힐리야인들 역시 메카를 일곱 번 돌았다. 모세 오경에도 언급되어 있듯이 일곱이라는 숫자는 유대인들에게도 신성한 숫자였다('Ali, V.6, 1970:353-356).

자힐리야인들은 순례를 할 때 옷을 벗고 하는 사람들(hullah)과 옷을 입고 하는 사람들(al-hims)이 있었으나, 이슬람은 옷을 벗고 순례하는 것을 금하였다. 자힐리야 시대에 옷을 벗고 타와프를 하던 관행이 있었다는 사실을 전해 주는 꾸란 구절이 있다. "그들이 부끄러운 일을 할 때면 변명하여 말하길 우리 조상들이 그렇게 함을 보았습니다. 또한 하나님께서 우리에게 명하사 그렇게 하도록 하였습니다.라고 하니 일러 가로되 그렇지 아니 함이라 하나님께서는 부끄러운 일을 명하지 아니 하셨노라 너희는 너희가 알지 못하는 것으로 하나님께 거짓하려 하느뇨"(Q 7:28)

순례 의식 가운데 또 다른 중요한 것은 탈비야 의식이다. 사람들은 검은 돌을 만지고 나서 사파와 마르와 사이를 뛰며 탈비야를 했다고 전해진다. 각 부족마다 혹은 섬기는 신에 따라 탈비야가 달랐다고 하며, 쿠라이쉬 사람들의 탈비야는 "하나님, 제가 여기 있나이다. 제가 여기 있나이다. 당신에게는 동반신이 없으며 동반신이 있다면 당신에게 속하나이다. 당신은 그와 그가 소유한 것을 소유하나이다."라고 역사서는 전한다('Ali, V.6, 1970:379). 그러나 쿠라이쉬 부족이 유일신관을 담고 있는 이러한 탈비야를 했다고 전해지는 것은, 이 부족에게 종교적 정통성을 부여하려는 무슬림 역사가들의 왜곡으로 추정된다.

어쨌든 이슬람은 자힐리야인들의 탈비야를 유일신 사상에 맞게 변형시켜 순례 의식으로 받아들였다. "오 주여, 제가 여기 있나이다. 당신에게는 동반신이 없나이다. 제가 여기 있나이다. 찬양과 은총이 당신에게 있나이다. 당신은 동반신이 없는 왕이시이다."('Ali, V.6, 1970:379)

이슬람에는 하람 사원과 연결되지 않는 또 다른 신성한 순례 지역으로 아라파와 미나, 무즈달리파(Muzdalifah), 사파, 마르와가 있다. 이러한 신성한 장소는 자힐리야인들의 순례지였으며 그들에게는 이러한 장소 외에도 여러 곳의 순례지가 있었다. 쿠라이쉬 부족을 비롯한 자힐리야인들은 사파와 마르와를 일곱 차례 돌았다. 사파에는 이사프('Is 'af)라는 우상이 있었고 마르와에는 나일라(Nailah)라는 우상이 있었던 데에서 이러한 의식이 생겨난 것으로 보인다. 이슬람에서 사파와 마르와 사이를 사이 (sayy)[13]하는 것은 자힐리야인들이 이 두 장소에 대해 가졌던 신성함을 그대로 용인한 것이라 할 수 있다. 이슬람은 두 우상을 파괴하고 그 주위를 도는 대신 두 지역 사이를 사이하는 것으로 이 관행을 유지시켰다. 메카에서 멀리 떨어져 있지 않은 아라파트 동산 역시 우상과 관련되어 자힐리야인들이 신성시하던 장소로 추정된다('Ali, V.6, 1970:379-383).

이파다('ifadah), 즉 무즈달리파로 흩어지기는 아라파로부터 무즈달리파에서 이루어지는 의식이었다. 무즈달리파는 아라파와 미나의 중간 지점에 있는 장소이다. 무즈달리파 역시 우상과 관련이 있는 지역이었다.

자힐리야 순례객들은 두 알 힛자 달 10일 해가 뜰 무렵 조약돌을 던지고 희생제물을 잡기 위해 흩어졌다. 미나는 메카에서 멀지 않은 지역으로, 언어학자들은 '피로써 희망한다'라는 의미에서 이러한 이름이 붙여졌다고 주장한다. 전언에 따르면 이곳에 일곱 개의 우상이 세워졌다고 한다. 이곳

---

13) 사파와 마르와 두 동산 사이를 일곱 차례 걷다가 뛰다가 하는 것이다.

에서 조약돌을 던지고 희생제물을 바치는 것도 이러한 우상과 연관이 있었다('Ali, V.6, 1970:384-385). 미나에서 조약돌 던지기는 이슬람 순례 의식의 일부가 되었다. 돌 던지기 의식은 아랍인들에게 뿐만 아니라 여러 민족에게 알려진 순례 의식이었다. 미나와 관련된 의식 가운데 희생제물을 잡는 것은 원래 아브라함과 아들 이스마일과 더불어 일어났던 사건에 기인한다고 볼 수 있다. 자힐리야인들은 우상을 위해 잡은 희생제물을 서로 나누어 먹었으며, 나는 새나 땅의 짐승들을 위해서도 일부가 남겨졌다. 순례 의식은 희생제물을 바침으로써 그 절정에 이르고 두 알 힛자 10일째 되는 날에 사람들은 순례를 마친다('Ali, V.6, 1970:384-390).

움라('umrah)는 이슬람의 소순례를 의미한다. 자힐리야인들도 라잡(Rajab: 8월) 달에 소순례를 행했다. 이슬람에서의 소순례는 하람 사원을 돌고 사파와 마르와를 사이(sayy)하는 것으로, 개인적인 선택 사항이다. 그러나 자힐리야 시대의 소순례는 꾸란에 언급되어 있듯이 대순례와 똑같이 행해졌다. 라잡 달은 우상에게 희생동물을 바치는 달로 자힐리야인들은 소순례 때에도 희생제물을 바쳤다. 라잡 달뿐만 아니라 매달 소순례를 하는 부족도 있었다고 전해진다('Ali, V.6, 1970: 391).

타와프 때나 그 밖의 경우에 무슬림들이 돌멩이나 우상에 입을 맞추는 것도 자힐리야인들의 종교적인 관행이었다. 그들은 이러한 입맞춤으로 우상과 가까이함으로써 축복을 얻을 수 있다고 믿었다. 또한 입을 맞추는 것 외에도 손으로 신성한 돌을 만지거나 그것도 어려울 경우 지팡이로 대신하기도 하고, 그것도 여의치 않을 경우에는 낙타를 타고 그렇게 할 수도 있었다. 그 밖에도 성전의 문을 가볍게 노크하거나, 옷과 같은 물건으로 우상이나 바위, 신성한 장소를 스치게 하거나, 우상에게 바친 희생제물의 피로 돌이나 우상에게 칠하는 관행도 있었다('Ali, V.6, 1970:393-394).

자힐리야인들은 남자들이 이흐람을 할 때 머리카락으로 된 목걸이를 두르면 어느 누구도 그에게 해를 가하지 않는다고 믿었다. 순례가 끝날 때에도 그들은 향내 나는 풀, 낙타의 털, 하람의 나무 껍질로 된 목걸이를 둘러 악영향으로부터의 해를 막았다. 이러한 관행은 오늘날 몇몇 순례객들이 순례를 마치고 난 후 남자들의 경우에는 메카인들이 쓰는 두건이나 이칼('iqal, 두건 위에 눌러 쓰는 검은 띠)을 쓰고 돌아오고, 여자들의 경우는 하얀 머리가리개 키마르(khimar)를 쓰고 돌아오는 관행과 유사하다고 할 수 있다('Ali, V.6, 1970:394).

자힐리야인들은 대순례나 소순례뿐만 아니라 언제든지 메카로 와서 우상 주위를 돌고, 검은 돌을 만지며, 그들의 토속 신과 가까이 하였다. 이는 하람 사원에 있는 부족의 우두머리들이 어떠한 경우이든 사람들을 불러 모아 상업 활동을 활성화시키려는 유인책이라고 할 수 있다. 사람들은 이곳에서 필요한 음식이나 필수품을 사고팔았으며 메카인들은 그 혜택을 누릴 수 있었다('Ali, V.6, 1970:394-395).

순례에 대한 계시[14]가 예언자에게 내려진 것은 헤지라 3-4년 이후이다. 계시 이후에 이교도 관행이었던 순례 의식은 이슬람의 관행으로 선포되었다. 메카가 정복되었을 때, 예언자는 서둘러 개인순례를 행하지 않았다. 그 대신에 그는 장인인 아부 바크르('Abu Bakr:634년 사망)를 보냈다. 그리고 예언자는 알리('Ali:661년 사망)로 하여금 아라파트에 모여 있는 순례객들에게 계시된 다음 구절을 읽도록 하였다. "스스로 믿지 아니하는 불신자들에게는 하나님의 성원을 방문할 권한이 없나니 곧 그들의 일들이 헛되어 그들은 불지옥에서 영생하리라. 실로 하나님의 성원을 방

---

14) 꾸란 3:90-92, 2:119.

문하는 자와 관리하는 자는 하나님과 내세를 믿고 예배를 드리며 자카트를 바치며 하나님 외에는 두려워하지 아니한 이들이거늘 그들은 인도 받는 자 가운데 있게 되리라"(Q 9:17-18) 이때부터 비무슬림들에게는 순례 자체뿐만 아니라 순례의 계절이 아닌 경우에도 메카를 방문하는 것이 금지되었다. 이러한 예비적인 조치가 이루어진 후에야 예언자는 메카로 순례를 하였다. 고별순례라 불리는 예언자의 순례는 순례 의식에 대한 미래의 모델이 되었다(Grunebaum, 1992:17).

위에서 보듯이 자힐리야 토착 관행 가운데 순례는 이슬람 의식에 가장 많이 채택된 관행이라 할 수 있다. 순례의 관행을 이슬람이 그대로 존속시킨 것은 종교적 목적 외에 순례가 메카 사람들에게 경제적 이득을 가져다 준 데에도 기인한다. 메카인들을 회유하려던 예언자는 그들의 종교적 의례이면서 동시에 경제적 혜택을 가져다주는 순례를 폐지할 경우의 결과를 이미 잘 간파하고 있었는지도 모른다.

(3) 단식

단식을 의미하는 아랍어의 '사움(saum)' 이란 단어는 모든 것을 절제한다는 의미이다. 꾸란의 메카 장이나 메디나 장에서 모두 단식에 대한 언급이 있는 것으로 미루어 그 형식은 다르더라도 단식이 아라비아반도의 오랜 관행이라는 사실을 추정할 수 있다. 단식을 언급하는 꾸란의 구절은 음식이나 마실 것에 대한 단식뿐만이 아니라 계시의 초기에는 말하는 것의 금지까지 포함하고 있다. "먹고 마시어 마음을 평안케 하라 그리고 네가 사람을 만나거든 저는 하나님께 단식할 것을 맹세하였음에 오늘 누구와도 말을 하지 않을 것이라 말하여라"(Q 19:26)

단식은 유대인이나 기독교인들에게 오래 전부터 널리 알려져 있었으며, 이들과 접촉하였던 아랍인들 역시 단식을 했던 것으로 전해진다. 특히 유대인들이 많이 거주하였던 야스립(Yathrib)[15]과 기독교인들이 거주하던 이라크와 샴 지역의 아랍 부족 사이에는 단식의 관행이 있었다. 또한 메카 사람들 가운데 하니프(hanif)[16]들과 상인들은 유대교나 기독교인들의 단식을 모방하였다. 자힐리야인들은 침묵과 사색, 칩거 등을 동반하는 기독교 수도사들의 단식을 모방하였을 가능성도 있다('Ali, V.6, 1970:339).

메카의 쿠라이쉬 부족은 아슈라('ashurah: 속죄의 날)에 단식을 한 것으로 전해진다. 그들은 자신들이 범한 죄를 용서받기 위해 아슈라 날에 단식을 하였으며, 이날을 기념하여 명절로 삼는 한편, 카바를 천으로 덮는 행사를 가졌다고 전해진다. 하디스 전언가였던 예언자의 부인 아이샤('A'ishah)도 쿠라이쉬 부족이 이 날에 단식하였다고 언급하였다(Maulana n.d.:507). 어떤 전언은, 예언자가 메디나에 와서 유대인들이 아슈라 날에 단식하는 것을 보고 사람들에게 물었다. 사람들은 그날이 바로 하나님이 파라오들을 물에 빠트리고 모세와 그와 함께 있던 사람을 구해준 날이라고 알렸다. 그러자 예언자는 무슬림들이 그들보다 모세와 더 가깝다고 말하면서 아슈라 날의 단식을 명령하였다. 그 후 라마단 달[17]의 단식을 의무화하는 계시가 내려오자 예언자는 아슈라 날의 단식에 대해서는 계속할 것을 명령하지도 그것을 금지하지도 않았다고 전한다('Ali,

---

15) 오늘날의 메디나를 가리킨다.
16) 이슬람 이전 아라비아반도의 유일신 사상이나 유일신을 믿던 사람들로 유대교와 기독교와는 다른 것으로 전해진다.
17) 이슬람의 단식의 달이다.

V.6, 1970:340). 그러나 꾸란 주석학자들과 하디스 학자들은 이슬람식 단식에 대한 계시가 있기 이전의 단식에 대해 견해를 달리한다. 어떤 학자들은 무슬림들이 50일 동안 단식하였다고[18] 주장하는가 하면, 또 다른 학자들은 라마단이 의무화되기 이전에 매달 3일간 단식하였다고 주장하였다. 확실한 것은 당시의 단식이 자발적인 것으로 의무사항은 아니었다는 것이다('Ali, V.6, 1970:341-342).

유대인의 속죄의 날의 단식을 모방하였던 초기 이슬람 단식의 관행은 후에 예언자와 유대인과의 관계가 악화되자 헤지라 2년 아슈라 축제를 폐지하는 계시가 내려지면서 주춤해졌다. 아슈라 날의 단식 대신 새로운 계시는 라마단 달의 단식을 명했다. 그러나 라마단 달의 단식이 계시된 4-5년 후까지도 무슬림들은 해질 무렵부터 이튿날 해질 무렵까지 지속되는 유대인들의 단식 관행을 따랐다. 그러나 단식 절차에 관한 새로운 계시가 내려오자 이슬람의 단식 관행은 독자적인 것이 되었다. "하얀 실과 검은 실이 구별되는 아침 새벽이 올 때까지 먹고 마실지어다 그런 다음 밤이 올 때까지 단식을 지키고…"(Q 2:187) 하루 종일 계속된 불명확했던 단식의 날 수는 라마단 한 달 동안인 29일로 확정되었다(Grunebaum, 1992:51-52).

라마단 축제는 기독교의 사순절과 유사하며 마니교의 관행과도 유사하다. 그러나 라마단 달이 신성한 달이라는 것은 이교도 아라비아에 널리 퍼져 있던 개념이었다. 특히 매우 더운 라마단 달은 이슬람 이전에 더욱 신성시되었다. 라마단(Ramadan)이라는 이름이 시사하듯 그것은 보통 한여름에 있었다. 한여름에 종교적인 의식이 거행되었으며, 그 중심은 바

---

18) 새벽녘까지 먹고 마시고, 성행위를 하는 것은 허용된다.

로 샤반(Sha'ban) 달, 즉 여덟 번째 달 15일에 해당된다. 이날은 바로 유럽인들의 신년 1일에 해당되는 특징이 있다. 이날과 라마단 달의 시작은 그 기능뿐만 아니라 날짜에서도 유대력의 새해 첫날 및 속죄의 날과 매우 유사하다. 이러한 유사성을 이해하기 위해서는 이교도 아랍인들이 태음·태양력을 사용하였다는 것을 기억해야 한다. 그들의 태음 달은 매 2, 3년마다 13번째 달, 즉 윤달을 추가하는 것으로 계절과의 관계를 유지하였다. 무하마드 시절에는 천문학적 지식의 결여로 순례의 시기를 결정하는 데 어려움이 있었다. 실제적으로 예언자 시절의 순례 시기는 가을에서 봄으로 넘어가는 시기였다. 예언자가 죽기 얼마 전, 총 354일 열두 달 음력으로 된 이슬람력이 도입되었다. 따라서 이슬람력의 33년은 태양력 32년에 해당된다고 할 수 있다. 그 결과 이슬람의 달은 33년을 주기로 계절이 이동하며, 그로 인해 한 여름에 행해지던 이슬람 단식이나 순례와 같은 축제는 이슬람력이 제정됨에 따라 계절적으로도 변화하게 되었다(Grunebaum, 1992:52-53).

종교적인 면에서 라마단은 그 성격이 속죄 및 용서와 관련되어 있다는 점에서 유대인들의 속죄의 날과 유사점이 있다. 예언자의 하디스는, 라마단 달에 천국의 문이 열리고 지옥의 문이 닫히며 악마들이 묶이게 된다고 전한다. 이것은 바로 라마단 달 동안 단식을 충실하게 수행할 경우 죄로부터 속죄를 얻을 수 있다는 의미가 된다. 죄를 용서받는 데 있어서 라마단 달의 날은 보통 날들에 비해 30배의 효력이 있다고 전해진다. 유대인의 전설에 따르면 세상이 새해 첫날 창조되었다고 한다. 그러나 이슬람력의 공식적인 시작이라 할 수 있는 무하람 달 첫날은 이슬람에서 어떠한 우주적 혹은 철학적 의미도 부여되어 있지 않다. 대신 샤반 달 15일 밤(lailat al-bara'ah)은 새해 축제의 특성을 유지한다. 이집트에서는 어떤 사람이 죽을 운명이면 그 사람의 이름이 새겨진 로터스 나뭇잎이 바로 이 날 밤에 떨어진다고 믿고 있다. 그날 밤에 신자들은 정규 저녁 예배 후에 특별 예배를 드리며 꾸란 36장을 암송한다(Grunebaum, 1992:53-54).

이 달이 단식의 달로 정해진 이유는, 무슬림 학자들이 주장하는 바대로 꾸란이 라마단 달 능력의 밤(lailat al-qadar)에 처음으로 계시되었기 때문이기보다는 이슬람 이전에 이미 라마단 달이 신성한 달로 간주되었기 때문일 가능성이 크다. 꾸란의 첫 계시를 받은 것은 하룻밤에 불과한데 그 달 전체를 신성한 달로 정했다는 것은 이슬람 이전에 이미 그 달에 대해 가지고 있었던 아랍인들의 고정관념에서 비롯된 것이라 할 수 있다.

(4) 예배

아랍문학사가 알 이스파하니(al-'Isfahani: 967년 사망)는 그의 『노래의 서』에서 쿠파 근처의 한나(Hanna) 수도원에 대해 언급했다. 그는 이 과정에서 그것이 오래된 수도원으로, 타누키(Tanukhi) 부족의 일파인 사티아(Sati) 씨족이 세운 카임(qa'im)이라 불리는 뾰족탑과 마주하고 있다고 했다. 수도원의 카임은 무앗딘(mu'adhdhin)[19]이 올라가 기도 시간을 알리는 이슬람의 뾰족탑 미다나(mi'dhanah)와 같은 것이었다. 이것은 바로 예배로 초청하는 아단('adhan)[20]이 아라비아반도와 그 주변 지역의 오랜 관행임을 시사해 준다. 고대인들이 하늘을 향해 바벨탑을 세운 것처럼 하늘을 향해 올라가는 건축 양식은 바로 지고한 신께 향하고 싶은 인간의 본성에서 비롯된 것이라 할 수 있다. 절대적인 믿음이나 높은 곳으로 향

---

19) 기도를 알리는 사람이다.
20) 예배시간을 알리면서 예배를 드리러 오라는 무앗딘의 부름이다.

하는 인간의 의지가 이슬람에서는 모스크 건축 양식의 뾰족탑으로 나타나게 되었다(Nasr al-Din, 1994:228-229).

예언자의 메디나 이주 후에 처음 시작된 아단은 신자 가운데 한 명이 제안한 것을 예언자가 승인한 것으로 알려져 있다. 예언자가 메디나에 왔을 때 예배는 정해진 시간에 거행되었으며, 사람들은 아단 없이 예언자 주위에 모였다. 그 후 예언자는 유대인들이 기도 초대 때 사용하는 나팔과 같은 것을 사용하고자 하였으나 이를 포기하고 종을 만들도록 명령하였다. 이븐 히샴은 예언자 전기에서, 처음에는 종을 쳤으나 후에 다수의 의견이 입으로 아단만 하자는 방향으로 모아졌다고 언급하였다. 이븐 히샴은, "압둘라('Abdullah)라는 사람이 하루는 꿈을 꾸고 꿈에서 본 것을 예언자께 알렸다. 그의 꿈에서 두 벌의 초록색 옷을 걸치고 손에는 종을 든 한 남자가 그의 곁을 지나쳤다. 압둘라가 그에게 말했다. '이 종을 파시겠습니까?' 그러자 그가 말했다 '이걸로 무얼 하시려고요?' 그가 말했다. '그것으로 예배에 초대하려고 합니다.' 그러자 그가 말했다. '내가 당신에게 그보다 좋은 것을 소개하리라.' 그것이 무엇이냐고 물었다. 그가 대답했다. '당신은 하나님은 가장 위대하시다, 하나님은 가장 위대하시다라고 말하시오.' 압둘라가 예언자에게 이 꿈에 관한 이야기를 하자 예언자는 '그것은 진실한 꿈이다.' 라고 말했다. 그리고 예언자는 가장 훌륭한 목소리를 가진 빌랄(Billa: 641년 사망)에게 아단을 하도록 명령하였다."(Nasr al-Din, 1994:229)라고 전하였다.

이렇듯 여러 전언들은 이슬람의 뾰족탑과 아단이 그 형태는 다를지라도 중동지역에 널리 퍼져 있었던 관행임을 보여 주고 있다. 특히 뾰족탑은 앞서 언급하였듯이 아라비아반도를 비롯한 중동지역의 기독교 수도원에 존재하였던 것을 이슬람이 받아들였으며, 예배를 알리는 방법도 기독교의 종이 얼마 동안 사용되다가 그것이 예언자에 의해 목소리로 기도를 알리는 아단으로 변형되었다는 것을 알 수 있다.

자힐리야 문헌에는 이슬람에서 이행되는 예배의 개념은 없다. 단지 유대인들과 기독교인들과 아랍인들이 그들의 교회에서 정해진 시간에 예배를 드렸다는 것이 전해질 따름이다. 어떤 문헌은 태양을 숭배하던 사람들이 손에 불 색깔의 보석이 있는 우상을 세웠다고 전한다. 그 우상의 이름으로 세워진 특별한 집이 있었으며, 여러 마을과 지역에 우상을 위한 집이 만들어졌으며, 많은 추종자들과 문지기들이 그 집에 와서 하루에 세 번씩 예배를 드렸다고 한다. 또한 불구자들이 이곳에 와서 우상을 위해 단식하며 예배를 드리고 자신의 소원을 빌었다고 전해진다. 그들은 태양이 떠오르면 모두가 그것을 향해 절을 하였으며 태양이 질 때 별들이 하늘의 중간에 와도 마찬가지로 예배를 드렸다. 따라서 사탄은 이 세 번의 시간에 사람들의 경배와 기도가 자신을 향하도록 태양을 동반하였고, 이러한 이유로 예언자가 이 시간에 기도하는 것은 금지시켰다고 전해온다.

알 야쿠비(al-Ya 'qubi: 897년 사망)는 자힐리야 아랍인들이 성전을 순례하기 전에 각 부족의 우상이 있는 곳에서 예배를 드리고 탈비야를 했다고 언급하였다. 위의 두 전언은 자힐리야 아랍인들에게 예배의 관행이 존재하였다는 사실을 입증한다. 자힐리야 시인 알 아샤(al-'A 'sha: 629년 사망)의 시에도 아침과 저녁에 예배드리는 관행이 있었다고 언급되어 있다. 또한 자힐리야 문헌에는 사람들이 죽은 자에 대해 예배를 드렸다는 사실도 언급되어 있다. 그들의 예배는 죽은 자를 침대로 옮겨 시신 가까이 서서 죽은 자의 훌륭한 성품을 언급하고 칭송하는 것이었다. 꾸란에도 사람들이 달과 태양에게 절을 했던 것이 언급되어 있다.

"하나님의 예증 가운데 밤과 낮이 있고 태양과 달이 있노라 그러므로 태양과 달을 숭배하지 말라 진실로 너희가 하나님을 경배한다면 그것들을 창조한 그분만을 경배하라"(Q 41:37) 또한 꾸란에는 사비교도들이 태양을 향해 큰 절(수주드, sujud)[21]을 한 것이 언급되어 있다. "저는 그녀와 그녀의 백성들(사비교도들)이 하나님 외의 태양에게 절하고(sujud) 있음을 알았습니다 사탄들은 그들의 행위를 그럴듯하게 보여 그들로 하여금 진리의 길을 벗어나게 했으니 그들은 인도되지 못하고 있습니다."(Q 27:24, 'Ali, V.6, 1970:337-338).

하나님에 대한 경외심을 나타내기 위한 가장 보편적인 수단인 예배와 기도는 특히 메카 지역의 아랍인들에게 통합적이며 집단적인 형태를 띠었다. 예배는 매주, 그리고 크고 작은 축제 때 거행되었으며, 집단 예배를 위한 장소는 성소로 간주되었다. 이곳은 모든 사람들이 믿음과 경외의 축제를 거행하기 위해 매년 모이는 중심지였다. 이러한 축제는 정신적인 통합과 사회적인 만남을 의미하는 것이었다. 메카에서의 집단 예배는 카바에서 이루어졌으며, 사람들은 원래 신발을 신고 예배를 드렸으나 예언자와 동시대를 살았던 쿠라이쉬부족 지도자 알 왈리드 이븐 알 무기라(al-Walid b. al-Mughirah: 622년 사망)가 신발을 벗기 시작하면서 신발을 벗는 것이 관례화되었다. 월경 중의 여성들은 카바에 가까이 가지 못했으며 우상에게 축복을 빌 수도 없었다. 사우디아라비아의 알 파우(al-Faw)라는 마을에서 4세기 것으로 추정되는 동상이 발견되었는데, 이 동상은 오늘날의 루쿠(ruku: 허리 굽힘) 자세에서 예배를 하는 여성의 모습과 너무도 흡사한 것으로 전해진다(Nasr al-Din, 1994:229-231).

---

21) 이마를 바닥에 닿을 정도로 굽혀 하는 절이다.

(5) 성인숭배

이슬람에서 발견되는 성자숭배 사상뿐만 아니라 예언자의 탄생일이나 사망일 및 그의 묘지에 관련된 의식은 정통이슬람의 정신에서 이탈된 것이라 할 수 있다. 그러나 실제로 이러한 성자숭배 사상은 무슬림 일반 대중은 물론 정통이슬람을 추종하는 집단에서도 존재하는 것이 사실이다. 예언자 무함마드는 하나님의 사자이지만, 다른 인간과 마찬가지로 흙에서 만들어졌으며 역시 다른 인간과 마찬가지로 죽어야 했다. "무함마드는 한 선지자에 불과하며 이전 선지자들도 세상을 떠났도다 만일 그가 죽거나 혹은 살해당한다면 너희는 돌아설 것인가? 만약 어느 누가 돌아선다 하더라도 이는 조금도 하나님을 해하지 아니할 것이며 하나님은 감사하는 자들에게 보상을 주실 것이니라"(Q 3:144) 무함마드는 인간으로서 완전무결하지 않으며 죄로부터도 자유롭지 못하다. "내가 방황한다면 그것은 나 스스로가 방황함이요 내가 길을 인도 받으매 그것은 나의 주님이 나에 대한 계시였거늘 실로 그분은 가까이에서 들으시는 분이시라"(Q 34:50) 그는 하나님의 대변인이며 설교자이나 기적을 행할 수 없으며(Q 5:109-110), 그의 기적은 계시 그 자체라고 이슬람에서는 간주하고 있다. 무함마드는 최후심판의 날에 신자들을 위해 중재하지만 이것은 오직 하나님의 허락에 따라 이루어질 따름이다. 따라서 예언자를 둘러싼 어떠한 의식도 만들어져서는 안 된다는 것이 정통이슬람의 원칙이다.

그러나 무슬림들은 예언자가 죽은 후 창조주와 인간 사이의 심연을 메워 줄 중개인을 찾기 시작하였다. 무함마드는 살아생전에 공동체의 신앙을 하나님 한 분에게 집중하는 데 주력하였으나, 그 이후의 추종자들은 그들의 예언자가 인격화되길 원했다. 기독교인들과의 접촉은 서로의 영웅에 대한 경쟁의식을 가져왔을 수도 있다. 이슬람의 중심인물이 초자연성이 없다는 사실을 설득하기 힘들었던 것이다. 특히 쉬아파는 알리[22]의 후손이 결함이 없는 신성을 가지고 있다고 여기며 그들이 이맘[23]의 자리를 계승해야 한다고 믿었다. 대부분의 순니파 무슬림들은 이러한 쉬아파 사상을 거부하였으나, 심정적으로는 쉬아파들이 그들의 이맘에 대해 부여하고 있는 특성을 예언자 무함마드에게 부여하고 싶었던 것이다. 특히 예언자 사후 200년 전후로 일어난 수피주의자들은 무함마드의 신성에 불을 붙이기 시작하였다.

그러나 연대기적으로 보아 성자숭배 의식은 예언자 시대 이전에 이미 존재하였다고 볼 수 있다. 꾸란은 왈리(wali), 즉 자구적인 의미로 보호자, 축복을 주는 자, 혹은 친구라는 뜻을 담고 있는 이 용어를 사용한다. "실로 하나님의 왈리들은 두려움도 슬픔도 없느니라"(Q 10:62) 그리고 꾸란은 '하나님께 가까이 있는 자'(무카르랍, muqarrab)로서의 경건한 자에 관해 이야기하고 있다. "가까이 있는 자들은 축복의 천국에 기거하도다"(Q 56:11, 12) '왈리'라는 단어는 하나님의 또 다른 이름이기도 하다. 이러한 꾸란 구절에 따르면 하나님에게는 그와 특별히 가깝고 그의 왕국 통치자로 임명된 왈리, 즉 성자가 있다는 것이다.

하나님과 하나님의 속성을 가장 잘 아는 사람으로 규정되는 성자는 축복의 선물과 기적을 가져올 수 있는 카라마트(karamat: 축복의 선물이나 기적)를 지니고 있다고 알려져 있다. 이러한 축복은 짧은 시간에 먼 거리를 횡단한다든가, 필요할 때에 옷이나 마실 것 혹은 먹을 것을 나오게 한다든가, 물 위나 공중을 걷는다든가, 무생물이나 동물과 이야기한다든가

---

22) 4대 칼리파로 쉬아파에서는 초대 이맘으로 간주된다.
23) 쉬아파의 칼리파, 즉 예언자의 후계자를 의미한다.

등으로 나타나기도 한다. 어떤 성자들은 자기 스스로를 다른 형체로 변형시키거나, 여러 언어로 이야기하거나, 죽은 사람을 살릴 수도 있다. 또 다른 사람의 생각을 읽거나, 죽은 자신을 무덤에서 일으켜 세울 수도 있다(Munawi, 1938:11-13).

어떤 성자들은 그 특성이 순전히 도덕적인 것에 기초하기도 한다. 한편 성자의 출신을 보면 신비주의자나 종단의 창립자가 있는가 하면, 부족의 선조나 부족장, 혹은 왕조의 왕자이거나 창시자도 있다. 또한 그들 가운데는 매우 비천한 출신의 성자들도 있으며, 반(半)정신이상자(majdhub)도 있다. 정신이상자들의 독특한 중얼거림은 영감을 받은 것으로 간주되기도 하였다. 또한 로마 카톨릭의 성인 숭배에서처럼 무슬림들은 성자를 도시와 마을의 수호자로 간주하였다(Grunebaum, 1992:71-72).

정통파 순니 이론은 예언자가 성자, 즉 왈리보다 앞선다는 생각을 지키는 데 관심을 기울였다. 실제로 신학자들은 성자숭배 행위를 금지하지 않고 암암리에 수용함으로써 예언자의 의식과 관련된 것을 정당화시켰다. 메디나에 있는 예언자의 무덤은 메카의 수크 알 라일(Suq al-Lail)에 있는 그의 생가보다 더 많은 신도들을 불러들이고 있다. 오늘날까지 메디나에 있는 그의 무덤은 순례의 마지막 종착점으로 간주된다. 무함마드는 라비 알 아왈(Rabi ' al-'Awwal, 이슬람력 3월) 달 12일 월요일에 사망하였고, 알려지지 않은 그의 출생일은 자연적으로 사망일과 같게 되었다(Burckhardt, 1829:114-115). 그의 탄생일 마울리드(Mawlid:탄생)는 누가 먼저 기념하기 시작했는가에 대해서는 알려져 있지 않으나 대부분의 무슬림들은 이 날을 기념하고 있다. 한때 이집트 정부는 예언자의 생일이나 알리('Ali), 파티마(Fatimah)[24], 심지어는 칼리파의 생일을 기념하는 행사를 금지하려고 하였으나 실패하였다.

이집트에 수피주의가 성장하자 마울리드 행사는 그곳에 뿌리를 내렸고 아주 짧은 기간에 무슬림 세계 전역에 확산되었다. 예언자 탄생일 행사는 분명 교의적인 이론이나 전통적인 관행에서 어긋나는 '비드아(bid 'ah: 혁신이나 개혁)'였으나 예언자 숭배가 깊어지는 것을 막을 수가 없게 되자 이슬람의 합의('ijma ')는 이를 인정하기에 이르렀다. 이븐 타이미야 (Ibn Taimiyah: 1328년 사망)는 한 축제에서 예언자의 탄생일 밤을 기념하는 축제를 질책하기도 하였다. 그러나 그는 메디나에 있는 예언자의 무덤을 방문하고는 다음과 같이 말했다. "무슬림이 메디나에 들어오면 그로 하여금 예언자의 모스크에 가서 예배하도록 하라. 왜냐하면 이 모스크에서 올린 한 번의 예배가 다른 곳에서 행한 1000번의 예배보다 나으니… 단지 메카의 하람 모스크를 위해 하나를 남겨 두라. 그리고 예언자에게 인사하도록 하라…"(Rutter, 1928:196-197) 결국 알 수유티(al-Suyuti: 1505년 사망)는 당시 사람들의 정서를 반영하려는 듯 마울리드가 분명한 '비드다' 임에는 확실하나, 칭송받을 만한 비드아라고 주장하였다(Grunebaum, 1992:76-77).

토착 전통은 곧잘 성스런 나무나 돌을 꾸란에 등장하는 인물이나 예언자와 관련시킴으로써 이슬람과 조화를 이루게 되었다. 꾸란이나 하디스가 예언자나 사자들의 완성된 목록을 모두 제공하지 않은 것도 토착 전통이 이슬람적으로 해석되는 원인을 제공하였다. 과거의 숭배 장소가 이슬람에 불완전하게 통합된 결과, 그러한 장소는 또 다른 한편으로 기독교인들에 의해서도 숭배의 장소가 되고 있다. 그러나 무슬림들은 기독교 토착 성인을 숭상하는 데 아무런 양심의 가책을 받지 않는다. 예컨대 팔레스타인의 올

---

24) 예언자의 딸이며 알리의 부인이다. 쉬아파에서는 알리를 그들의 초대 이맘으로 간주하듯 파티마를 무슬림 여성의 이상형으로 간주하고 있다.

리브 산 동굴은 무슬림들에 의해 수피 여류시인 라비아 알 아다위야(Rabi '
al-'Adawiyah: 801년 죽음)의 상표로 추앙받으며, 기독교인들에 의해서
는 펠라기아(Pelagia)가 그녀의 죄를 속죄한 장소로 신성화되어 있다. 한편
유대인들은 이 장소를 여성 예언자 쿨다(Khuldah)의 묘소라는 오랜 믿음
을 그대로 유지하고 있다(Arabia of the Wahhabis, 1928:11-12).

성자는 남성일 수도 여성일 수도 있다. 카이로의 시트 나피사(Sitt
Nafisah)나 사이다 자이납(Sayydah Zainab)과 같은 여성 성자들은 많은
사람들의 신앙생활에 커다란 영향력을 갖는다. 메카의 쉐이크 마흐무드
(Mahmud)의 의식에서처럼 어떤 경우는 성자 의식에 여성들만 참석하기
도 한다. 성자를 기념하는 날은 그의 생일이거나, 더 흔하게는 그의 사망
일, 즉 그가 영생으로 다시 태어난 날이다. 또 어떤 경우에는 그 축제가
탄생일이나 사망일이 아니라 한 기간이 되기도 한다. 성자의 지위에 따라
이러한 기간은 하루가 되기도 하고 또는 3-4일이 되기도 한다. 예언자 무
사(Musa)의 축제는 성 금요일 일주일 전에 시작되어 일주일 동안 지속된
다(Grunebaum, 1992:80).

3. 베르베르의 관행과 이슬람의 관행

본 장에서는 주로 베르베르인들의 관행에서 비롯되어 오늘날 이슬람
민속신앙의 일부를 형성하면서 무슬림들의 정서를 사로잡고 있는 진 사
상, 흉안, 저주, 바라카, 아슈라와 무도회를 중심으로 연구할 것이다.

(1) 진(Jinn: 정령)

모든 무슬림의 가장 대표적인 감정은 진에 대한 두려움이다. 모로코에
서는 '즈눈(jnun: jinn의 모로코 방언 복수)'으로 불리는데, 모든 면에서
동부 아랍세계의 진과 일치한다. 이슬람 세계의 서부와 동부에서 진의 개
념이 유사한 것은 전적으로 이슬람의 영향에 의해서이다. 베르베르인들
은 신성시하는 돌이나 바위나 동굴이나 산이나 샘을 가지고 있었다. 어떤
경우 이러한 자연물과 관련된 초자연적인 힘이나 영향이 이슬람의 성자
숭배 원리로 스며들었고, 또 다른 경우에는 이러한 자연물들이 진과 연관
된 것으로 해석되었다.

초기 베르베르인에 대한 자료의 부족으로, 북아프리카 정령 가운데 어
느 것이 토착적인 것이고 또 어느 것이 그렇지 않은지를 구별하기는 쉽지
않다. 그러나 동부 아랍세계와 구별되는 베르베르 관행의 특징은 성자 의
식뿐만 아니라 진의 의식에서도 가금류를 희생제물로 바친다는 점이다.
가금류를 희생제물로 바치는 관행은 카르타고인들의 종교의식에서는 일
반적인 것이었다. 마술사가 진을 불러내 신비하게 정렬된 문자나 형태,
단어, 숫자로 그들의 명령을 이행할 수 있도록 하는 기술은 동부 아랍세
계에도 널리 퍼져있으나, 마그립 지역의 마술사가 이 분야에 가장 노련하
고 뛰어난 것으로 정평이 나 있다. 따라서 마그립 지역의 진 의식은 동부
의 영향을 받았을 뿐만 아니라 동부에 영향을 주기도 했을 것으로 추정된
다(Grunebaum, 1992:13-14).

베르베르인들이 생각하는 진의 거주지는 일반적으로 땅 밑으로 알려져
있으나, 사실 그들은 어느 장소에 얽매어 있지 않다. 그들은 특히 땅 표면
위에 나오길 좋아하며, 여러 가지 모습으로 자신을 보이기 위해 인간들과

접촉한다. 많은 사람들이 실수로 여성 진(jinniyah)과 결혼하기도 한다. 결혼한 여성 진은 인간 남편에게 친절히 대하고 돈을 주기도 하지만, 얼마간의 시간이 지나면 그 남자를 죽이거나 아니면 미치게 만들기도 한다.

흔히 진은 염소나 당나귀, 낙타, 고양이, 개, 거북이, 개구리, 뱀 등의 동물로 보인다. 베르베르인들은 밤에 감히 고양이를 때리지 못하는데 그것이 진일 수도 있기 때문이다. 어두운 곳이나 시장에서, 특히 새벽녘에 진이 개의 모습으로 나타난다고 알려져 있다. 많은 경우 진은 보이지 않고 소리만 내기도 하며, 무시무시한 형태를 띠기도 한다. 기둥 형태로 모래나 먼지를 일으키는 회오리바람도 진에 의해 일어나는 것으로 전해진다. 떨어지는 별똥별은 천당의 문에서 천사들의 말을 엿듣는 진에게 천사들이 던지는 창이며, 그 창을 던짐으로써 천사들은 진들이 들었던 것을 지울 수 있다. 어두운 데 사람이 걸려 넘어지는 이유를 진을 밟았기 때문이라고 생각하기도 한다. 그리고 밤에 이빨을 가는 것도 진의 괴롭힘 때문이고, 많이 먹는데도 배가 부르지 않으면 그의 몸속에 음식을 같이 먹는 진이 있다고 생각한다. 이러한 악령의 존재를 확실하게 느끼게 하는 가장 일반적인 증거는 경련이나 간질이나 마비와 같은 갑작스런 병이나, 류머티즘이나 신경통, 광기, 콜레라나 천연두 같은 전염병 등 신체에 이상이 생기는 것이다(Westermarck, 1973:5-6).

한편, 진의 출현을 야기하는 부적절한 행위가 있다. 어떤 사람이 '비스밀라(bismillah)'[25]라는 말을 생략하고 식사를 할 경우 진이나 악령이 그와 함께 음식을 먹는다. 밤에 거울을 보면 진이 눈에 들어가 통증을 일으키고, 자주 화를 내거나 잘 놀라는 사람은 진에 의해 공격받기 쉽다. 그리

---

25) '신의 이름으로'라는 뜻의 아랍어 표현이다.

고 잠자고 있는 사람을 갑자기 깨우는 것도 진의 공격에 노출될 수 있다.

진의 공격에 쉽게 노출될 수 있는 특정한 사람들도 있다. 갓 태어난 아기나 누워있는 여자가 위험하며, 신부나 신랑도 마찬가지이다. 몇몇 여성 진은 아이들을 서로 바꾸기도 하며, 어떤 진은 신부를 훔쳐 가는 것으로 알려져 있다. 흑인이나 마술사, 살인자, 백정은 자주 진의 방문을 받는다. 또한 진이 들린 동물이나 나무, 장소도 있다. 많은 동굴이나 샘은 진의 출몰지로 알려져 있으며, 불이나 화덕도 진이 출몰하는 장소이다. 집에서 진이 출몰하는 장소는 문지방이다. 때문에 누구도 문지방에 앉아서는 안 된다. 만약 그럴 경우 문지방에 앉았던 사람이 병에 걸리거나, 그 집에 사는 사람들에게 악을 불러올 수 있다. 모든 집과 장소에는 그것을 소유한 진이 있다. 그 진이 선하면 그 집의 사람들은 번성하게 되고, 악하면 불운을 당하거나 죽게 된다. 땅 표면 위에서 진은 '아스르'(오후 3-4시경) 예배 이후에 가장 많이 활동하며, 그 시간이 바로 진들의 아침으로 간주된다. 따라서 이 시간에 많은 행동이 조심스럽게 이루어지거나 금지된다 (Wester-marck, 1973:7-8).

진은 어둠을 좋아하고 빛을 싫어하기 때문에 진을 막는 방법으로 촛불을 밝히기도 한다. 진은 또한 소금을 싫어하기 때문에 여러 경우에 소금이 진을 막기 위한 방법으로 사용된다. 진은 쇠나 철, 타르, 화약 냄새를 특히 싫어한다. 베르베르인들이 시골 결혼식에서 총을 쏘는 것은 화약 냄새를 싫어하는 진을 막기 위한 한 방편이라 할 수 있다. 총소리나 큰 음악 소리, 여성의 자그라다(zaghradah)[26]도 진들이 싫어하는 것으로 알려져 있다. 명바니아, 루, 로즈메리, 헨나, 향수 역시 그 강한 냄새와 향으로 진

---

26) 여자들이 기쁠 때 손을 입에 대고 목청을 돋우어 내는 소리이다.

들을 멀리하는 데 도움이 된다. 그러나 진을 막아낼 수 있는 가장 강력한 수단은 바로 꾸란의 신성한 단어나 구절을 암송하는 것이다. 진을 막아내는 또 다른 보편적인 방법은 가축을 희생시키는 것이다. 베르베르인들은 집을 짓거나 새로운 텐트를 치거나 새로운 장소에 텐트를 옮길 때, 그리고 우물을 팔 때 가축을 희생시킨다(Crooke, 1896:23).

그러나 인간과 진의 관계가 그렇게 적대적인 것만은 아니다. 진과 관련된 의식이나 관행이 모두 그들을 몰아내거나 그들과 싸우려는 의도를 가진 것은 아니다. 많은 경우 인간은 진을 불러 특정한 목적을 위해 이용한다. 그러한 목적 가운데는 도둑을 찾아낸다든지, 미래에 대한 정보를 얻는다든지, 없어진 친구에 대한 소식을 얻는다든지, 숨겨진 보물을 찾는다든지, 마술을 행하는 데 도움을 얻는다든지 하는 것 등이 있다. 이러한 의식에서는 일반적으로 꾸란 구절이 사용된다.

마그립 지역을 비롯한 이슬람 국가에 퍼져 있는 이러한 진과 관련된 신앙이나 관행은 여러 층위로 나누어진다. 그 가운데 많은 부분은 그 지역의 토속 신앙이고, 또 다른 것은 새로운 종교 이슬람에 의해 소개되었거나, 후에 이슬람이 확산된 나라에 퍼져 있던 관행이다. 진에 대한 고대 아랍인들의 믿음은 이슬람에 의해 유지되었다. 진의 존재는 사실 이교도 신의 존재를 인정하고 그것을 악마로 분류한 예언자에 의해 확대되었다. 어떤 진들은 예언자에 의해 이슬람에 귀의하였으나 대부분의 다른 진들은 '알라'의 적으로 간주되었다. 알라의 적이 된 진들은 꾸란 구절이나 비스밀라를 두려워하게 되었다. 따라서 진에 대한 토착 신앙은 교묘하게 이슬람과 조화를 이루며 마그립 지역을 비롯한 전 이슬람 세계 아랍인들의 정서를 사로잡고 있다.

(2) 흉안(evil eye)

진 외에도 흉안은 이슬람 세계에서 불운의 원인으로 자주 간주된다. 베르베르인들의 속담 가운데는 "흉안이 집을 비우고 무덤을 가득 채운다." "인류의 반이 흉안으로 죽었다." "흉안이 무덤의 3분지 2를 소유한다."라는 것이 있다. 흉안을 지니고 있다고 소문 난 사람이 참석한 결혼식이나 축제에서 어떤 사건이 일어나면 그 사람은 그 사건에 대한 피해를 보상해야 한다. 만약 그러한 사람이 가축을 쳐다본 후 그 가축이 죽으면 역시 피해 보상에 대한 책임이 있다(Westermarck Vol.1, 1926:8).

흉안은 어떤 사람의 표정이 예사롭지 않음에 근거한다. 그것은 부러움의 행동이나 표현으로 나타난다. 보는 것과 더불어 말이 동반될 때에는 특히 위험하다고 간주된다. '흉안' 뿐만 아니라 '흉구(흉한 입)'도 있다고 전해진다. 가장 나쁜 경우는 나쁜 마음씨와 농담하는 입을 가진 사람이다. 비록 악의나 부러움의 감정이 없는 것이라 할지라도, 비유나 농담이나 칭찬 등의 말은 그것이 시선과 동반될 때 두려움의 대상이 된다. 따라서 시선과 칭찬의 말이 동반될 때에는 그 위험을 줄이기 위해 '트바라칼라(tbark allaah: 하나님께서 자비를)'라는 표현이 사용된다. 이는 마치 서양에서 어떤 사람의 건강이나 부를 칭찬할 때 나무를 만지는 관행과 비슷하다고 할 수 있다.

모든 사람이 흉안을 가지고 있는 것은 아니다. 깊은 눈을 가졌거나 눈썹이 콧마루 위에서 일치된 사람은 특히 위험하다. 여자의 눈, 특히 늙은 여자나 신부의 눈은 남자의 눈보다 더 큰 두려움을 불러일으킨다. 식사를 하는 도중에 쳐다보는 것은 더욱 위험하여, 흉안을 가진 사람이 있으면 그에게 함께 먹도록 청하거나 아니면 한 조각이라도 나누어주어야 한다

(Westermarck, 1973:25-26).

흉안을 막는 방법 가운데 가장 안전한 것은 노출을 피하는 것이다. 이슬람 세계에서 여자들이 베일을 착용하는 것을 흉안에 대한 두려움 때문이라고 해석하는 사람들도 있다. 신부는 얼굴뿐만 아니라 눈까지도 가린다. 모로코의 일부 지역에서는 신부를 상자나 새장에 넣어 신랑의 집으로 운송하기도 한다. 이는 흉안을 막기 위한 것이며 동시에 신부의 시선이 다른 사람들을 해치는 것을 막기 위함이다. 흉안에 대한 두려움으로 베르베르인들은 많은 경우 그들의 의중을 말하지 않는다. 그들의 속담에는 "닫힌 입에 파리가 들어가지 않는다."라는 것도 있다. 가끔은 흉안을 막기 위해 원하지 않는 일을 해야 하기도 한다. 예컨대 누군가가 어떤 사람의 총이나 말이 사고 싶다고 말하면, 그 총을 소유한 사람은 불상사가 일어나는 것을 방지하기 위해 그 총을 상대방에게 어쩔 수 없이 팔아야 한다.

흉안을 물리치는 방법으로 오른쪽 손바닥을 상대방에게 펼쳐 '당신 눈 위(속)에 다섯이' 혹은 '다섯과 열다섯' 혹은 '당신 눈 위에 다섯이 당신 심장에 여섯이'라고 말하는 것이 있다. 다섯이라는 숫자와 그와 관련된 일부 숫자는 흉안에 대한 부적이 되었다. 어떤 사람이 흉안을 미칠 것 같은 표현으로 아이의 건강이나 부를 언급하면, 그가 목요일[27]에 태어났다고 되받아쳐 흉안을 모면할 수도 있다. 그 결과 다섯 손가락을 형상화한 여러 모양의 부적이 존재하며 이러한 부적은 어느 집이나 상점에서도 흔하게 볼 수 있다.

이러한 형상은 보통 푸른 물질로 색칠되어 있으며, 다섯 끝을 가진 별 모양도 이와 유사한 목적의 부적으로 사용된다. 두 선이 교차되는 십자

---

27) 아랍어에서 목요일을 의미하는 '알 카미스(al-Khamis)'라는 단어는 '다섯'을 의미하는 어원에서 비롯되었다.

모양 역시 흉안에 대한 부적으로 사용된다. 여성의 코 위, 혹은 남성의 얼굴 중 가장 중심이 되는 정수리에 십자가 모양의 문신을 새긴 것을 마그립 지역에서는 쉽게 찾아 볼 수 있다. 어떤 학자들은 십자가 북부 아프리카 베르베르인들 사이에 남아 있는 기독교적 잔재라고 주장하나, 고대 이집트의 유물 가운데 십자가 모양이 발견되는 것으로 보아 십자가는 기독교 이전에도 이미 존재했다고 보는 견해가 더욱 타당하다 할 수 있다.

위로 치켜세워진 손바닥 모양뿐만 아니라 눈 모양도 부적으로 사용되고 있다. 눈 모양의 부적은 이집트, 페니키아, 카르타고, 그리스, 로마인들이 흔하게 부적으로 사용하였다. 삼각형 역시 지중해 지역 사람들과 아라비아, 인도 사람들 사이에서 부적으로 사용되었다. 히자즈[28] 시골 지역에서 대문에 삼각형이 꾸란 구절과 더불어 새겨져 있는 것이 발견되기도 한다. 두 개의 삼각형이 겹쳐진 여섯 끝을 가진 별은 북부아프리카와 시리아, 팔레스타인 무슬림들에게 매우 대중적인 부적이다(Balden-sperger, 1893:217).

흉안에 대한 믿음은 이슬람 예술에 깊은 영향을 미쳤다. 흉안을 막기 위한 다섯 손가락이나 눈, 다섯 장의 장미 꽃잎, 다섯 끝을 가진 별 모양의 부적이 그림이나 조각, 문신, 카페트의 문양으로 나타났다. 흉안에 대한 예방의 목적으로 소개되었던 이러한 형상들은 후에 장식으로 사용되었으며, 점차적으로 헤아릴 수 없는 모양으로 변형되어 그 원형을 찾을 수 없게 되었다.

흉안에 대한 믿음 역시 꾸란은 사실로 인정하고 있다. "일러 가로되… 창조된 사악한 것들의 재앙으로부터 보호를 구하며… 시기하는 자의 재

---

28) 아라비아반도의 서부지역이다.

앙으로부터 보호를 구하노라"(Q 113:1, 2, 5) 하디스에 따르면, 예언자는 흉안의 나쁜 영향을 막기 위해 주문을 사용해야 하는가에 대한 질문을 받고 다음과 같이 대답하였다. "그렇다. 그 눈은 완벽한 영향력을 지니고 있다. 만약 인간의 운명을 극복하는 것이 한 가지 있다면 그것은 분명 흉안일 것이다."

예언자의 흉안에 대한 믿음은 셈계 사람들이 공통적으로 가지고 있던 고대 아랍인들의 신앙에서 비롯되었다고 할 수 있다. 그러나 흉안에 더욱 심취되어 있었던 유대인과 페니키아인, 카르타고인의 흉안과 관련된 믿음과 관행이 지중해 지역 무슬림들에게 깊은 영향을 미쳤을 가능성이 있다. 일반적으로 셈계와 아리안계, 지중해 사람들의 흉안에 대한 신앙과 믿음은 유사하여 상호 간의 영향 정도를 밝혀내기가 쉽지 않다(Tompson, 1908:88).

(3) 저주

흉안이나 흉구와 아주 밀접하게 연관되어 있는 것으로 저주를 들 수 있다. 저주는 피해를 의도하지 않는다는 점과 악의를 표현하는 방법에서 흉안이나 흉구와 다르다. 비록 행동으로 하는 저주가 있기는 하지만 저주의 일반적인 형태는 말로 이루어진다. 저주의 말은 불쾌하고 직선적이지, 익살스럽거나 은유적이거나 칭찬하는 말이 아니다. 저주의 실현은 저주 자체의 신비스런 힘을 통해 직접적으로 일어나기도 하고, 저주 속에 담겨 있는 신비스러운 힘의 도움으로 이루어지기도 한다. 전자의 경우는 저주 자체가 순수한 마술이라 할 수 있고 후자의 경우는 일종의 기도라고 할 수 있으나, 이 두 형태의 저주를 확연하게 구별할 수는 없다. 저주의 말에 들어 있는 초자연적 존재의 이름이 마술적인 효과를 가져다줄 수도 있다.

베르베르인들은 그들이 미워하는 사람의 아버지나 어머니를 저주하기를 좋아한다. 심지어 그것이 당나귀라 할지라도 나귀의 어미를 저주한다. 할아버지나 조상은 베르베르인들의 저주의 주 대상이다. 그러한 저주 가운데 "너의 할아버지와 너의 할아버지의 할아버지와, 너의 할아버지를 저주하지 않는 너의 할아버지의 할아버지의 할아버지에게 저주가 있길…." 하는 말이 있다. 그러나 이것은 당사자가 저주에서 제외된다는 것을 의미하지 않는다. 선조들에 대한 저주는 후손 모두에 대한 저주로 이해된다. 또 그 반대로 어떤 개인에 대한 저주는 선조에 대한 저주까지 포함된다.

저주의 효과는 저주의 성격이나 그 표현 방법에 의해서뿐만 아니라, 저주하는 사람이 누구냐에 따라 달라지기도 한다. 자식들에게 욕설을 퍼붓는 부모의 저주보다 강력한 것은 없다. 부모의 저주는 어떠한 성자의 저주보다 강력하다. 베르베르인들의 속담 중에는 "자신의 부모에 의해 깨어진 사람은 성자에 의해 회복될 수 없고, 성자에 의해 깨어진 사람은 부모에 의해 회복될 수 있다."는 것이 있다. 부모의 저주는 부모에 의한 축복으로 그 효력을 무효화시킬 수 있다. 부모의 축복은 그들의 저주보다 강력하기 때문이다. 이는 부모가 자식에 대한 강력한 권위를 가지고 있는 것으로 풀이할 수 있다. 또한 베르베르인들은 남편의 저주가 아버지의 저주만큼 효력이 있다고 믿는다. 베르베르인들의 속담에는 "남편에 의해 저주받은 여자는 아버지에 의해 저주받은 여자와 같다."는 말이 있다.

물론 성자나 예언자의 후손 샤리프(sharif)의 저주는 보통 사자(死者)의 것보다 훨씬 강력하다. 샤리프의 저주는 그 자신에 의해서도 되돌릴 수 없다고 전해진다. 그러나 성자의 저주는 부모에 의해 회복될 수 있다. 예언자의 여자 후손 샤리파(sharifa)에 의한 저주는 샤리프에 의한 것보다 더욱 강력한 것으로 알려져 있다. 이것은 여자의 저주가 남자의 것보다 강하다는 일반적인 믿음과 일치하는 것이다. 여자의 저주가 더욱 강하다는 믿음은 여자를 불결한 존재로 간주하는 생각과 관련되어 있다. 저주의 효과는 그것을 받는 사람의 죄에 의해 보다 영향을 받는다. 저주받을 만한 짓을 하지 않은 사람은 그 저주에 의해 피해를 받지 않으며, 오히려 그것을 내뱉은 사람에게로 떨어지게 된다(Layard, 1853:318).

이러한 절대적인 저주 외에도 조건적인 저주가 있다. 맹세는 조건적인 저주에 속하는 것으로 맹세를 한 사람의 말이 진실이 아닐 경우 해악이 자신에게 돌아온다. 오래 전부터 북부아프리카 원주민들 사이에서 행해졌던 맹세는 후에 이슬람에 귀의한 모든 사람들에 의해서 지속되었다. 일반적으로 사람들은 신성하거나, 바라카를 지녔다고 생각되거나, 어떤 이유에서든지 더 혹은 덜 위험하다고 생각되는 것을 두고 맹세한다. 베르베르인들이 맹세할 때 사용하는 말 몇 가지를 살펴보면, '위대한 신의 이름으로' '나누어주시는 자의 이름으로' 등이 있다. 상대편이 유대인이나 기독교인일 경우 그들은 '무슬림을 무슬림으로, 유대인을 유대인으로, 기독교인을 기독교인으로 창조하신 신의 이름으로'라고 맹세한다. 그들은 왼손에 꾸란을 들고 오른손을 그 위에 얹어 꾸란으로 맹세하기도 한다. 맹세는 모스크에서 하며, 성자의 무덤에서도 자주 행해진다. 특히 맹세는 범죄의 혐의를 받고 있는 사람의 죄의 여부를 성립시키기 위한 법적인 절차로 사용되기도 한다(Westermarck, 1973:63-67).

맹세 외에 저주하는 사람에게 향하는 것이 아닌 상대방에게 향하게 되는 또 다른 종류의 조건적인 저주가 있다. 이것은 이른바 '아르('ar)라 불리는 경우이다. 아르라는 용어는 문자적으로 '수치'를 의미한다. 그러나 모로코에서 그것은 어떤 사람이 상대방에게 "당신에게 아르가…"라고 말할 때 상대방이 그에게 요구받은 행위를 하지 않을 경우, 아르에 담겨 있는 조건적인 저주로 인하여 불행이 상대방에게 떨어지는 것을 의미한다. 만약 도망자가 어떤 사람의 집이나 텐트에 들어감으로써, 혹은 텐트 입구의 기둥을 잡음으로써 그에게 자신을 내어 맡기게 되었다고 하자. 그럴 경우 텐트 주인은 그를 도와야 할 의무가 있다. 다른 형태의 아르로는 다른 사람 집의 문이나 마을 모스크 문에 안장을 뒤집어 놓는 것이 있다. 딸 둘이 살해당한 여인이 머리를 짧게 자르고 얼굴과 몸과 옷에 소똥을 칠한 채 이 마을 저 마을을 돌아다니면 그녀의 호소는 거부될 수 없다. 조건적인 저주 효력은 맷돌, 옹기병, 안장, 안장 덮개, 오래된 텐트 천 조각, 검댕이, 소똥 등에 달려 있다. 이러한 물건 가운데 검은 색은 불길함의 상징이고, 맷돌은 파괴의 상징이며, 안장은 그것이 뒤집혀 있을 때 두려움을 불러일으키고, 여자들이 얼굴에 소똥을 칠하는 것은 친척이 죽었을 때 하는 행위에서 비롯된 것이다. 가장 극단적으로 상대방에게 아르를 던지는 방법은 그 사람의 집 문지방이나 텐트 입구에서 가축을 잡는 일이다.

만약 상대방이 피 위를 걷거나, 그것을 단 한 번 쳐다보기만 해도 그 사람은 아르를 던진 사람의 요구를 들어주어야 한다(Westermarck, 1930:270).

피난자를 보호해야 하는 의무와 마찬가지로 손님접대의 의무도 아르에 대한 믿음과 그것이 가진 강제성과 깊은 관련을 가진다. 이와 관련된 속담으로 "당신 집에 온 사람은 당신의 아르로 왔다."는 말이 있다. 이방인은 아무도 알지 못하는 마을에 도착하게 되면 자신을 마을 사람들의 아르로 놓는다. 그는 "우리는 신의 손님이고 당신들의 손님이다."라고 말한다. 그는 모스크로 직접 가서 접대를 받기도 하지만, 개인적인 접대도 쉽게 받을 수 있다. 주인은 손님이 기분 상해하지 않도록 최선을 다해 보살펴야 한다. 화가 난 손님은 주인에게 위험하기 때문이다. 꾸란이 손대를 의무화함으로써 손님접대는 이슬람의 종교적 의무가 되었다. 꾸란은 친절함이 '여행객'(Q 4:40)에게 보일 것이라고 언급하고 있다. 예언자의 하디스에도 손님접대에 대해 언급하고 있다. "하나님과 부활을 믿는 자는 모두 손님을 존중해야 한다. 손님에게 친절히 대하는 기간은 하루 낮과 하루 밤이다. 그를 즐겁게 해야 하는 기간은 3일이다. 만약 손님이 그것보다 더 머무르면 주인은 그에게서 더 많은 은혜를 입을 것이다. 그러나 손님이 주인에게 폐를 끼칠 정도로 오래 머물 권리는 없다"(Lane, 1883:142).

　죽은 성자에게 아르를 놓는 방법은 여러 가지가 있다. 아르는 가끔 성자와 관련된 돌무덤에 돌멩이를 던지는 것으로 이루어지기도 한다. 만약 돌멩이를 던진 사람이 그 돌멩이에 입을 맞추게 되면 그 행위가 바로 성자에게는 아르로 간주된다. 아픈 사람이나 간청자들이 성자에게 아르가 되도록 던져 놓은 돌무덤을 보는 것을 어렵지 않다. 또한 모로코에서는 성자와 관련된 어떤 물건에 그에 대한 아르로써 천 조각이나 털 등을 묶어 놓는 것이 일반적이다. 병을 치료하기 위해, 아이의 복을 빌기 위해, 적절한 배우자를 얻기 위해, 적을 물리치기 위해, 성자로부터 복을 얻기 위해, 성자의 묘는 항상 붐빈다. 이는 성자의 묘를 방문함으로써 방문자들은 성자의 아르가 되는 것이다. 죄를 지은 사람도 성묘나 모스크에 피난하게 되면 누구라도 그를 강제로 끌어갈 수 없다. 거기서는 도망자가 하나님과 모스크의 주인이라 할 수 있는 대천사 가브리엘의 아르가 된다. 그러나 보통 성묘가 모스크보다 안전한 피난처로 간주된다(Balden-sperger, 1908:204).

(4) 바라카(barakah)

　'바라카(축복, 신성함)' 란 개념은 이슬람 이전에 존재하였던 것으로, 그 형태는 다를지 모르나 모든 종교에 존재한다고 할 수 있다. 그러나 바라카는 알라로부터의 축복이라는 신조를 통해 이슬람과 더욱 밀접한 개념이 되었다. 바라카의 가장 높은 경지는 꾸란과 이슬람의 오주(다섯 실천 사항)를 지키는 일이다. 어떤 사람도 예언자 무함마드보다 더 많은 바라카를 소유하지 못한다. 그의 바라카는 샤리프와 샤리파에게로 전수된다. 이들은 바로 예언자의 딸 파티마의 남자 후손 남녀를 의미한다. 이들 모두가 신성한 선조로부터의 유전인자로 바라카를 가지고 태어났지만, 그들 가운데 바라카를 지녀 성자로 간주되는 사람은 소수에 불과하다. 북부 아프리카에는 샤리프로 분류된 사람들이 매우 많다. 그들 가운데 일부는 종교적 존귀함을 가진 아랍정복이주자들의 후손이나 그 가족들일 수도 있으나, 어떤 경우에는 베르베르 원주민이 예언자의 후손이라고 주장하기도 한다.

바라카를 채워 주기 위한 방법은 여러 가지가 있다. 성자가 뱉은 침으로 바라카가 전달되거나 성자가 먹다 남은 음식을 통해서도 전해진다. 바라카가 한 사람에서 다른 사람으로 옮겨가는 것은 바라카를 지닌 사람의 의지와 상관없이 이루어지기도 한다. 예컨대 샤리프의 옷이나 손을 만짐으로써 바라카가 옮겨질 수도 있다고 믿는다.

유전이나 전수가 아닌 다른 방법으로 바라카를 얻게 되는 경우도 있다. 베르베르인들에게는 해안선을 따라 영웅들의 성묘가 있는데, 오래 전에 기독교인들과의 싸움에서 전사하여 성자의 대열에 오른 사람들의 묘이다. 어떤 사람들은 범상한 경건함과 헌신, 끊이지 않는 기도, 단식, 혹은 가난한 자나 법학자를 위해 많은 음식을 제공함으로써 바라카를 지닌 성자가 되기도 한다. 또한 일반적인 방법으로 산 속에 은둔하면서 성스러운 생활을 함으로써 바라카를 얻는 경우도 있다. 꾸준한 기도와 꾸란의 낭송은 법학자들에게 바라카를 주며, 학생들도 성서를 공부함으로써 바라카를 이끌어 낼 수 있다. 이것을 근거로 많은 의식에서 어린 학생이 중요한 역할을 감당한다. 바라카는 신부나 신랑에게서도 나온다고 여겨진다. 또한 미친 사람이 성자로 추앙되어 그에게 바라카가 있다고 믿기도 한다(al-Suhrawardy, 1910:55).

바라카와 관련이 있는 성자는 산 자나 죽은 자를 포함하고 있을 뿐만 아니라 결코 존재하지 않았던 적지 않은 개인들도 포함하고 있다. 모로코에는 고인이 된 성자와 관련된 많은 성스러운 장소들이 있는데 이러한 장소들은 성자가 죽은 후 묻힌 곳이거나, 살아 있을 동안에 앉았던 곳, 혹은 기도하던 장소 등이다. 많은 경우 이러한 이야기들은 가설에 근거하고 있으며, 어떤 경우에는 특정한 장소나 자연물과 관련된 성스러움을 설명하기 위해 인위적으로 성자가 만들어지기도 한다.

성인의 숭배는 앞서 언급하였듯이 이슬람의 교리와 배치된다고 할 수 있다. 그러나 이슬람이 북부아프리카로 확산되자 성인숭배 사상은 베르베르인들의 토속 신앙과 어우러져 새로운 자양분을 얻게 되었다. 잘 알려진 성자는 그 무덤 위에 소위 '쿱바(qubbah)'로 불리는 것이 세워져 있다. 그것은 보통 4각으로 된 흰 건물로, 편자 모양의 문과 8각형 돔을 지니고 있다. 그러나 돔 대신에 네 방향의 측면에서 볼 때 3각형 모양을 지닌 뾰족한 지붕을 이루기도 한다. 경우에 따라 쿱바의 지붕은 평평한 것도 있으며, 네 벽으로 둘러 싸여 있으나 지붕이 없는 경우도 있다. 그리고 단지 원형의 돌멩이나 돌무덤으로 표시된 성자 묘도 있으며, 아무런 표시 없이 나무나 작은 숲, 돌멩이, 바위, 동물, 산, 샘 자체가 성스런 장소로 간주되기도 한다(Wester-marck, 1973:96-97).

바라카는 많은 동물에도 있다고 믿어진다. 가장 존귀한 동물은 말이다.

훌륭한 혈통을 지닌 말은 샤리프처럼 그 주인과 집에 축복을 가져다준다고 여겨진다. 말의 울음은 악령을 도망가게 하며 사십 악령의 머리를 부러뜨린다고 알려져 있다. 말은 또한 안장에 바라카를 주기도 한다. 모로코를 비롯한 북부아프리카와 마찬가지로 동부 아랍세계에서도 말은 길조로 간주된다(Stuhlmann, 1912:97). 말 정도는 아니나 양도 바라카가 있다고 간주된다. 숫양은 여러 이교도 종교의식에서 희생제물로 알려져 있다. 희생제 의식에서 숫양이 갖는 우월성은 그 뿌리가 베르베르 관습에 기인한다고 할 수 있다(Stuhl-mann, 1912:100). 베르베르인들은 낙타가 의학적인 바라카를 가지고 있다고 믿는다. 아랍인의 침입 이전에 이미 베르베르인들에게도 낙타가 알려져 있었으나 그것이 커다란 중요성을 가지지는 못했다(Stuhlmann, 1912:94). 이슬람에서 낙타 고기를 먹는 것은 일종의 신앙 고백으로 간주된다. 모로코에서 전해지는 예언자의 하디스 가운데 "나의 낙타를 먹지 않는 자는 나의 민족에게 속하지 않는다"라는 말이 있다. 한편, 소는 성스런 동물로 간주되지 않으나, 암소는 우유나 버터 등의 바라카를 가진 물질을 생산해 낸다.

그 밖에 사냥개와 고양이, 새, 벌에게도 바라카가 있다고 알려져 있다. 특히 꿀벌은 많은 바라카를 지니고 있어 베르베르인들은 벌을 죽이는 것이 사람을 죽이는 것보다 나쁘다고 여긴다(Westermarck, 1973:105-106). 꾸란에도 꿀은 인간을 치유하는 약이 된다고 언급되어 있다(Q 16:69). 밀이나 보리와 같은 알곡에도 바라카가 있다고 전해지며 열매를 열리게 하는 대추야자 나무도 신성한 것으로 간주된다. 동부와 마찬가지로 올리브 나무도 신성한 나무이다. 베르베르인들은 무화과나무에도 바라카가 있다고 믿는다. 석류는 모로코에서 '예언자의 눈물'로 불린다. 그 밖에도 월계수나 헨나 등의 식물과 달, 불에도 바라카가 있다고 베르베르인들은 믿는다(Westermarck, 1973:108-111).

숫자에도 바라카가 있는데, 하나님은 한 분이라는 것에서 유래하여 홀수가 짝수보다 바라카가 있는 것으로 알려져 있다. 그러나 홀수를 선호하는 것은 이슬람 훨씬 이전의 관행이다. 3과 7은 마술에서 가장 자주 사용되는 숫자이고, 5는 흉안에 대한 가장 효과적인 부적이다. 5라는 숫자는 이슬람에서도 아주 중요한 역할을 하였다. '이슬람의 5주' '비밀스런 지식의 다섯 가지 열쇠' '하루 다섯 번의 기도' 등이 그 예이다. 7이라는 숫자는 이슬람 신학에서 중요한 위치를 차지한다. 그 예로, 일곱 하늘(Q 23:17; 65:12; 78:12), 일곱 땅(Q 65:12), 일곱 바다(Q 31:26), 일곱 문을 가진 일곱 칸으로 나누어진 지옥(Hughes, 1896:171), 7일 등을 들 수 있다. 신성하고 신비로운 숫자로서의 일곱에 대한 믿음은 바빌로니아로부터 유래되었다는 것이 일반적인 정설이다.

여기까지 언급한 바라카는 하나님이 내려 주신 축복으로 간주되어 민속 이슬람과 관련을 가지게 되었다. 그러나 이것은 이슬람 훨씬 이전 고대 아랍인들과 베르베르인들 사이에 퍼져 있던 초자연적인 힘에 대한 신앙을 이슬람적으로 해석한 것에 불과하다고 할 수 있다.

(5) 아슈라와 무도회

북서아프리카 의례 가운데는 이슬람적인 것도 아니고 아랍의 이교도적인 것도 아닌 관행이 이슬람교와 관련된 양대 축제에서 행해지고 있다. 그 가운데 하나가 그날의 이름을 따서 만든 '아슈라('Ashura')'이다. 이날은 이슬람력 무하람 달의 10일을 의미한다. 모로코에서는 아슈라에 행한 행위가, 그것이 긍정적이든 부정적이든, 그 효력인 한 해 내내 지속된다고 믿는다. 따라서 여유가 되는 사람은 아슈라 날 아침에 새 옷과 새 신발을 신음으로써 한 해 동안 그러한 일이 반복되길 기원한다. 시골에서는 여자들이 약간의 밀을 맷돌에 넣는데, 이는 그 해가 끝날 때까지 빵을 곡식을 갖게 될 것이라는 믿음에서 나온 것이다. 아슈라는 특히 어린아이들에게 더욱 즐거운 날이다. 이날 어린아이들에게 맛있는 음식과 더불어 장난감이 주어진다. 이것은 "아슈라 날에 가솔들에게 충분히 주는 사람에게 하나님은 그 나머지 한 해 동안 충분하게 주신다."라고 예언자가 말한 데서 기인했다고 전해진다(Lane 1896:435).

이러한 모든 관행들은 다른 지역에서 발견되는 것과 아주 유사한 전통적인 신년 행사이다. 이날의 가장 큰 관심거리는 불과 물의 의식이다. 페즈에서는 각 동네 어린아이들이 아슈라 전날 밤에 모닥불을 피우고 그 위를 뛰어넘는다. 한편 여자들은 집 지붕으로 올라가 그곳에서 종이나 짚 등을 태워 악령을 몰아낸다. 이러한 현상은 모로코의 평지에 사는 아랍 부족이나 남부의 베르베르인들 모두에게 매우 일반적이다. 똑같은 효과가 물 의식에도 있는 것으로 간주된다. 물 의식은 그 다음 날 아침에 보통 거행된다. 해가 떠오르기 전에 집이나 우물, 강, 바다에서 목욕을 하는 것은 널리 퍼져 있는 관행이다. 사람들은 서로서로, 혹은 동물에게, 혹은 집의 벽이나 바닥에 물을 뿌린다. 이러한 물은 반드시 같은 날 아침이나 그 전날 밤에 길어 온 것이어야 한다. 어린아이들이나 심지어 성장한 남녀들도 우물이나 시내에서 서로에게 물을 뿌리며 장난을 한다(Westermarck, 1973:146-147).

아슈라 날의 불과 물 의식은 동부 아랍세계에서 존재하지 않는 것으로 알려져 있다. 이러한 물과 불의 의식은 이슬람이 전파되기 이전에 베르베르인들 사이에서 널리 유행되던 관행이다. 이러한 예방 의식이 아슈라 때에 행해지는 이유는 아슈라 동안에 한 행위가 한 해 내내 효력을 가진다는 것과, 무하람 달 초순 동안 진들이 가장 활발하게 활동한다는 믿음에서 비롯되었다. 이슬람에서 이 달은 서로 간의 전쟁이 금지된 신성한 달 가운데 하나이다(Q 9:36). 더군다나 예언자는 이 달의 10일에 단식을 하였으며 그의 교우들에게도 단식을 명령한 것으로 전해진다. 모로코에서는 많은 사람들이 9일이나 10일에 단식을 하며 일부 사람들은 이 달의 1일에 단식을 하기도 한다. 아슈라 날에 일하는 것은 금기이며, 어떤 지역에서는 아슈라 다음이나 그 전의 이틀 동안에도 노동이 금지되어 있다. 만약 이러한 금기가 지켜지지 않을 경우, 그날에 하는 일이 잘못되거나 그 일에는 바라카가 없다고 간주된다. 아슈라 날의 집 청소는 금지되며, 만약 이를 지키지 않을 경우 그 행위가 집에서 행운을 쓸어내는 것이라 믿는다. 아슈라 이브나 무하람 달 첫 열흘 동안 부부행위가 금지되기도 한다. 이 기간 동안 생긴 아이는 귀머거리나 벙어리 혹은 자손을 가질 수 없다고 믿는다. 이란이나 인도의 쉬아파 무슬림들 사이에서 후세인(Husain)[29]의 순교를 기념하기 위해 무하람 달 초순이 애도 기간으로 지켜지듯이, 마그립 지역에서도 이 기간 동안 애도 행사가 열린다. 아슈라 날에 죽은 것으로 알려진 알리의 두 아들을 위한 애도 행사와, 이 날에 죽었다고 믿는 예언자를 위한 애도 행사가 후손 샤리프들에 의해 이루어진다.

주로 무하람 달에 이루어지는 모로코 축제의 주요 모습은 '브사트(bsat)'라 불리는 인형의 집이다. 이 집은 색색의 종이로 치장되어 있으며 성자의 묘와 같이 둥근 지붕으로 되어 있다. 인형의 집, 즉 브사트를 중심으로 한 행렬은 집집마다 돌아다니며 이 행렬의 방문을 받은 집주인은 그들에게 돈을 건넨다. 브사트는 쉬아 무슬림들의 무하람 의식과 관련되어

---

29) 쉬아파의 초대 이맘 알리의 아들로, 순니 압바스조 칼리파에 의해 살해당하였다.

있는 것으로, 인형의 집은 후세인의 모스크를 나타낸다. 그러나 어떤 면에서 베르베르인들의 무도회는 쉬아파 의식과 근본적으로 다르다고 할 수 있다. 이 행사는 야단법석 들떠 있는 유쾌한 행사로 쉬아파의 무하람 의식에서 보이는 애도의 분위기가 전혀 없다. 가짜 성묘를 상징하는 브사트도 '즐거워하다'라는 의미의 '바사타(basata)'에서 유래된 단어이다(West-ermarck, 1973:152-154).

이러한 축제와 무도회는 무하람 달뿐만 아니라 이슬람력 12월 두 알 힛자 달의 초순 동안에도 이루어진다. 브사트 무도회와 대축제에서는 모든 집안의 가장이 낙타, 수소, 암소, 양, 염소 등의 동물을 희생하는 것이 의무이다. 부줄루드(Bujlud)라 불리는 남자가 희생된 염소나 양의 털을 뒤집어쓰면 또 다른 남자나 소년은 여장으로 변장한다. 어떤 경우 이들은 부부가 되기고 하고, 또 다른 경우에는 그 여자가 제3의 남자의 부인이 되기도 한다. 다른 사람들은 유대인이나 기독교인, 혹은 동물의 복장을 한다. 음악가들이나 많은 사람들을 대동하고 그들은 집집마다 돌아다니며 춤추고 연기한다. 그들은 공통적으로 얼굴에 동물의 가면을 쓰고 희생된 동물의 가죽을 입는다. 부줄루드는 돌아다니며 가죽 채찍이나 막대기로 사람들과 텐트를 때린다. 이것은 사람들에게 축복을 주고 악한 기운을 쫓아내는 것이라고 여겨진다. 그러나 그는 비웃음거리가 되고, 조롱거리가 되며, 경우에 따라서는 신발로 맞기도 한다. 그는 악령을 몰아내는 긍정적인 역할과 더불어 희생양이 되는 것이다. 이러한 무도회의 특징은 전반적으로 매우 우스꽝스러운 모습을 띤다는 점이다. 이러한 우스꽝스러움은 사람들이 축제의 신성함을 벗어 던지려고 하는 의례적인 속화의 한 방법이라 할 수 있다(Westermarck, 1973:157-160).

무하람 달이나 대축제일의 이러한 무도회 관행은 동부 아랍세계에서는 찾아 볼 수 없는 것으로 북부 아프리카 베르베르인들의 토속 관행이라 할 수 있다. 이슬람 이전에 존재하였던 이러한 이교도 관행은 이슬람의 희생제 의식과 교묘하게 조화되어 무슬림 베르베르인들의 축제에서 행해지고 있다.

4. 맺는 말

아라비아의 전통을 계승하여 유일신관을 바탕으로 발전되어 타 지역으로 유입된 이슬람은 마치 유연한 액체와도 같이 이슬람이 닿은 지역의 풍습과 관행에 맞추어 변형, 발전되어 오늘에 이르고 있다. 이러한 이슬람 문화의 포용과 관용, 융화에서 비롯된 유연성이 이슬람 세계가 아라비아 반도 밖으로 널리 전파될 수 있는 가장 커다란 동인이 되었음은 의심할 나위가 없다. 이러한 이슬람의 유연성은 앞으로도 이슬람 세계가 더욱 확산되리라고 내다보는 미래학자들의 전망이 사실에서 그리 벗어나지 않을 것임을 예견하여 준다.

오늘날 무슬림들이 이슬람의 신성한 유일신 관행으로 지키고 있는 순례, 단식, 예배의 관행도 이슬람 이전의 아라비아반도를 비롯한 중동지역의 토속관행이라는 사실을 본 연구를 통하여 밝힐 수 있었다. 그리고 마그립을 비롯한 아랍 대부분의 지역 무슬림들의 정서를 사로잡고 있는 진사상, 흉안, 저주, 바라카 사상 등 정통이슬람에서 인정되지 않는 토속관행도 결국은 모두 이슬람의 경전 꾸란에 언급되어 있어 이슬람과 무관하지 않음을 알 수 있다. 이렇듯 이슬람적 관행은 그것이 어디까지 토속적인 것이고 또 어느 것이 순수 이슬람적인 것인지 구별하기 어려울 정도로 혼재되어 있다. 이것은 바로 통합과 융화, 관용과 포용의 특색을 지닌 이슬람 문화의 자화상이다.

참고 문헌

'Ali, Jawwad. *al-Mufassal fi Tarikh al- 'Arab qabla al-'Islam Vol, 4*. Beirut: Dàr al- 'Ilm lil-Malayyin, 1970.

'Ali, Jawwad. *al-Mufassal fi Tarikh al- 'Arab qabla al-'Islam Vol, 6*. Beirut: Dar al- 'Ilm lil-Malayyin, 1970.

'Ali, Maulana Muhammad n.d. *The Religion of Islam*. Cairo: National Publication & Printing House.

Baldensperger, J. *Peasant Folklore of Palestine*. London: Quarterly Statement, 1893.

Burckhardt, J.L. *Travels in Arabia*. London, 1829.

Crooke, W. *The Popular Religion and Fork-Lore of Northern India*. Westminster: A. Constable & Co, 1896.

Farihat, Hakamat 'Abd al-Karim. *al-Khatib, Ibrahim Yaisn Madkhal Ila Tarikh al-Hadarah al-'Arabiyah al-Islamiyah*. Amman:Dar al-Shuruq lil-Nashr wa al-Tawzi, 1989.

Hasan. Husain al-Hajj *Hadarat al- 'Arab fi 'Asr al-Jahili*. Beirut: al-Mu' assasah al-Jami 'iyah lil-Dirasat wa al-Nashr wa al-Tawzi, 1989.

Lane, E.W. *An Account of the Manners and Customs of the Modern Egyptians*. Paisley & London: A. Gardner, 1896.

Lane, E.W. *Arabian Society in The Middle Age*. London: Chatto & Windus, 1883.

Layard, A.H. *Discoveries in the Ruins of Nineveh and Babylon*. London: J. Murray, 1853.

al-Makki, Sadiq. *Malamih al-Fikr al-Dini fi al-Shi 'r al-Jahili*. Beirut: Dar al-Fikr al-Lubnani, 1991.

Ma'ruf, Naji. *'Asalat al-Hadarah al- 'Arabiyah*. Berut: Dàr al-Thaqafah, 1995.

Nasr al-Din, 'Adib. *al-Yanabi ' fi al-Masihiyah wal-Islam*. Beirut: Dar al-Nidal, 1994.

Philby, Hart St.John. *Arabia of the Wahhabis*. London: Constable & Co, 1928.

Rutter, E. *The Holy Cities of Arabia*. London & New York: G.P. Putnam's SonsVols, 1928.

Stuhlmann, F. *Ein kulturgeschichtlicher Ausflug in den Aures*. Humburg: L. Friederichsen & Co.

Al-Suhrawardy, Abdullah al-Mamun. *The Sayings of Muhammad*. London: J. Murra, 1910.

Thompson, R. Campbell. *Semitic Magic*. London: Luzac and Co, 1908.

Von Grunebaum, G.E. *Muhammadan Festivals*. London: Curzon Press, 1992.

Westermarck, Edward. *Pagan Survivals in Mohammedan Civilization*. Amsterdam: Philo Press, 1973.

Zaituni, ʿAbd al-Ghani. *al-Wathanuyah fi al-'Adab al-Jahili*. Damascus: Mashurat Wizarat al-Thaqafah, 1987.

공일주. 『아랍문화의 이해』 서울: 대한교과서주식회사, 1996.

니콜슨, R.A. 『아랍 문학사』 사회만 역. 서울: 민음사, 1995.

최영길. 『성쿠란』 메디나: 파하드국왕쿠란출판청, 1998.

파키스탄 이슬람화 정책과 무슬림 여성의 지위

김영남[1]

1. 서론

이슬람 세계에 대한 관심이 점점 높아지고 있는 것은 종교 · 문화적 차원에서라기보다는 국제질서 속에서 이슬람 세계의 움직임이 우리의 정치 · 경제적 문제와 관련이 있기 때문일 것이다. 최근 들어 이슬람 세계에 대한 과거의 단편적이고 왜곡된 시각들이 수정되고 있는 것은 사실이다. 특히 이슬람 국가에서 적극적으로 활동하고 있는 무슬림 여성들의 모습이나 무슬림 여성운동들은 오리엔탈리즘적인 사고방식으로 재현되었던 무슬림 여성의 이미지[2] 변화에 크게 기여하고 있다. 실제로 '성별(gender)' 문제와 여성 권리에 대한 무슬림 여성들의 자각이 일어나고 있는데, 바로 자기정체성을 확보하려는 의식과 이상사회의 표상으로서 여성

---

1) 서울신학대학교 강사.
2) 에드워드 사이드는 그의 저서 『오리엔탈리즘』에서 무슬림에 대한 이미지의 정치화를 비난하고 있다. 특히 무슬림 여성들을 수동적이고 성적 대상으로 이미지화하는 서구인들의 왜곡된 시각을 반영하고 있다.

에게 부여된 베일 착용과 활동 공간의 제약이 함의하고 있는 것에 대한 문제의식을 가진다는 것이다.

하지만 이슬람 세계에서 여성의 인권 문제가 여전히 심각하다는 것은 국제 보고서들을 통해서 잘 드러나 있다. 그러나 이슬람 변증자들은 이런 여성의 인권 문제에 대한 지적과 국제적인 논의를 이슬람 세계에 대한 공박이나 도전, 혹은 간섭으로 여기는 경향이 있어서, 외부의 일부 학자들마저도 반제국주의(anti-imperialism) 명분 아래 이슬람 근본주의 혹은 독재 통치하에 있는 여성들의 삶의 곤경을 간과하거나 문화 상대주의적 관점에서 인정하고 있다.

무슬림 여성학자 하이데 모기시(Haideh Moghissi)는 비이슬람 세계에서 소수 그룹인 무슬림의 권리를 옹호하는 것과 이슬람주의자들이 집권하고 있는 이슬람 국가에서 억압적인 정치·문화적 행위들을 혼동해서는 안 되며, 여성에 관한 이슬람 변증적 진술들은 오히려 더 문제를 일으키게 된다고 말한다.[3]

그녀의 말대로 이슬람주의자들의 변증적 논의는 보호라는 명분으로 남성에 대한 여성의 종속적 관계를 정당화하기 때문에 이슬람을 가부장적 종교로 환원시키는 것이며, '신앙'으로서 이슬람과 통치체계로서 이슬람의 구분을 흐리게 하는 것이다.

일반적으로 무슬림 여성주의자들의 주장은, 이슬람 초기의 신앙정치 공동체인 움마(ummah)에서 여성의 지위는 남성과 대등하였으며, 남녀 불평등의 관계는 이슬람 제국이 확장되면서 가부장적 구조 속에서 통치

---

3) Haideh Moghissi, *Feminism and Islamic Fundamentalism: The Limits of Postmodern Analysis*(London & New York: Zed Books), preface.

자들에 의한 조작이라는 것이다. 무슬림 여성·정치사회학자인 파티마 메르니씨(Fatima Mernissi)는 그의 저서 *Women's Rebellion and Islamic Memory*에서 근본주의자들은 여성의 베일 착용을 무슬림의 신성한 이상의 표상으로 삼고 이것을 국가정책으로 강화하며, 베일 착용의 조직적 운동을 통하여 여성의 힘을 무력화시키려 한다고 보고 있다. 따라서 이슬람 근본주의 운동과 베일 착용의 운동은 시민을 침묵시키고 민주화를 저해하기 위한 전략이 되고 있다는 것이다.[4]

과거 초국가적 이슬람 공동체와는 달리, 근대에 식민시대의 유산으로서 탄생된 이슬람 개별 국가들은 민주주의라는 통치체계를 통해 이슬람의 이념을 실현하고자 한다. 따라서 정치와 종교가 일치했던 칼리프 시대와는 국가 성격이 다름에도 불구하고 이슬람주의자들은 보편적 이슬람 공동체 실현을 주창하며 대중들에게 호소하고 있다. 그 한 예가 파키스탄에서 진행된 '이슬람화' 정책이라고 할 수 있다. 그러면 이슬람화 운동은 과연 메르니씨가 언급한 대로 시민으로서 여성이 가져야 할 권리를 침묵시키는 정책인 것인가? 아니면 지배권력과 무관하게 순수한 종교적 목적에서 일어난 것인가? 이슬람화 운동이 여성의 사회적 지위에 끼치는 영향은 결국 어떻게 나타났고 이에 대한 여성들의 반응은 어떤 식으로 전개되었는가? 이러한 질문을 염두에 두고 현대 이슬람 국가인 파키스탄의 이슬람화 정책과 그로 인한 여성들의 지위를 고찰하려 한다.

여성의 역할과 지위는 사회적 현상과 관련이 있는 것으로, 파키스탄에서 이슬람화 운동이 여성의 역할을 제한하고 지위를 약화시키려 할 때 여성들의 저항 운동도 함께 진행되어 왔다. 이슬람화 운동과 여성의 권리를

---

4) Fatima Merniss, *Women's Rebellion and Islamic Memory*(London: Zed Books, 1996).

위한 투쟁을 이해하기 위해서는 인도 대륙에서부터의 무슬림 정치사상과 발전 그리고 무슬림 여성의 투쟁 단계들과 현대사에서 이슬람의 역할을 추적해 보아야 하지만, 이 글에서의 연구는 파키스탄이 독립한 1947년 이후에 파키스탄에서 이슬람화의 첫 단계인 '이슬람법(Sharia)'의 도입과 무슬림 여성의 권리를 위한 운동이라는 정치 발전의 과정에 제한한다.

2. 이슬람 국가로서의 파키스탄

(1) 무슬림들의 국가 탄생

파키스탄(Pakistan)은 '순수의 땅'이라는 뜻으로, 주요 지명의 첫 글자와 마지막 글자를 따서 만들어진 이름이다(Punjab, Afghan Frontier, N-W Frontier, Kashmir, Sindh, Balochistan). 1947년 인도에서 종교적 이유로 분리, 독립한 파키스탄을 다양한 인종에도 불구하고 하나로 묶을 수 있었던 것은 이슬람의 이념이었다. 무슬림들의 정치적 자각으로 생겨난 무슬림 연맹(the Muslim League, 1906년)의 목표는 '인도 무슬림들의 정치적 권리와 이익 옹호 및 증진'이었지만, 더 나아가 무슬림들은 문화·종교적 존재보다는 정치세력의 주체로서 자신들을 보게 되었다. 파키스탄의 시인이며 철학자인 이끄발(Allama Muhammad Iqbal)은 이슬람 정치를 합법적 제도에 의해 제정된 특별한 윤리적 이상에 의해 생겨난 사회구조로 언급했다. 그 윤리적 이상은 무슬림 역사에서 중요한 구성요소가 되어왔다.[5]

1940년 전(全) 인도 무슬림 연맹이 무슬림 국가를 건설한다는 생각은 이미 내놓았지만, 국가와 관련하여 이슬람이 특별히 언급된 것은 독립 후 1949년 '목적결의안(the Objectives Resolution)'에서였다.

> "온 세상 주권은 전능하신 신에게만 속한다. 신이 내린 한도 내에서 백성에게 행사되도록 파키스탄이라는 국가에 대리하는 권한은 하나의 신탁(a sacred trust)이다… 이슬람으로 공표된 대로, 민주주의 원리에서 자유, 평등, 관용, 사회정의는 온전히 지켜질 것이다. 그 안에서 무슬림은 꾸란과 순나에 설정된 대로 이슬람의 가르침에 따라 사적·공적 영역에서 삶을 영위해 갈 수 있을 것이다."[6]

한 국가의 주권이 누구에게 있느냐에 따라 그 국가의 정치 체제가 달라진다. 위의 '결의안'은 민주주의 체제를 지향하면서도 주권을 신에게 귀속시키는 추상적인 설명을 하고 있다. 따라서 파키스탄의 탄생을 이슬람 이념의 실험장으로 간주한 무슬림들의 요구를 충족하지 못한 채 '주권재민(主權在民)'의 시민 국가로 탄생한 파키스탄의 헌법은 '주권재신(主權在神)'의 '이슬람 국가 건설'이라는 문제에 봉착하게 되었다. 서로 다른 견해들로 인하여 어려웠던 무슬림들의 요구는 1973년이 되어서야 헌법에 이슬람 조항을 삽입함으로써 이루어졌다. 꾸란이나 순나 외의 다른 어떤 것에서 법의 지침을 찾아서는 안 된다는 이슬람주의자들에게 이슬람 국가란 이슬람법들(Islamic laws)을 갖고 있는 국가를 의미했다. 이슬람 법, 즉 샤리아(Sharia)가 무엇을 의미하는가에 대한 견해는 학파마다 달랐다.

---

5) Syed Sharifuddin Pirzada, ed., *Formations of Pakistan-All India Muslim League Documents: 1906-47 vol. II,* (Karachi: National Publishing House Limited, 1970), pp. 159-60. cited from "Pakistan in Perspective: 1957-1997" ed. by Rafi Raza(Karachi: Oxford, 1997).

6) Rafi Raza ed., *Pakistan in Perspective 1947-1997*(Oxford, 1997), p. 4.

또 이슬람이 대통령제를 말하는가 혹은 의회제를 말하는가, 선거가 무슬림과 소수 그룹을 다 포함하는가 혹은 분리되어 이루어져야 하는가에 대한 논의가 오랫동안 있었다. 그러나 초대 대통령 알리 지나(Quaidi-azam Mohammad Ali Jinnah)는, 파키스탄은 울라마(ulama)가 국가를 운영하는 책임을 지는 신정체제가 되지 않을 것이라고 밝혔다. 1948년 2월 그는 이렇게 말했다. "과오를 범하지 마십시오. 파키스탄은 신정체제나 혹은 그와 유사한 어떤 것도 아닙니다." 수상 알리 칸(Liaquat Ali Khan) 역시 1949년 3월 7일 '목적 결의안(the Objectives Resolution)'에 대해 말할 때도 신정체제[7]를 반대한다고 선언했다.

> 나는 지금 국민이 권력의 참된 수혜자라고 말했습니다. 이것은 당연히 신정체제 건설의 어떤 위험도 배제합니다.

(2) 정치세력으로서의 이슬람 단체

초대 대통령 지나가 신정체제를 반대하는 선언을 했음에도 불구하고 이슬람 단체들은 정치세력으로서 영향력을 행사하려는 시도를 했다. 무슬림 안에서도 전통적인 이슬람의 사상과 실천을 강조하는 울라마 전통주의자와 이슬람 개혁 운동을 추구하는 근대주의자들로 나누어졌는데, 파키스탄 운동을 일으킨 것은 대부분 현대주의자들이었다. 파키스탄 운동 지지자에게는 다양한 동기들이 있었지만, 결정적인 동기는 정치·사

---

7) "신정체제란 안수 받은 특정한 성직자들에 의해 정부가 운영되는 것을 의미합니다. 성직자는 특별히 임명된 자로서 권한을 휘두르게 됩니다. 나는 그런 사상이 이슬람에 절대적으로 이질적인 것이라는 사실을 크게 강조할 수는 없습니다. 그리고 신정체제의 문제는 단순히 이슬람에서만 발생하는 것이 아닙니다." Ibid., p. 29.

회면에서 이슬람 이상을 실현하고자 하는 강한 열망 때문이었다.[8)]

파키스탄에서 가장 강한 정치적 영향력을 갖고 있는 이슬람 단체는 근본주의(fundamentalism) 입장을 취하면서도 전통 울라마와는 방법론이 다른 개혁적 근본주의자 마울라나 마우두디(Maulana Maudoodi)가 설립한 '자마엇데 이슬라미(Jamaat-e-Islami: JI)'이다. 이 단체는 이슬람적 가치가 근대화라는 명분하에 짓밟히던 때에 이슬람의 수호를 위해 대중의 지지를 기반으로 하고 대중을 상대로 한 사회·정치적 개혁을 호소했다.

파키스탄이 탄생했을 때 정권을 장악한 근대주의자들의 주도로 세속적 헌법이 제정되자 자마엇데 이슬라미(JI)는 샤리아를 기초로 헌법이 이루어지도록 대중의 지지를 호소했다. 1949년 의회는 우주의 주권은 신에게만 있고 그 범주 안에서 국가와 국민이 존재함을 밝혔으며, 모든 국민이 이슬람의 가르침과 규범 내에서 생활해야 한다는 것을 밝혔다. 그러나 JI의 노력에도 불구하고 샤리아는 파키스탄의 헌법의 기초가 되지 못하다가, 이념이 다른 즐피카르 알리 부토(Zulfikar Ali Bhutto) 정권에 의해 1973년에 최초로 이슬람을 파키스탄 국교로 명시되었으며 대통령과 수상은 무슬림이어야 된다는 조항이 헌법에 삽입되었다.

뒤이어 1977년 군사 쿠테타로 정권을 장악한 지아 울 하크(Ziaul Haq)에 의해 이슬람화 정책이 이루어지고 지아와 그의 정책은 JI의 지지를 받았다. 지아는 자신의 정권의 정당성을 확보하기 위해 국가의 기본이념으로 이슬람을 강조하고, 이슬람적 사회질서와 이슬람법을 정부와 사회에 도입했던 것이다. 이런 이슬람화는 신중하게 계획되었고 중요한 세 통로

---

8) Kemal A.Faruki, "Pakistan: Islamic Government and Society", ed. by John L.esposito, *Islam in Asia: Religion, Politics, and Society*(Oxford: Oxford Univ, 1987), p. 55.

를 통해 이루어졌다.[9]

1. 이슬람 이념의 심의회(the Council of Islamic Ideology) 재건: 국가 기
   존 법의 이슬람화와 파키스탄 주요 도시에 종교재판소 설립을 제안
2. 자카트세 도입: 빈부의 격차를 줄이기 위한 목적. 이슬람식 무이자 은행
   건립
3. 이슬람 교리와 실천에 맞게 처벌법 수정: 범죄율을 감소시키기 위한 목
   적

이와 같이 JI는 이슬람화를 위한 강력한 영향력을 행사하는 정당의 역
할을 해 왔다. 그러나 JI가 군부정권을 합당한 것으로 간주한 것은 아니
었으며, 군부에 대한 불신 때문에 자신들이 군부정권과 동일시되지 않도
록 주의했다.[10]

민주적 방식으로 등장하지 않은 정권은 국민의 지지를 위해 이슬람을
이용하고 이슬람주의자들은 그들의 정치 · 종교적 목적을 이루기 위해서
정권과 결탁하지 않을 수 없었던 것이다. 이런 파키스탄의 이슬람화에 대
한 심층적 이해를 위해서 이슬람화 운동에 지대한 공헌을 하고 있는 JI의
창시자 마우두디의 사상과 실천 계획들을 살펴볼 필요가 있다.

1) 자마엇데 이슬라미(JI) 창시자 마우두디의 사상과 실천

이슬람 개혁사상가 마울라나 마우두디가 창시한 JI는 적극적 정치참여
를 통해 이슬람 율법인 샤리아를 근본법으로 하는 진정한 이슬람 국가

---

9) Qu Hong, 'The Significance of Islamic Studies' "The Middle East War and Peace" (한국
   중동학회 제10차 국제학술대회, 2001.10.26), pp. 42-43.
10) David Taylor, 'The Politics of Islam and Islamization in Pakistan', James P. Piscatori ed.,
    "Islam in the Political Process" (London: Cambridge Univ. Press, 1984), p. 186.

건설에 중점을 두고, 현실정치 구조 안에서 전통과 근대화의 이상적인 접목을 시도하면서 파키스탄에서 효과적으로 이슬람 정신을 구현하고자 했다.[11]

마우두디는 이슬람 체제를 세우기 위해 1941년 '자마엇대 이슬라미' 라는 종교-정치 조직을 결성하였고, 이 조직은 파키스탄 이슬람운동의 정신적 구심체 역할을 해 오고 있다. 근대적 이슬람 개혁 운동의 이념적 근거가 되고 있는 그의 개혁 사상은 이슬람 국가관과 지하드 사상을 중심으로 전개된다. 마우두디에 의하면 현대적 의미의 이슬람 국가 형태는 꾸란과 하디스에 바탕을 둔 신의 절대성만 인정되는 완전한 신정주의 국가여야 한다. 그가 주장하는 이슬람 정치 이론의 기본원칙은 유일신관(唯一神觀)에 기반을 두고 있으며, 주권이 신에게 있다는 것이다. 따라서 국가의 통치자는 신의 대리인(Khalifa)이라는 것이다. 그러나 중세의 신정 체제와는 달리 불명확한 법에 대한 해석은 울라마(법학자)들의 전원 합의에 의존하는 이슬람식 '신정 민주주의(神政, theo-democracy)'[12]를 주장한다.

2) 자마엇데 이슬라미 이념의 목표

JI는 '종교적 정당이나 정치적 정당이 아니라 전 생활이 포괄적이고 보편적인 행동규범에 따라 조성되어야 하는 바로 그 원리에 기초한 이념 정

---

11) 이희수, '마우두디 사상과 20세기 파키스탄의 이슬람화 운동' 「한국이슬람학회 논총 」 제5집(한국이슬람학회, 1995), pp. 266-267.
12) 이슬람식 민주주의는 절대주권은 신에게만 속하고 신의 뜻을 지상에서 실현하기 위해 대리 통치자인 칼리프를 두지만, 그의 권한은 제한되어 있고, 통치권의 행사는 전체 구성원의 의사가 집결될 수 있는 합의체(Shura)의 의사결정과 검증절차를 거치며, 칼리프로 위임받을 자격은 공동체 구성원 모두가 갖는다. 따라서 전체주의나 일인독재를 인정하지 않는데, 이것이 마우두디가 강조한 이슬람식 민주주의다.

당'[13]이라고 자기 규정을 하고 있다. 그러나 집합의식의 창출로서 이념의 기능은 정치를 의미 있는 것으로 전환시켜 주는 권위적 개념으로써 자율적 정치를 가능케 하기 때문에, 이념들 중에 정치적 함의를 갖지 않는 것은 없다는 클리프드 기어츠의 지적[14]에서 비춰 볼 때, JI의 이념은 파키스탄에서 인간의 전 생활을 변화시키는 완전한 이슬람화 정책을 함의하고 있다.

JI는 전 인간생활의 변화를 목표로 하는 행동 프로그램과 일련의 목표들을 제공하면서, 당시 유행했던 공산주의와 파시즘의 방법론과 조직적인 전략을 부분적으로 도입하여, 이념적으로 고도로 훈련된 소수의 정예그룹을 통해 정치권력을 장악하고자 했다. 이슬람 이상을 구현하기 위해서 결성된 JI의 목표는 '이슬람 체제'를 수립하는 것이었고, 다른 무슬림국가들은 파키스탄을 '이슬람의 실험실'로서 성공하도록 경제적 원조를 하였다. JI가 추구하는 것은 이상적인 'al-Deen(종교)[15]' 건설이다. 이런 목표를 위한 행동 전략은 다음과 같이 요약된다.[16]

1. 이슬람의 가르침을 회복하여 현대 세계에 적용될 수 있게 한다.
2. 건전한 사람들을 발굴하여 조직과 훈련을 통해 사회 영향력 있는 분야에 진출시킨다.
3. 사회개혁: 교육 및 공공압력 등을 통해 불의에 저항케 한다.
4. 정치적 변화: 올바른 사람들이 정권을 쟁취해서 잘못된 제도를 변화시킨다.

---

13) Khalid Rahman, Muhibul Haq Sahibzada, Mushfiq Ahmed eds., *Jama'at-e-Islami and National and International Politics, vol.1.* (Lahore: Book Traders, 1999), p. 3.
14) 클리프드 기어츠, 『문화의 해석』 문옥표 역(서울: 까치글방, 1998), p. 260.
15) '딘'이란 국가의 주권은 알라에게 있기 때문에, 공·사의 모든 분야에서 이슬람 생활 양식을 따라야 한다는 것이다.
16) *Jama'at-e-Islami and National and International Politics, vol.1.* pp. 1-9.

이상과 같은 계획을 진행하기 위해 JI는 적극적인 정치 참여뿐 아니라 필요한 경우에 절충하며 자기 입장을 수정하기도 했다.

(3) 명시된 이슬람 국가

1949년의 목적 결의안이 1956년 헌법 전문에 병합되었다는 사실에도 불구하고, 1956년 헌법은 국가 칭호를 '파키스탄 이슬람 공화국(The Islamic Republic of Pakistan)'으로 하고 '꾸란의 지침'과 '이슬람 도덕적 규범 준수'(25조)를 명시하였다. 그리고 대통령은 무슬림이어야 한다는 것도 밝혔다(32조). 더구나 197조항에는, 대통령은 이슬람 연구와 지침을 위한 기관을 설립해야 한다는 것, 그리고 198조항에는 현존의 법을 이슬람 법령에 맞게 권고하는 협의회가 있어야 한다는 내용이 있었다. 이런 조항들에 대해 많은 이야기가 있었지만, 실제적으로 수행하려는 노력은 거의 없었다.

1958년 계엄령 아래에서 공화국은 '이슬람'이라는 말을 누락시킴으로써 단지 '파키스탄'으로만 알려지게 되었다. 더 나아가 아유브 칸(Ayub Khan)은 1962년 헌법에서 '이슬람 공화국'이라는 말을 제거하여 국가가 '이슬람화'되려는 경향을 막으려고 애썼지만, 결국 '이슬람 공화국'이라는 말은 곧 첫번째 헌법 수정에서 재도입되었다. 아유브 칸은 또한 헌법 서문에서 '목적 결의안'과 '국가 직접 통치의 원칙들(the Directive Principles of State Policy)' 속에 들어 있던 이슬람에 관한 언급도 빠뜨렸다. 구체적으로는, 1962년 헌법 서문은 1956년 헌법에 들어있는 '성 꾸란과 순나에 정해진 대로'라는 말을 없애고 단지 '이슬람의 지침과 필수 사항들'에 관해서만 언급했다.

따라서 무슬림들의 요구는 1973년이 되어서야 이루어졌고, 헌법은 처음으로 이슬람이 국가 종교라는 것(제2조)과 행정 수반이 되는 총리는 무슬림이어야 한다는 것을 구체적으로 밝혔다. 이것들은 대통령 선서에 다음과 같이 상세하게 설명되어 있다.

> 나는 무슬림이며 전능한 알라의 유일성과, 알라의 책인 성 꾸란이 마지막 경전이며, 무하마드는 마지막 예언자이고, 그 이후에 어떤 예언자도 없으며, 심판의 날과 성 꾸란과 순나의 가르침과 의무사항이 있다는 것을 믿는다.[17]

이슬람적인 주요 내용은 헌법 제227조에서 제231조에 있었다. 제227조는 모든 법률은 성 꾸란과 순나를 따라야 하고, 어떤 법도 그것에 어긋나서는 안 된다는 것이었다. 새로 설립된 '이슬람 이념 심의회(CII)'는 국가의 경제 · 정치 · 합법적, 혹은 행정적 문제에 대한 '이해'가 있는 사람들로 구성되는데, 적어도 한 명의 여성이 포함되어야 했다. 그럼으로써 CII를 울라마들이 독점할 수 없도록 한 것이다. CII는 7년 내에 이슬람 법률에 관한 최종 보고서와 연간 보고서를 제출해야 하고, 연간 보고서는 토의를 위해 하원과 각 지방 의회에 제출되어야 했다. 최종 보고서가 제출되고 2년 이내에 모든 법률이 제 227조에 의해 시행되기로 되어 있었다.

알리 부토(Zulfikar Ali Bhutto)가 인도하는 파키스탄 인민당(Pakistan People's Party)은 '이슬람 사회주의(Islamic Socialism)'를 외치며 이슬람의 역동성과 사회 복지 정신이 헌법의 구체적 조항들 안에 있어야 한다고 주장했다. 따라서 평등하고 진보적인 사회의 목표를 반영하기 위해 '국가가 모든 형태의 착취를 배제하고, 각자의 능력과 일에 따른다

---

17) Rafi Raza ed., "Pakistan in Perspective 1947-1997" (Karachi: Oxford Univ. Press, 1997), p. 30.

는 근본적인 원칙을 점차적으로 실현할 것을 보장할 것'이라는 내용을 제 3조에 넣었다.[18]

1977년 군사 쿠데타를 통해 지아울 하크(Ziaul Haq)가 정권을 장악하고 선포한 계엄령 아래에서 헌법은 정지된 상태에 있었다. 지아는 1984년 12월 국민투표를 통해 자신의 위치를 보장받으려고 다음과 같은 질문을 했다. "파키스탄 국민은 성 꾸란과 순나에 있는 대로 이슬람 법령에 파키스탄 법률이 양립하도록, 파키스탄 이념의 보존을 위해, 계속적인 투표 절차를 위해, 선출된 국민의 대표에게 순차적인 권한의 양도를 위해 이 절차를 지지할 것인가?"[19]

1985년 지아는 1973년 헌법의 회복을 발표했다. 그러나 1985년 법령은 1973년 법령을 변형했다. 그는 대통령령으로 이전에 '정지된 헌법'을 바꾸었는데, 1980년 헌법 개정령을 통해 '연방 샤리아 법정(Federal Shariat Court)'을 도입한 것도 그런 경우이다. 더구나 대통령으로서의 그의 위치를 강화하고 헌법 수정을 합법화하기 위하여, 총리 무하마드 칸 주네조(Muhammad Khan Junejo)의 의견에 동의하여 계엄령을 철회하고 의회로 하여금 헌법 제8차 개정을 채택하도록 했다.

헌법의 제8차 개정은 구체적으로 1977년 7월의 계엄령 선언을 인정했다. 연방 샤리아 법원은 헌법 제3장 A항에서, '어떤 법률 혹은 법의 어떤 조항이 이슬람법과 일치하지 않는가' 하는 문제를 조사하고 결정하기 위해 설립되었다. 연방 샤리아 법원이 생겨난 것은 지아의 '이슬람화(Islamization)' 프로그램 중의 한 부분이었고, 이 목적을 위해 지아는 비

---

18) Ibid., p. 31.
19) Ibid., p. 36.

무슬림을 구별하고 그들을 위한 분리 선거민 제도를 도입했다. 또한 그는 제62조를 수정하여 무슬림 의원은 이슬람 지시사항들을 어겨서는 안 되고, 죄를 범하지 않을 뿐 아니라, 이슬람의 의무를 실천하고 이슬람 교훈들을 잘 알아야 할 것을 요구했다. 1949년 '목적결의안'의 원칙과 조항들을 만들기 위해 삽입된 결의안 본문은 소수 그룹들이 그들의 종교를 고백하고 실천하며 자신들의 문화를 개발하는 데 '자유롭게'라는 단어를 교묘하게 누락시켰다.[20]

헌법 수정 과정을 통해서 살펴본 것처럼 파키스탄에 나타난 양상은 2차 대전 이후 제3세계의 신생국가에게서 나타난 권력을 장악하기 위한 양상들 중의 하나라고 볼 수 있다. 건국자의 이념은 변질되고 정치가들은 편의주의에 따라 종교를 이용함으로써 민주시민의 주권을 탈취해 갔다. 파키스탄에서 민주주의를 저해한 가장 큰 요인이 바로 '이슬람 국가 건설'이라는 명분이었던 것이다. 정치 권력자와 종교인들이 함께 이슬람의 이름으로 '감시'하고, 신을 대리해서 '처벌'을 수행해 왔던 것이다. 그 권력을 수행하는 방식으로서의 감시와 처벌의 대상은 바로 여성들이었다.

3. 이슬람법 도입과 여성의 지위

(1) 합법적인 여성의 지위 격하

파키스탄 여성을 종속적 위치로 예속시키는 것에 대한 책임이 주로 관습과 오래된 전통에 있기는 하지만, 파키스탄이 건국된 이래 시행된 법들

---

20) Ibid., pp. 37-56.

은 거의 여성의 지위를 향상시키고 보호하려 했다는 것은 사실이다. 그러나 법 제정이 반드시 그 효과적인 수행을 의미하지는 않으며 여성이 법대로 혜택을 받았다는 것도 아니다. 기껏해야 그런 법률들은 여성에 관한 국가의 입장을 반영한 것이라고 볼 수 있다. 소위 이슬람 제도는 이런 과정을 포착하여 이슬람법을 도입하여 실제로 사회에서 여성이 제2의 위치에 놓이게 만들었다. 그런 법이 바로 후두드 법령(Hudood Ordinance), 증거법(the Law of Evidence), 그리고 끼사스(Qisa)와 디야트(Diyat) 보상법이다.

지아 정권이 JI와 협력하던 당시(1978-9), JI의 요구대로 여자 대학교의 분리가 승인되었다. 더 나아가 JI는 여성들에게 이슬람식의 옷차림을 하도록 강요했고, 이에 정부는 이슬람식의 옷차림 대한 지시와 여성의 스포츠 관람 금지령을 내렸다. 또한 여성 부처에 이슬람 사회에서 여성의 지위와 권리 그리고 역할에 관한 질문서를 배포하여, 질문서를 받은 사람들은 이슬람 사회에서 여성의 역할, 여성이 받아야 할 교육의 종류, 그리고 여성이 투표와 정치과정에 참여해야 하는지, 만약 그렇다면 어떻게 해야 하는지, 이슬람의 맥락에서 여성에게 맞는 고용의 형태는 무엇인지 등에 관해 의견을 제시해야만 했다. 이런 질문들은 지금까지 인정된 여성의 지위, 권리, 역할이 이슬람적이 아니라는 것과, 여성의 지위나 역할, 그리고 권리가 남성의 것들과 다르다는 것을 의미한다. 그런 질문서의 배포 의미는 여성 권익에 대한 논의를 다시 시작하자는 것이었다. 마침내 정부는 여성의 지위를 낮추는 법안들을 통과시키려는 일에 착수했다.[21]

21) Khawar Mumtaz and Farida Shaheed, "Women of Pakistan: Two Steps Forward, One Step Back?" (Lohore: Vanguard Books, 1987), p. 79.

1) 후두드 법령(the Hudood Ordinance): 처벌법

1979년 2월 무하마드 생일을 기해 이슬람화의 구체적인 첫 단계가 군 정부에 의해 공포되었다. 그것이 바로 후두드 법령(the Hudood Ordinance)인데, 절도, 음주, 간음, 강간, 그리고 거짓 증거에 관한 처벌이다. 이 법령은 1981년 실제로 실행되었는데, 이 법령에서 보면 간음(zina)을 남편에 대한 개인적 죄라기보다는 국가에 대한 죄로 보고 있다. 따라서 이것은 법적인 것뿐 아니라 사회적인 차원을 포함하고 있는 것이다. 경찰 과 법 시행 기관들은 마치 사람들의 생활을 간섭할 면허증을 가진 것처럼 행세했고, 도덕성을 감시한다는 명분 아래 사람들을 공포로 몰아넣었 다.[22]

법적 차원에서 여성에게 가장 심각하게 영향을 미치는 것은 '지나 (zina)'이다. 그것은 간음, 강간, 그리고 매춘 등을 포함한다. 그것을 두 부분으로 분류하면, ① 지나(zina: 간음이나 간통)과 ② 지나 빌 자브르 (zina-bil-jabr: 강간)이다. 지나에 대한 최고의 처벌은 핫드(hadd)인데, 기혼자는 돌에 맞아 죽는 것이고 미혼자는 100대의 태형을 맞는 것이다. 핫드를 내리기 위해서는 사건에 대하여 건전한 4명의 남자 증인과 자백 이 있어야 한다. 그러나 형이 집행되기 전에는 언제든지 자백이 취소될 수 있고, 그런 경우에는 형이 집행될 수 없다. 여성이나 비무슬림의 증거 를 포함한 어떤 다른 종류의 증거만 있을 경우, 핫드를 가해서는 안 되고 피고인은 보다 가벼운 형벌로 최고 10년간 투옥되거나 30대의 태형, 또 는 벌금의 형을 치러야 한다.

이 후두드 법령은 여러 문제를 야기하지만, 특별히 문제가 되는 것은

---

22) Ibid., p. 100.

여성에게 미치는 영향이다. 우선, 증인으로서 4명의 남자 무슬림이 있어야 한다고 명시함으로써, 이 법령은 여성의 증거를 배제하고 있는 것이다. 그러나 꾸란 24장 4절에서는 성(gender)을 명시하지 않고 '네 명의 증인'이라고만 언급하였다. 그럼에도 불구하고 증인을 남성으로 간주하여 법령에 적용하고 있어 성차별의 문제를 야기한다. 두 번째로, 이 법령은 강간과 간음을 구별하지 않고 똑같은 처벌을 내린다는 것이다. 대부분 강간의 희생자는 여성들이기 때문에 이 법령은 여성에게 매우 불리하게 적용되고 있다는 것이다.[23]

실제로 후두드 처벌법은 이슬람 사회에서 가문의 명예를 위한다는 명목으로 '명예살인'이라는 여성 인권유린의 문제로 확대되고 있다. 여성이 결혼 전의 부정행위로 의심이 되면 가족의 명예를 더럽혀 수치를 주었다는 이유로 명예살인을 당한다. 'Amnesty International 보고'에 따르면, 매년 수백 명의 파키스탄 여성들이 명예살인을 당하고 있으며, 보고되지 않거나 처벌되지 않은 사례는 훨씬 더 많을 것이라고 추정한다. '파키스탄 비정부 인권위원회(the NonGover-nmental Human Rights Commission of Pakistan)'에 따르면, 1998년에는 펀잡 지방에서만 286명의 여성이 명예 살인되었고, 신드 지역에서는 196건의 사례에서 255명이 명예 살인되었다고 한다.[24]

파키스탄 정부는 1996년에 인준된 여성에 대한 모든 종류의 차별을 근절한다는 관습에 관한 조항 5를 무시하고 있는 상황이다.[25] 명예살인은

---

23) Ibid., pp. 100-101.
24) 2000년 한 해 동안 신드에서 만도 관습에 따라 'Karo-Kari'라는 죄목으로 361명이 살해되었다. "The Frontier Post" (2001.1.6).
25) 조항 5는 편견이나 차별적인 전통을 제거하도록 남녀의 사회적 문화적 행동양식을 수정하도록 하고 있다.

분명히 국가범죄법에 저촉이 되지만, 주로 아버지나 오빠, 친척들이 명예살인자인 이런 문제에 대해서 국가는 거의 아무런 조치를 취하지도 않으며 사법부에서 처벌한다고 하여도 형식적인 가벼운 벌을 내릴 뿐이다.[26] 결국 소수의 남성들에 의해 해석된 꾸란의 원칙들은 선택적으로 적용되어 여성 차별과 여성의 권리를 빼앗는 권력으로 작용하고 있는 것이다.

2) 증거법(the Law of Evidence)

'이슬람 이념 심의회(CII, the Council of Ideology: CII)'는 1982년 4월 1872년의 증거조항(Evidence Act)을 대체하는 새로운 증거법을 제안했다. 이 법의 초안은 후두드 법령이나 다른 특별법이 포괄하지 않는 모든 경우에 2명의 남자 증인이 없는 경우에 남자 1명과 2명의 여자 증인이 범죄 입증에 요구된다는 것이다.[27]

증거법에서 인용된 꾸란 구절(2:282)은 채무를 계약할 때 증인을 세우는 문제이다. "…그리고 두 남자의 증인을 세울 것이며 두 남자가 없을 경우는 한 남자와 두 여자를 선택하여 증인으로 세우라…"[28] 이에 여성단체들은 반발하면서 증거의 기본적 필수조건은 지성과 기억력이기 때문에 증거법이 7세기 상황을 20세기 상황에 적용한다는 것은 여성을 모든 공

---

26) http://www.amnesty.org/ailib/aipub/1999/ASA/33301899.htm.

27) Khawar Mumtaz and Farida Shaheed, op. cit., p. 106.

28) 이유는 남성은 사물이나 사건을 판별할 때 감성보다는 이성에 의존하나 여성일 경우는 이성보다는 감성에 치우치는 경우가 많기 때문이다. 어떤 사건을 진술할 때 감정이 예민한 여성일 경우 그 환경 및 질문자의 질문을 받을 때 감성에 치우치게 된다. 그러나 2명의 여성을 증인으로 세울 때는 한 여성이 감성에 치우쳐 그릇되게 진술했을 때도 한 여성은 여성의 본성, 시기 및 질투로 인하여 허위로 진술하는 것을 부정하려는 심리가 강하다고 보기 때문이다. 최영길 주석, 『성 꾸란 의미의 한국어 번역』 (파하드국왕성꾸란 출판청), p. 77.

공 영역에서 배제하고 남성의 절반의 위치로 놓으려는 정책가들의 의도라고 보았다.[29]

3) 끼사스(Qisas)와 디야트(Diyat)

이 법은 CII에 의해 1980년 초안이 작성된 살인, 신체상해, 그리고 낙태에 관한 법안이다. 끼사스는 보복의 의미를 갖는 '눈에는 눈' 식의 처벌을 의미하고, 디야트는 비고의적 살인에 대한 처벌로 보복이 아니라 신체적 상해에 대한 재정적 보상이다.

문제가 되는 것은 이 법의 25(b)이다. 비고의적인 살인의 경우 여성 희생자에 대한 디야트가 남자 희생자 디야트의 반에 해당한다는 것이다. 반면, 가해자로서의 여성은 살인이든 상해이든 간에 남자 가해자와 동등한 처벌을 받게 된다는 것이다. 왜 이런 불균형적인 처벌이 적용되는가? 이유는 남자가 가족의 부양을 책임지고 있기 때문이라는 것이다. 이렇게 모든 삶을 남성중심으로 해석하면서 여성을 공공영역에서 배제시키고, 여성의 가사에 대한 중요한 역할을 무시하며 여성을 제2의 위치에 놓으려는 것이다. 여성단체들은 이 법안에 반대하며, 디야트는 인간의 생명을 값으로 환산한 것 자체가 옳지 않을 뿐 아니라 꾸란에 이런 문제에서 남녀를 구별하는 언급이 없다고 주장했다.

문제가 되는 또 다른 구절은 10(b)이다. 끼사스의 경우, 살인에서 결정적 증거를 위해 2명의 남자 증인이 필요하며, 증인으로서의 여성은 가해자의 처벌을 가볍게 하는 데만 도움이 된다는 것이다. 즉, 여성의 목격에 의한 증거는 정황을 말해 주는 것밖에 되지 않는다고 보는 것이다. 이에

---

29) Khawar Mumtaz and Farida Shaheed, op. cit., p. 110.

대해 여성단체들은 살인 현장에 여성만 있을 경우 살인자는 처벌을 면할 수도 있다는 문제를 제기했다.[30]

(2) 푸르다(Purdah): 감시와 처벌

이슬람주의자들은 이슬람 사회제도들을 사회의 안전장치로 간주하고 그 제도 정착을 위해 노력해 왔다. 마울라 마우두디는 이슬람 사회제도가 ① 자기정화(Self-purification) ② 응징법(Punitive Laws) ③ 예방책(Preventive Measures)[31] 역할을 하기 때문에 후두드 법령 같은 사회 전체에 악영향을 미치는 사회 범죄를 근절할 수 있는 법이 강화되어야 한다고 주장했다.[32]

JI 소속 여성분과에서도 정숙하지 못함으로써 발생되는 명예살인은 샤리아법에서 처벌받을 만한 죄가 아니라고 보고 있다. 대법원장을 지냈던 사람조차도 일간지 *Pakistan*(1999. 9. 27)에서, "정숙하지 못해서 발생되는 살인은 고의적 살인이 아니므로 기소될 수 없다"고 파키스탄 처벌법 제302항을 해석한 경우가 있다.[33]

범죄 예방책 차원에서 실행되고 있는 것이 바로 '푸르다(purdah)'이다. 이슬람주의자들이 지적하고 있는 이 제도의 특징은 성적인 자극을 유발하는 환경을 없애고, 남자와 활동 영역이 다른 가정에서의 여성의 활동

---

30) Ibid., p. 112.

31) S.Abula'la Maududi, *Purdah and the Status of Woman in Islam.* (Lahore: Islamic Publications, 1993), (13th Edition), pp. 159-160.

32) S.Abula'la Maududi, op. cit., p. 169. 꾸란 24: 2에 의하면 간통한 자는 백 대의 매를 때리든지 돌로 쳐죽여야 한다.

33) "Crystals", *JI Women Wing Newsletter*, vol.1.

이 가정과 사회를 지켜준다는 것이다. 푸르다는 원래 봉건적 그룹이나 부족 사회에서 여성을 통제하는 수단보다는 여성 보호의 차원에서 시작되었다고 한다. 그래서 상류층 여성들에게 행해졌던 푸르다는 부요의 표징으로서 다른 계층, 말하자면 중류층이 모방한 문화양식이다. 이 격리 문화가 시골보다는 도시에서 더 뚜렷한 것은 푸르다를 통해 자신들을 노동 계층과 구별하고자 하는 중류층이 많았기 때문이다. 집안에 격리될 수 없는 경우에 '품행단정'을 나타내는 외부적 상징으로서 일종의 베일인 부르카(burqa) 혹은 차도르(chaddor)를 둘러야 한다.[34]

그래서 모든 품위 있는 여성은 집안에 있어야 하고 부득이 외출할 경우에는 베일로 덮어야 한다고 지시하고 있다. 베일을 쓰지 않고 집을 떠나는 여성은 너무 가난해서 베일을 쓸 수 없거나 '단정치 못한' 여성으로 간주된다. 베일을 착용하지 않고 외출할 경우 그 여성은 남성의 성적 공격을 유발할 수 있으며, 따라서 공개적 모욕을 당하거나 어떤 공격을 받더라도 보호를 받지 못한다.

여성의 단정치 못한 일로 가족의 명예가 실추되지 않도록 여성의 행동을 세밀하게 감시하는 것이 아버지나 형제들의 임무라고 가족들은 확신하기 때문에, 푸르다는 편리한 여성 보호 방법이고 남성에게 권력을 부여하는 이슬람 제도인 것이다. 이런 사회적 관습은 정숙한 여인은 집안에 있어야 한다는 사회 통념을 강화시키고, 행동 주체로서의 여성은 배제된다. 다만 정숙이라는 명분 때문에 '공적 장소'에서의 활동이 금지되고 정치·경제·사회적 힘이 없는 남성 의존적이고 수동적인 존재로 남는 것이다.

---

34) Khawar Mumtaz and Farid Shaheed, op. cit., p. 30.

정치 · 경제적 정책결정이 이루어지는 공공영역에서 여성을 제외시키고 여성의 통치 수단으로서 발전한 푸르다 제도는, 재산을 상속받을 수 있는 '경제권이 있는 사람'으로 법적으로 인정되어도 '보호받아야 할 사람'이라는 신분 때문에 무슬림 여성이 집 밖에서 경제권을 온전히 행사하기 어렵게 만들고 있다. 여성이 자기의 재산을 처분하거나 운영하기 위해서는 남성 후견인이 있어야 한다는 것은 실제적으로 여성을 통치하는 하나의 제도로 볼 수 있다.[35]

이슬람주의자들이 보호차원의 사회제도로서 간주한 푸르다는 실제로는 여성들을 사적 영역으로 추방하여 통제하고 감시하는 제도이며, 이것을 위반함으로써 발생하는 것이 처벌법(혹은 응징법)인 후두드인 것이다.

미셸 푸코(Michel Foucault)는 그의 저서 『감시와 처벌: 감옥의 탄생』에서 사람을 일벌백계(一罰百戒)로 다스리기보다는 감시 아래에 두는 것이 더 능률적이고 효과적일 수 있다고 했다. 그래서 고전적 고문과 공개 처형이 사라지고 죄수에 대한 제재를 위해 생긴 것이 바로 그들을 감시할 수 있는 감옥이다. 처벌은 위반자를 '교정'시키기 위한 것이 아니라, 무너진 법의 신성함을 표현하고 회복하기 위한 일종의 의식(儀式)으로 생각되었다.[36]

그에 의하면 처벌은 인간을 제어할 수 있는 권력이며, 법률에서 그 기초, 정당화, 그리고 규칙들을 가져오고 그 결과를 확장시킨다. 처벌은 법

---

35) Carrol McC. Pastner ed. by Lois Beck and Mkki Keddie, "The Status of Women and Property on a Baluchistan Oasis in Pakistan", *Women in the Muslim World*(Massa-chusets:Harverd univ.pr. 1978), pp. 438-438.

36) 마단 사럽 외, 『데리다와 푸코, 그리고 포스트모더니즘』임헌규 편역(서울: 인간사랑, 1999), pp. 72-73.

률적인 동시에 정치적인 것으로서, 고전적 처벌 방식인 공개처형은 푸코가 말한 대로 정치적 제식(制式)이다.[37]

이런 맥락에서 이슬람 사회의 푸르다 제도는 남성의 권력을 더욱 능률적이고 효과적으로 강화시키는 제도이고, 후두드에 의한 처벌(돌로 쳐서 죽이는 것)은 이슬람법의 신성함을 회복하기 위한 의식이 된다. 이같이 이슬람 사회에서 법률 위반은 신에 대한 공격으로 간주되어 법률의 기초가 되는 웅대한 힘이 공개적인 두려움으로 제시됨으로써 그 힘과 법률의 견고성은 재확인된다.

이슬람 전통적 양식을 유지하고 정당화하여 여성들을 '사회ㆍ정치적' 권력에 접근하지 못하도록 하는 푸르다를 통한 고도의 여성 통제 방법이, 여성의 존재를 남성에게 계속 의존적이게 하는 한 수단인 것은 분명하다. 그러나 그렇다고 무슬림 여성을 단순히 두려움 많은 무력한 존재로 전형화해서는 안 된다. 조사에 의하면 푸르다 제도에 있는 여성들은 그것을 자신들의 보호제도로 수용하고 자신들의 삶에 대해서 만족해하며 행복해한다고 한다.[38]

이런 사실은 이 제도가 갖는 명분이 여성의 의식을 지배하고 있다는 것과, 그래서 이것이 바로 여성의 시민권을 종교문화라는 명분 아래 침묵시키는 정당한 장치로 공헌한다는 것을 말해 준다. 1990년대 초반에 두 번이나 여성 정치가 베나지르 부토(Benazir Bhutto)가 집권을 했음에도 불구하고 곤경에 처한 여성의 상황은 전혀 변화하지 않았으며 오히려 그녀

---

37) 드레피스 라비노우, 『미셸 푸코: 구조주의와 해석학을 넘어서』 서우석 역(서울: 나남, 1989), p. 219.

38) Fran Love and Jeleta Eckheart ed., "Ministry to Muslim Women: Longing to Call Them Sister" (Pasadena: William Carry Library, 2000), p. 15.

는 자신의 정치적 입지와 선거 승리를 위해 여권 신장을 방해하는 종교인들(mullas)의 주장을 방조하고 옹호했다는 비난을 받기도 했다.[39]

(3) 생산된 여성의 이미지

1980년 정부는 모든 여성 직원은 이슬람 옷을 입어야 한다는 지시를 내렸다. 문제는 여성이 차도르를 써야 하느냐 아니냐가 아니라, 모든 남성들이 여성의 정숙함과 사회에서의 지위를 판단하는 분위기가 조성되었다는 것이다. 직장에서도 남성들은 여성의 옷차림과 장식에 대해서 정숙하다 그렇지 못하다는 식의 간섭을 한다는 것이다. 왜냐하면 여성의 몸이 조금이라도 드러나는 옷을 입으면 자신들의 행동에 대해서 책임을 질 수 없기 때문일 것이다. 이것은 사실 인간의 내적인 문제를 여성의 외적인 문제로 환원시키려는 이슬람주의자들의 시도였다.

또 1982년 정부는 외설에 대항하는 정책을 발표했는데, 그 방침의 하나로 여성 모델을 광고에서 25퍼센트 이상 할당되지 못하게 했다. 매스미디어들을 통해 정숙함과 외설에 관한 논의가 일어났고, 여성은 일반적으로 부패와 부도덕 그리고 음란과 연결되어 언급되었다. 만약 여성이 거리에서 욕을 당하거나 죽게 되면 그것은 여성이 말이나 행동으로 공격을 불러일으켰기 때문이며 여성이 현장에 있었던 것이 잘못이라고 여겼다.

텔레비전 프로그램은 여성을 부정의 원인자로 묘사했다. 예를 들면, 가난한 남자가 여성 때문에 뇌물을 수수할 수밖에 없는 상황, 여자의 옷과

---

39) William Spencer ed., *Global Studies: The Middle East*(Connecticut: McGraw Hill, 1998), p. 192.

보석에 대한 끝없는 욕구를 충족시켜 주기 위해 밀수를 하는 이야기들이 그것이다. 일하는 여성은 도덕성이 부족하고 가정이나 사회에 성실하지 못한 것으로 표현되었다. 관 주도의 운동은 정부가 주관하는 매스미디어를 통해 전개되었다. 사회의 급속한 퇴폐현상이 규제될 수 있는 길은 오직 현장에서 여성들이 사라지는 것이라고 보는 것이다.

결국 여성의 가치는 성적 존재로서 재생산 차원에서 평가된다. 이런 양상은 이슬람 사회에서 상대적으로 더 심각한 것은 사실이지만, 사실 어느 사회에서나 나타나는 현실이다. 일반적으로 노동의 구분은 성(gender)이 분리된 사회적 책임과 권리의 양식과 결부되어 있다. 문화적으로 한정된 성의 구분은 사회구조 안에서 남성과 여성의 정치·경제적 그리고 공간적 위치를 결정한다. 이런 기능들을 견고하게 하는 종교이념들은 또한 기존의 성 역할을 재평가하고 재정의하도록 성의 정체성들을 촉구한다.[40]

그 예가 최근 이슬람 내의 원리주의자들에 의한 엄격한 성 역할의 재건인 것이다.

한 인격체로서 자기정체성을 갖지 못하고 있는 여성의 현실은 여성의 역할을 묘사하고 있는 민속이야기, 전설, 노래뿐 아니라 미디어로 인하여 강화되고 있다. 여기서 묘사되고 있는 여성은 자식을 위해 희생하는 자기를 부인하는 어머니 상(像)이다. 영화나 이야기에서 현숙한 부인의 이미지도 가족에 의해 부과되는 온갖 고된 일도 불평 없이 감내하는 자기희생적인 여성으로서 존경으로 보상을 받게 한다. 그러나 독립적인 여성은 언제나 부정적인 인상을 독자나 관객에게 심어 준다. 사회의 모든 악은 여

---

40) Shahin Gerami, "Women and Fundamentalism: Islam and Christianity" (New York: Garland Pub., 1996), p. 3.

성들이 전통을 깨뜨리는 데서 연유한다고 보며, 특히 결혼한 여성의 사회적 활동은 가정 파괴를 초래하는 원인으로 본다.[41]

여성이 경제적으로 비생산적 존재라는 이미지는 대부분의 정책 결정자들, 정치가들, 그리고 지식인들에 의해 생산되는데, 이런 이미지는 여성이 정책결정과 개발정책에 참여할 수 없다는 것을 정당화해 준다. 남성들에 의해 생산된 이미지는 여성에게 자신문제를 비롯한 어떤 문제에 대해서도 주체적인 결정을 하지 못하게 하며 '정숙함'의 유지를 강요받는다. 여성을 경제적으로 비생산적인 존재로 간주하고 단지 생물학적인 재생산에 그 역할을 제한하는 것은 결국 여성의 주체성과 사회에서 그들의 지위를 탈취하는 것이다. 그리고 그것은 바로 이슬람주의자들에 의한 선택적인 이슬람 지식이 권력화되는 과정인 것이다.

그래서 알랭 투랜이 말한 사회중심부에 놓여 있는 '문화 운동'을 수행하는 주체로서의 여성은 파키스탄에서 허용되지 않는다. 여성의 '정숙'은 여성을 위한 것이라기보다는 남성을 위한 유용성이 되고, 여성에 대한 남성의 지배력 강화로 환원되는 것이다. 권력은 표준화라는 메커니즘을 통해 작동된다. 정상적인 것과 비정상적인 것, 허용된 것과 금지된 것, 중심과 주변을 분리시킨다.[42]

이슬람 사회에서 여성이 사회활동을 하는 것은 비정상적인 것이고, 여성이 베일을 착용하지 않고 다니는 것은 금지된 것이며, 여성은 남성에 대하여 주변으로 분리된다.

---

41) 매체들은 언어와 기호를 한 방향으로 통제하면서 '정숙함'이라는 여성에 대한 특정 이미지를 특정 각도로 만들어가고(canalize) 있다. 거시적으로는 '이슬람'의 이름으로 국민을 권력에 따르게 하고 있는 것이다.

42) 알랭투렌, 정수복, 『현대성과 비판』 이기현 역(서울: 문예출판사, 1996), p. 213.

(4) 여성의 권리 운동

파키스탄 민족주의 운동에 동원되었던 여성들은 대부분 무슬림 연맹(Muslim League) 당원들의 가족으로서 여성 활동의 선구자였다. 그러나 1948년 무슬림 연맹과 상관없이 여성의 첫 단체로 '여성자원 봉사(Women's Voluntary Service:WVS)'가 조직되었고, 1949년에는 '전 파키스탄 여성 연합회(All Pakistan Women's Association: APWA)'가 창설되었다. APWA는 1961년에 가족법위원회에게 가족법령의 초안을 작성하도록 함으로써 결혼에 관한 여성의 권리 보호에 한 걸음 더 나아갔다. 그것은 경제·사회·정치적으로 여성이 자유로워야 할 필요성을 주장함으로써 파키스탄의 여성 지위를 증진시키는 데 중요한 역할을 했다. APWA는 사회봉사 활동의 공헌과 정부의 지원에도 불구하고 종교인들의 인정을 받지 못하였다. 극우 보수 종교인들에 의해 APWA 단원들은 베일을 착용하지 않았다는 이유로 '창녀'로 취급되었고, APWA는 여성의 방종을 부추기는 활동을 한다며 비난받았다.

독립 초기에 여성의 권리를 구체적으로 다루기 위해 형성된 기구는 '여성권리 연합전선(The United Front for Women's Rights)'이었다. 1955년에 여성 정치가들이 세운 이 '연합전선'은 법적 분야에서 개혁을 촉구하는 데 중점을 두었다. 그러나 연합전선은 1961년에 선포된 가족법령과 아유브의 통치하에서 정치 활동에 대한 규제로 활동하지 못하다가 1973년 헌법개정 이후 사라졌다. 여성들의 사회·정치적 권리 획득을 위한 노력들은 지속되었지만, 최소한의 권리를 위한 어떤 운동도 반대 세력의 위협으로 간주되어 왔다. 그리고 결국 합법적 혹은 공적 차원에서 종교인(maulvi)들과 대립된 상황으로 변했다. 이런 상황 속에서 여성의 정당한 지위를 위해 노력해 온 이들은 도시의 교육받은 중산층 극소수의 여성들이었다. 그리고 그들은 거의 정치가 출신이었다.

파키스탄의 최초 입법부에는 두 명의 대표가 있었는데, 이들은 여성의 경제권 보장을 위해 투쟁했다. 그 결과 1948년에 샤리아의 무슬림 개인 법(The Muslim Personal Law of Shariat)은 그 효력을 발생하게 되었는데, 그것은 여성의 자산 상속의 권리를 인정하는 것이었다. 1954년에는 '여성 권리 헌장(the Charater for Women's Right)'의 초안이 논의되었는데, 이것은 샤리아의 무슬림 개인 법 아래에서 여성의 권리 보장, 지위 평등, 기회 균등, 그리고 동일한 노동에 대한 동일한 대가 등의 내용을 담고 있었다. 그 헌장은 무슬림 정치가들의 지원을 받았고 만장일치로 통과된 바 있다. 1961년 만들어진 가족법령의 주된 목적은 일부다처제(polygamy)를 방지하고, 이혼시 당사자들을 위한 절차를 규정함으로써 이혼 자체를 규제하려는 것이었다. 법령은 한 명 이상의 부인을 갖고자 하는 사람은 첫번째 부인의 동의를 반드시 얻어야 하고, 두 번 결혼하는 이유와 함께 그의 요청서를 '중재위원회'에 제출해야 한다는 것을 명시했다. 이혼에 있어서 법령은 남자가 '딸라끄(이혼한다)'라고 세 번 말함으로써 이혼이 성립되는 이혼 선포의 나쁜 관습을 제거했다.

아유브 칸(Ayub Khan)의 통치 기간(1958-1969) 동안 여성에게 가장 중요한 사건은, 무슬림 가족법령 외에 파키스탄 초대 대통령의 여동생인 파티마 지나(Mohatarma Fatima Jinnah)가 1965년 연합 야당(the Combined Opposition Parties)의 추대로 대통령 선거에 출마했다는 것이다. 연합 야당에는 마우두디가 이끄는 JI를 비롯하여 우익 종교정당들의 대표들도 있었다. 여성을 공직에서 추방하려고 노력했던 그들은 '예외적인 상황'에서 여성은 정부수반이 될 수도 있다고 말함으로써 이전의 입장을 변명하였다. 그러나 아유브는 '이슬람 국가에서 여성이 국가의 원수가 될 수 있는가' 라는 논의를 일으켜 몇몇의 종교학자들(ulema)에게 종교칙령(fatwas)을 발표하게 하고 그 여성 후보에 대항했다. 파티마 대통령 후보 추대는 정치권력을 장악하기 위해서는 가장 엄격한 종교단체조차도 기꺼이 타협할 의도가 있다는 것을 보여 준다.

알리 부토 시대에 가장 많은 여성기구들이 생겨났다. '여성권리 연합전선'은 헌법위원회가 새 헌법을 초안하기 위해 형성되었을 때 활기를 띠었다가 1973년 헌법이 이루어진 다음 시들어 버렸다. '여성 전선'과 'Aurat, Shirkat Gah'는 여성주의 시각을 가진 조직이다. 1977년 국가의 정치적 분위기가 바뀌자, 좌파 성향의 '여성 전선'은 결국 사라졌다. 현재에도 활발히 활동하고 있는 'Shirkat Gah' [43]는 1970년대에 생겨난 가장 중요한 여성 기구라고 할 수 있다. 그것은 1981년 지아 시대에 'Women's Action Forum'의 형성에 중요한 역할을 했기 때문이다. 1981년에 지아의 이슬람화 정책의 첫 단계로서 발표된 후두드 법령(Hudood Ordinance)이 실제로 실행되었는데, 당시에 법령의 조항에 따라 한 쌍의 남녀를 돌에 쳐서 죽이라는 선고가 있었다. 그리고 그 사건은 여성운동의 촉진제가 되었다. Shirkat Gah의 주도로 모든 여성들과 모든 여성 단체들이 모였고 그 결과로 '여성 행동 포럼(Khawateen Mahaz-e-Amal: Women's Action Forum)'이 형성되었다. WAF라는 이름은 그들의 권리를 보존하기 위해 행동하려는 여성들이 느낀 긴급성을 반영한다.

1985년 12월에 계엄령이 중지되고 정당들의 활동이 재개되면서, 국회

---

43) 이 기구는 라호르에 'Human Resource Center'를 갖고 있고, 여성에 대한 문제의식을 제공하며 아주 활발한 활동을 하고 있다. 필자가 2001년 2월에 방문했을 때에도 많은 남성들이 함께 일하고 있었다.

의원과 지방의회원 선거가 이루어졌다. 1988년 지아의 시대가 종식되고 정치적 분위기도 바뀌어 베나지르 부토가 집권할 정도로 여성의 정치적 위상도 높아갔다.[44]

그러나 남성주의자들의 의식은 변하지 않았다. 선거에서 부토가 승리하여 파키스탄 총리로 임명되자 정치권에서 여성을 배척하려는 사람들은 이는 신성모독이며 퇴폐라고 떠들었다. 이슬람민주연합(Islamic Demo-cratic Alliance)당과 그의 지도자 나와즈 샤리프(Nawaz Sharif), 그리고 무슬림 연맹(Muslim League)의 소속원이며 지아 울 하크 정부의 장관이었던 칸 주네조(Khan Junejo)는 부토가 임명되지 못하도록 애썼다. 그들의 주장은 여성이 무슬림 국가에서 국가최고직을 맡을 수 없다는 것이었다.[45]

1985년에 통과된 제8차 헌법수정안은 군부가 발표한 법규와 법률들을 법적으로 유효하다고 인정하여 면책함으로써 후두드 법령과 증거법이 어떤 법정에서도 도전받지를 못하게 했다. 여성 단체들은 9차 헌법 수정과 샤리아 법안(Shariat Bill)[46]을 대비해 준비했다. 제9차 헌법 수정안이나 샤리아 법안은 둘 다 여성에게 해로운 것이었다. 이전의 법들(조혼 금지 조항, 무슬림의 결혼 취소 조항, 가족법)에 있던 헌법적 보호가 제9차 헌법 수정안에 의해 제거될 수 있기 때문이었다. 정부의 법적 · 정치적 모든

---

44) 유엔에 따르면 2002년 국회의원 선거에서 하원 342석 중 여성이 72석으로 21.1%를 점유했다. 반면 한국은 2000년 4월 선거에서 273석 중 16석으로 여성의 국회의석 점유율은 5.9%에 불과했다.

45) Fatima Mernissi, "Women's Rebellion and Islamic Memory"(London: Zed Books, 1996), p. 79.

46) 샤리아 법안은 꾸란과 순나가 법의 주요 원천이 되도록 하기 위해서 순니파의 주류인 하나피(Hanafis)파의 최고권과 법정에 임명되어야 할 특정한 '인정된 울라마'에게 주도권을 부여하는 것으로 되었다. 샤리아 법안은 1986년 상원에서 통과되었다.

조치들은 여성에게 부정적 의미를 함축했다. 위에서 논의된 법규들은 실제로 여성 활동에 법적 제재를 제공하고 여성의 사회적 차별과 억압을 공식화하는 것이었다. 법은 사회에 영향을 주고 태도를 형성한다. 파키스탄에서 반민주주의자, 남성우월주의자는 이슬람의 이름으로 공표되고 있는 법으로 활기를 띠었다. 이에 여성들의 저항은 우선 이슬람을 빙자하여 여성권리에 반대되는 것들에 초점을 맞추었다. 인권 논쟁이 유엔 헌장 원칙에 근거한 것처럼 여성단체들도 이슬람 구조 안에서 여성들이 저항할 때 그 정당성을 인정받을 수 있다고 보았던 것이다.

4. 결론

파키스탄 여성들의 모습을 하나로 설명하기는 곤란하다. 어떤 지역에서는 여성들의 생활양식이 몇 세기 동안 굳어진 대로 남아 있는가 하면 또 어떤 지역은 근대문화의 영향으로 급격히 바뀌기도 했다. 지역적 차이에 따라 파키스탄 여성들은 부족적·봉건적, 혹은 도시적 환경에 처해 있다. 따라서 파키스탄 여성을 단순하게 어떤 하나의 이미지로 나타낼 수는 없다. 여성의 삶은 사회제도, 지역 그리고 자신이 속한 계층의 영향을 받아 차이를 낳게 된다. 인구가 적은 발루치스탄과 NWFP지역에서 여성의 생활은 엄격한 부족 신앙의 규범과 행동양식의 지배를 받는다. 이런 규범에서 조금이라도 일탈되면 무서운 결과가 초래된다. 여성이 변화시킬 수 있는 가능성은 거의 없다. 이런 현실을 양산한 것은 파키스탄 부족사회에 이슬람 근본주의자에 의해 뿌리 내린 이슬람 규범에 근거한다.

반면에 도시화가 높은 지역의 여성들은 사회의 폭넓은 변화를 가져올 잠재력을 가지고 있으며, 완전히 남성 지배적이었던 영역에 들어갔으며, 자신들의 권리를 얻어냈고, 각기 분야에서 능력을 과시함으로써 일반적인 여성에 대한 고정 관념을 변경시키는 데 큰 역할을 하기도 했다. 그들의 역할은 집 밖에서의 여성 활동이 존중될 수 있도록 사회 인식을 가져왔다는 데 중요한 의미가 있다. 그러나 이런 여성들은 예외적인 경우이고 아주 소수이다. 대부분의 파키스탄 여성들은 시골이나 산업 대도시에서 아무런 보상이나 인정을 받지 못한 채 묵묵히 일한다. 따라서 여성들은 집안일과 일터의 이중적인 짐을 담당하고, 시골 지역이든 도시 지역이든 간에 똑같은 가부장제 아래에서 살아가고 있다.

인구의 거의 절반인 파키스탄 여성들은 위에서 언급된 것 외에도 많은 심각한 문제에 직면하고 있다. 사회에 뿌리 깊이 내린 여성 격리의 푸르다 제도는 여성의 교육 기회를 저해하고 자연적으로 높은 문맹률[47]을 초래한다. 그로 인하여 자연히 그들의 사회적 지위는 낮을 뿐 아니라, 출산 과다와 운동 부족으로 인한 건강 문제는 상당히 심각하다. 이런 여성문제들의 근원은 복합적인 요인들을 갖고 있다. ① 수 세기 동안 전개되어 온 가부장적 사회 ② 이슬람을 실천한다는 명목 아래 여성들의 격리와 활동 제한 ③ 이와 같은 상황 속에서의 공공정책 실패이다.[48]

그러나 앞의 두 가지를 극복하지 못하면 파키스탄의 공공정책은 계속해서 실패할 것이다. 무슬림이 교육을 받아야 한다고 강력하게 호소한 이슬람 지도자들조차도 푸르다로부터 여성의 해방은 강조하지 않았다. 오히려 여성이 남자에게 복종하는 것이 옳은 것이고, 여성교육 주창자를 변

---

47) *World Development Report*(1994).에 의하면, 이웃나라인 인도에 비교해 보아도 훨씬 교육 수준이 낮다. 여성 문자해독률(1990): 파키스탄 21% 인도 34%, 초등학교 등록(1991): 파키스탄 31% 인도 84%, 중등학교 등록(1991): 파키스탄 13% 인도 32%..

절자로 낙인찍는 정통 무슬림을 옹호했다. 파키스탄 건국의 아버지 알리 지나는 어떤 국가든 여성의 협력 없이는 발전할 수 없다고 믿었으며[49], 그의 민족주의 운동은 무슬림 여성과 남성들 사이에 강한 정치의식을 유발시켰다는 것을 현대 파키스탄인들은 상기해야 한다.

1985년 무슬림 여성 사회국의 조사에 의하면, '무슬림 여성문제가 이슬람법 때문인가, 아니면 무슬림 여성의 격하의 원인이 다른 어떤 것에 있다고 생각하는가?' 라는 질문을 받은 여성들의 대답은 문제가 이슬람법에 있다고 보지 않았다. 문제는 잘못된 사회적 관습, 이슬람에서 부여한 여성권리의 무시, 도덕적 타락, 이슬람 법 실천의 부재로 인한 것이라고 답했다.[50]

그러나 이와는 다른 시각들도 있다. 파키스탄 법정은 여성의 권리에 무관심하며 여성에 대한 차별까지 이루어지고 있다는 주장도 있다. 이런 주장에 의하면 초대 대통령 지나가 종교는 국가의 일이 아니라고 공언했음에도 불구하고, 국가의 헌법에 종교적인 것들이 명시되면서 모든 권한이 이슬람적 구조 안에서 행사되었다는 것이다. 이렇게 될 때 파키스탄 여성의 사회적 지위는 이슬람이 여성에게 부여한 권리만을 갖게 되고 법적인 여성의 지위는 제한된다는 것이다.[51] 여성에 대한 범죄에 대한 처벌법에

---

48) Eshya Mujahid-Mukhtar, "Indicatiors on the Status of Women", *Government of Pakistan Ministry of Women Development Social Welfare and Special Education*(1998), pp. 3-4.

49) 2000년 11월 21일에 Cairo에서 열린 아랍 여성 첫번째 회담에서도, "아랍 여성들의 적극적이고 효과적인 참여 없이는 아랍세계의 발전은 있을 수 없다." 는 이집트 대통령의 부인 수난 무바라크(Sunanne Mubarak)의 연설이 있었다. Shirkat Gah, "Newsheet", vol. xii, no.4, 2000.12.

50) Safia Iqbal, "Women and Islam"(Lahore: Islamic Publication, 1989), p. 6.

51) Nausheen Ahmad, "The Superior Judiciary: Implementation of Law and Impact on Woman" "Shaping Women's Lives"(Lahore: Shirkat Gah Women's Resource Centre, 1998), pp.3-25.

서도 마찬가지로 차별이 드러나는 사례들을 인권 보고서들은 보여 주고 있다.[52] 이처럼 여성의 권리를 다루는 시각에 따라 문제의 근원은 달라진다.

파키스탄에서 신정국가와 세속국가에 대한 논의 그리고 이슬람 역할에 대한 논의는 주로 정치 엘리트들에게 한정되어 온 문제이다. 그러나 여성권리와 이슬람에 관한 문제는 정기적으로 표면화되어 왔다. 여성들의 정치적 각성과 동원은 파키스탄 내에서 커다란 정치 운동의 한 부분으로 일어난 것이다. 권리를 위한 여성들의 투쟁은 남성들의 승인이라는 조건이 있기는 하지만 여성 자신들의 노력으로 권리를 얻어내는 데 기여했다. 실제적으로 여성들이 자신의 권리를 지켜야겠다고 적극적으로 의식하게 된 것은 1979년 지아 울 하크(Zia-ul-Haq)에 의해 이슬람화가 진행되면서 일어난 것이다.

이런 이슬람화 운동은 파키스탄 여성의 역할과 지위를 후퇴시켰지만, 그 역할과 지위의 변화는 여성들의 권리를 위한 가시적 투쟁을 통해서 그리고 동시에 사회의 기초적인 하부구조의 변혁과 변화로 일어나고 있다.

---

52) *Human Rights Monitor 2000* (National Commission for Justice & Peace).

참고 문헌

Moghissi, Haideh. *Feminism and Islamic Fundamentalism: The Limits of Postmodern Analysis.* London & New York: Zed Books, 1999.

Merniss, Fatima. "Women's Rebellion and Islamic Memory" London: Zed Books, 1996.

Raza, Rafi. ed. *Pakistan in Perspective 1947-1997.* Oxford, 1997.

Faruki, Kemal A ed. by John L.esposito, "Pakistan: Islamic Government and Society" *Islam in Asia: Religion, Politics, and Society.* Oxford: Oxford Univ., 1987.

Khalid Rahman, Muhibul Haq Sahibzada, Mushfiq Ahmed eds. *Jama'at-e-Islami and National and International Politics, vol.1.* Lahore: Book Traders, 1999.

Mumtaz, Khawar and Shaheed, Farida. "Women of Pakistan: Two Steps Forward, One Step Back?" Lohore: Vanguard Books, 1987.

Maududi, S.Abula'la. *Purdah and the Status of Woman in Islam.* Lahore: Islamic Publications, 1993(13th Edition).

Pastner, Carrol McC ed. by Lois Beck and Mkki Keddie. "The Status of Women and Property on a Baluchistan Oasis in Pakistan", *Women in the Muslim World Massachusets.* Harverd univ. pr., 1978.

Love, Fran and Eckheart, Jeleta ed. "Ministry to Muslim Women: Longing to Call Them Sister" Pasadena: William Carry Library, 2000.

Gerami, Shahin. "Women and Fundamentalism: Islam and Christianity" New York: Garland Pub., 1996.

Mujahid-Mukhtar, Eshya. "Indicatiors on the Status of Women" *Government of Pakistan Ministry of Women Development Social Welfare and Special Education.* 1998.

Iqbal, Safia. "Women and Islam" Lahore: Islamic Publication, 1989.

Ahmad, Nausheen. "The Superior Judiciary: Implementation of Law and Impact on Woman" "Shaping Women's Lives" Lahore: Shirkat Gah Women's Resource Centre, 1998.

Shirkat Gah, "Newsheet" vol.xii, no.4, 2000.12.

Human Rights Monitor 2000. Lahore: National Commission for Justice & Peace, 2001.

"The Frontier Post" 2001.1.6.

http://www.amnesty.org/ailib/aipub/1999/SA/33301899.htm.

"Crystals" *JI Women Wing Newsletter*, vol.1.

World Development Report. 1994.

Hong, Qu. 'The Significance of Islamic Studies' "The Middle East War and Peace" 한국 중동학
    회 제10차 국제학술대회, 2001.10.26.

이희수. '마우두디 사상과 20세기 파키스탄의 이슬람화 운동'「한국 이슬람학회 논총」제5집,
    한국 이슬람학회, 1995.

마단 사럽 외 지음. 임헌규 편역. 『데리다와 푸코, 그리고 포스트모더니즘』 서울: 인간사랑,
    1999.

드레피스 라비노우 지음. 서우석 역. 『미셀 푸코: 구조주의와 해석학을 넘어서』 서울: 나남,
    1989.

클리프드 기어츠 지음. 문옥표 역. 『문화의 해석』 서울: 까치글방, 1998.

알랭투렌 지음. 정수복·이기현 역. 『현대성과 비판』 서울: 문예출판사, 1996.

에드워드 사이드 지음. 박홍규 역. 『오리엔탈리즘』 서울: 교보문고, 1998.

이슬람의 사랑 개념

이현경[1]

1. 서론

라흐만(Tanzil-ur Rahman)은 이슬람이 사랑의 종교이며, 알라는 근본적으로 사랑이라고 이슬람을 소개한다.[2]

알라의 사랑은 꾸란에서도 여러 구절들을 통해 증명되고 있다.[3]

또한 이슬람 신비주의임을 자처하는 수피즘은 사랑을 가장 강조하고 적극적으로 표현하고 있는 이슬람의 한 부분이다. 사랑은 수피즘의 핵심 개념이며, 수피와 알라의 관계는 '사랑하는 자'와 '사랑 받는 자'로 표현된다. 수피들의 목표는 '사랑'의 단계에 도달하여 바로 이 '사랑 받는 자'와 하나가 되는 것이다.[4]

이슬람에서의 사랑 개념을 살펴보기 위해 본문에서는 정통이슬람과 수

---

1) 한국이슬람연구소 연구원.

2) Rahman, Tanzil-ur, *Essays on Islam*(Lahore: Islamic publicaitons, 1988), p. 13.

3) Copleston, F.S., *Christ or Mohammed?: The Bible or the Koran?*(Herts: Islam's Challenge, 1989), p. 43, 46.

피즘의 사랑 개념을 비교하여 다루고자 한다. 이 둘을 구분한 것은 정통
이슬람을 대표하는 이슬람 법학자들(ulama)과 수피들 간에는 서로를 용
납하지 못했던 대립의 역사가 존재하고 있으며, 특히 '사랑'에 있어서 개
념을 달리하는 부분이 있기 때문이다.[5]

　따라서 동일하게 사랑의 알라를 말하면서도 그 내용을 달리하는 이슬
람의 양 측면을 살펴보면서 각각이 말하고자 하는 사랑의 개념은 무엇이
며, 그러한 개념 차이를 가져오는 이유가 무엇인지 알아보고자 한다.

2. 정통이슬람의 관점

(1) 인간을 향한 알라의 사랑

　꾸란에는 알라의 선함을 제시해 주는 구절들이 많이 나온다. 꾸란에서
알라는 이 세상을 창조하고 창조된 세상을 통해 인간의 필요를 제공해 주
고(Q 43:8-13), 선인과 악인 모두에게 자비를 베풀지만 또한 자신에게 속
한 자들에게 특별한 은총을 베풀며(Q 14:6; 33:9), 자비가 무한한 분(Q

---

4) Ernst, Carl W., "The Stages of Love in Early Persian Sufism, from Rabi'a to Ruzbihan" in
　Leonard Lewisohn ed., *Classical Persian Sufism: from its origins to Rumi*(London: Khaniqahi
　Nimatullahi Publications, 1993), pp. 434-455.
5) 정부와 대립했던 초기 수피들은 심지어 정부 지도자들과 악인을 동일시했으며, 반면 이
　슬람법학자들은 수피즘의 문제점을 강하게 제기하면서 그 이단성을 지적하였다. 수피들
　은 알라로부터 직접적으로 얻게 되는 지식과 알라와 하나 됨을 추구했는데, 알라의 초월
　성을 강조하는 정통이슬람은 수피즘의 이러한 이론을 결코 용납할 수 없었기 때문이었
　다. Shimmel, Annemarie, *Mystical Dimensions of Islam*(Chapel Hill: The University of North
　Carolina, 1975), pp. 30-32.

14:37, 16:18)으로 소개된다. 무엇보다도 자비로운 알라는 인간을 위해 사도들과 예언자들을 보내 주고(Q 5:23; 5:10), 인간을 바른 길로 인도하기 위해 무함마드를 통해 말씀을 계시하신 분이시다. 알라를 따르는 자들을 인도해 주실 것을 약속하신 분인 것이다(Q 3:98-99; 12:38; 57:28-29; 3:158; 42:2).[6]

알라의 사랑을 보여 주는 자명한 예는 꾸란이 제시하는 구원관이라고 할 수 있다. 꾸란이 제시하는 알라는 인간을 구원하기 원하는 사랑의 알라이며, 꾸란은 알라의 사랑 때문에 가능한 구원관을 제시하고 있다. 실수를 범한 후 아담은 지상으로 내려가라는 명령을 알라로부터 받았다. 그 명령과 함께 알라는 가이던스를 보내 줄 것을 약속한다.[7]

알라는 지상에 내려간 인간을 그냥 내버려둔 것이 아니라 바른 길로 인도하고자 했던 것이다. 꾸란 57장 9절은 다음과 같이 기록하고 있다. "알라께서 그분의 종에게 말씀(가이던스)을 보내사 암흑으로부터 광명으로 너희를 구제하고자 함이니 실로 알라는 인자하시고 자비로우시니라" 이 구절에 나타난 약속은 인간을 향한 알라의 은혜를 분명하게 보여 주고 있다고 할 수 있다. 알라는 인간에게 관심을 가지고 있고 바른 길로 돌아오

---

6) Gardner, W.R.W., *The Qur'anic Doctrine of God*(Madras: The Christian Literature Society for India, 1916), pp. 42-44.

7) 가이던스의 다양한 의미에 대해서는 Gardner, W.R.W., *The Qur'anic Doctrine of Salvation*(London: The Christian Literature Society for India, 1914), pp. 2-3을 참조하라. 꾸란 7:11-28은 사탄의 유혹에 빠져 알라가 금한 나무의 열매를 아담이 맛보는 사건을 기록하고 있다. 이슬람 학자들은 이 사건을 아담의 실수이며, 아담의 회개로 완전히 용서받은 사건으로 해석하고 있다. 이 사건 후에 2장 35-39절에서 아담은 알라로부터 "모두 세상으로 내려갈지니 너희에게 가이던스를 보내 주리라" 는 명령을 받았으나, 이것은 죄로 인해 쫓겨난 것이 아니라 알라의 대리자라는 고귀한 직분을 맡아 지상으로 내려온 것이라고 본다. Geisler, Norman L. & Saleeb, Abdul, *Answering Islam: The Crescent in the Light of the Cross*(Michigan: Baker, 1998), pp. 40-45.

기를 갈망하는 존재인 것이다.[8]

인간을 구원하고자 하는 알라의 사랑은 모든 인류를 대상으로 하고 있다. 꾸란 2장 36절은 '나의 인도(가이던스)를 따르는 자에게는 그가 누구이든 그에게 두려움이 임하지 않을 것'이라고 기록하고 있다.[9]

꾸란에서 구원은 모든 인류에게 해당되는 보편성을 가진 것인 것이다. 꾸란은 알라의 자비가 미치지 않는 곳이 없음을 말하면서 파라오의 예를 들고 있다. 즉, 교만과 죄악으로 가득 찬 파라오도 알라는 인도하고자 했다고 설명한다(Q 79:17-19; 12:37).[10]

그러나 구원의 대상이 모든 인류라고 해서 모든 사람이 다 구원을 받게 되는 것은 아니다. 꾸란은 사랑의 알라이지만 동시에 심판의 알라라는 것을 명백히 하면서, 알라가 제공하는 은혜를 받아들이는 자만이 그 유익을 얻을 수 있다고 말하고 있다(Q 61:5; 76:3). 또한 알라의 은혜는 모든 사람들을 대상으로 하고 있지만, 그 은혜를 받아들이느냐 아니냐는 인간의 몫이라고 말한다.[11]

꾸란 24장 53절은 알라가 제공하는 은혜를 인간이 받아들일 수 있는 길이 무엇인지 알려 준다. "그분께 복종하면, 그분의 인도함을 받게 될 것이다" 알라의 인도함을 받기 위해서는 알라에게 복종하는 것이 선행되어야 하는 것이다.[12]

여기서 복종이 의미하는 것은 꾸란이 의무로 제시하고 있는 다섯 믿음과 여섯 가지 실천사항을 지키는 것이다.[13]

---

8) Gardner, Ibid., p. 3, 15. 참조. Q 65:11; 14:1, 5; 5:18; 33:42.
9) 참조. Q 2:257-8.
10) Ibid., p. 7, 11.
11) Ibid., p. 16.
12) Ibid., pp. 6-7, 12.

믿음을 갖기 위해서는 지난날의 잘못에 대한 회개의 단계를 거치게 되는데, 회개에서 끝나는 것은 아무 의미가 없고, 반드시 행위가 뒤따라야 한다. 꾸란은 선행[14]이 구원을 위해 필수적인 것임을 강조한다. 회개하고 알라에 대한 믿음을 가지고 있음을 보여 주는 눈에 보이는 증거가 바로 선행이라는 것이다. 꾸란에 있어서 선행과 믿음은 결코 분리될 수 없는 것이다. 선행을 하는 자만이 믿는 자라고 꾸란은 누차 강조한다.[15]

또한 선행이 진실로 선행이 되기 위해서는 반드시 알라에 대한 진실한 믿음에서 우러나온 것이어야 한다. 꾸란은 알라에 대한 믿음이 없는 선행에 대해서는 알라께서 "그 행위를 헛되게 하실 것이라고 기록하고 있다" (Q 47:32). 심지어 믿는 자들의 선행이라 할지라도 믿음과 복종이 부족한 선행은 소용이 없다.[16]

꾸란 47장 33절은 다음과 같이 기록하고 있다. "믿는 사람들이여! 알라께 순종하고 선지자에게 순종하라 그리고 너희들의 행위를 헛되게 하지 말라." 더 나아가 꾸란에서 선행은 믿음의 증거일 뿐 아니라 선행을 많이 행하는 신자일수록 더욱 더 정의로운 자로 인정받게 된다.[17]

이처럼 꾸란에서 구원은 인간이 노력한 대가로 주어진다. 그리고 여기

---

13) 5믿음은 알라와, 천사, 성서들, 사도들, 심판의 날에 대한 믿음이고, 6개의 실천사항은 신 앙고백과, 기도, 금식, 자선, 순례이다. 참조. Ibid., pp. 23-25, 57.

14) 꾸란에서 말하는 선행은 6개의 실천사항을 비롯하여, 정직, 친절, 관대함, 노하기를 더디 함, 용서, 자비, 인내 등을 포함한다. 관련 구절: Q 2:177; 3:127-8; 4:40-42; 24:181-3; 90:12-18.

15) 참조. Q 20:111; 21:94; 22:49; 65:11. 이 외에도 다수의 구절들이 있다.

16) 이 구절에서 언급된 행위가 사악한 행위를 의미하고 있다고 생각될 수 있지만, 이 구절 에서 말하는 행위는 알라에 대한 믿음이 없는 자들이 신을 기쁘시게 하기 위해 행하는 행위를 의미한다고 볼 수 있다(Ibid., p. 33).

17) Ibid., pp. 29-37.

서 구원이 의미하는 것은 사후 천국에 가는 것이다. 현세에서 인간의 알라에 대한 믿음과 복종의 보상으로 천국이 주어지는 것이다.[18]

"사악한 자는 그와 같은 것 외에는 보상을 받지 못하며, 선을 실천한 믿음의 남녀는 천국으로 들어가리라…"(Q 40:40) "알라를 믿고 경외하는 자들에게는 이생에서와 내세에서 기쁜 소식이 있나니, 그것은 구원이니라. 알라의 말씀에는 변함이 없느니라"고 꾸란은 말한다(Q 10:64).[19]

천국이 철저히 인간 노력의 대가로 주어지는 것이기 때문에, 천국에서 받는 보상도 현세에서 어떻게 행했는가에 따라 철저히 구분된다. 이에 대해 꾸란 46장 18절은 분명하게 기록하고 있다. "모든 인간에게는 그의 행위 결과에 따라 등급이 있나니 알라는 그들의 행위에 따라 그들에게 보상하시매 그들은 공평한 대우를 받으리라" 이처럼 알라의 사랑이 없으면 구원이 불가능하지만, 구원받기 위해서는 인간의 노력이 필수적이며, 구원은 인간의 이생에서의 노력 여하에 따라 천국 내에서도 그 등급이 구분되게 된다.[20]

위에서 언급된 것같이 꾸란은 알라의 사랑 없이는 불가능한 구원관을 통해 알라의 사랑을 명백히 보여 주고 있지만, 그 구원을 위한 내용을 살펴보면 인간의 노력이 상대적으로 더 중요함을 알 수 있다.[21]

알라의 사랑으로 인해 인간이 구원받을 수 있다는 말의 의미는, 인간의 노력이 매우 중요하지만 아무리 노력해도 알라의 자비가 없으면 구원이 불가능한 것이라는 말일 뿐, 알라의 무조건적인 사랑을 의미하는 것은

---

18) 꾸란에서 구원이란 사후 천국에 들어가는 것을 의미하는데, 천국은 사후에 가게 되는 장소의 개념으로 이해된다(Ibid., p. 21-22).
19) Ibid., pp. 17-18.
20) 참조, Q 4:97-98; Ibid., p. 19, 21.
21) Ibid., p. 51.

아니다. [22]

꾸란에서 알라는 인간을 옳은 길로 인도하기 원하여 가이던스(말씀)를 제공해 주는 사랑의 알라이지만, 인간과 직접적인 관계를 맺으면서 인간 가운데 임재하여 전적 은혜로 인간을 책임지는 알라는 아닌 것이다.

이처럼 사랑의 알라이지만 구원을 전적으로 책임지지 않고 인간의 노력에 좌우되는 구원관을 제시하고 있는 것은, 꾸란이 제시하는 알라가 유일신이면서 초월적인 존재이기 때문이다. 초월적인 알라는 인간과 직접적인 관계를 맺을 수 없다. 꾸란이 누차 강조하는 것은 알라의 초월성과 그러한 알라를 결코 이해할 수 없는 인간의 한계이며, 따라서 인간은 알라에게 근접할 수 없는 존재라는 것이다. [23]

인간은 알라를 부분적으로만 알 수 있으며, 그것도 알라가 창조한 만물과 알라의 계시인 꾸란을 통해서만 가능하다. 그 외에 알라가 직접적으로 자신을 인간에게 계시할 수 있는 방법은 없다. [24]

꾸란에서 보여 주는 알라는 사랑의 알라이지만 인간과 상호적인 사랑

---

22) 꾸란에서 '사랑'이라는 의미로 사용되는 두 아랍어 'habba'와 'wadda'를 연구한 무함마드 다우드 라바르(Muhammad Daud Rahbar)는 꾸란에서 알라는 오직 이상적인 (perfectly pious) 신자들만을 사랑하는 존재라고 결론짓고 있다(Nickel, "God's Love in the Qur'an" (2001), p. 25). 비비안 스테이시(Vivienne Stacey) 역시 알라는 자신을 사랑하는 자들만을 사랑하는 존재라고 말하면서, 이는 요일 4:16에서 말하는 하나님의 사랑과 대조된다고 결론짓는다. Vivienne Stacey, *Submitting to God*(London; Sydney; Auckland: Hodder & Stoughton, 1997), p. 51.

23) 꾸란은 이 세상에 "알라에 비유할 것이 아무것도 없다"(Q 42:11)고 기록하고 있다. 이맘 Ja`far as-Sadiq는 유일신 알라는 인간과 전혀 다르신 분이라고 말한다. 꾸란에서 알라는 지식과 능력에 한계가 없으신 분이시고, 태초부터 영존하시는 분이신 초월적인 존재이다. Musavi Lari, Sayyed Mujtaba, *God and His attributes: Lessons on Islamic Doctrine.* (Book one) trans. by Hamid Algar(Potomac: Islamic Education Center, 1989), p. 114.

24) 참조. Ibid., pp. 95-116.

은 할 수 없는 존재인 것이다.[25]

(2) 알라를 향한 인간의 사랑: 복종

인간을 향한 알라의 사랑이 그러하다면, 알라를 향한 인간의 사랑은 꾸
란에서 어떻게 표현되고 있는가? 인간을 향한 알라의 사랑이 무조건적인
것이 아니라면, 그리고 인간과 직접적인 관계를 맺으면서 인간들 가운데
임하는 알라가 아니라면, 알라를 향한 인간의 사랑도 그를 향한 직접적인
것이 될 수 없다. 이런 의미에서 이슬람 법학자들이 인간과 알라와의 관
계에 있어서 '사랑'이라는 개념을 금했다는 것은 이해하기 어렵지 않다.
이슬람에서 알라는 초월적인 존재이며, 초월적인 알라는 인간의 사랑의
대상이 될 수 없는 존재이다. 그렇기 때문에 알라를 사랑의 대상으로 삼
는다는 것은 알라의 초월성을 위협하는 불경한 것으로 간주된다.[26]

따라서 정통이슬람에서 말하는 알라에 대한 인간의 사랑이란 알라의
명령에 대한 사랑, 즉 율법에 대한 복종을 의미하는 것일 뿐이었다.[27]

위에서 언급한 바와 같이 알라의 사랑을 받기 위한 조건이 복종이기 때
문에, 인간이 알라를 사랑한다면 그에게 복종해야 했다. 그리고 복종한다
는 것은 이슬람이 율법적으로 제시하는 다섯 믿음과 여섯 가지 실천사항
을 지키면서 이슬람이 믿음의 증거로 받아들이고 있는 선행을 행하는 것
이다. 초월적인 알라가 제시하는 은혜의 방편이 다섯 믿음과 여섯 개의

---

25) 참조. Anderson, Norman, *God's Law & God's Love*(London: Collins, 1980), p. 101;
   Shimmel, Annemarie, *Mystical Dimensions of Islam*(Chapel Hill: The University of North
   Carolina, 1975), p. 53.

26) 안네마리 쉼멜, 『이슬람의 이해』 김영경 역(서울: 분도 출판사, 1999), p. 153.

27) Shimmel, Annemarie, op. cit., p. 53.

실천사항이기 때문이다. 이와 같이 이슬람의 사랑 개념은 선과 깊은 관련을 가지고 있다. 알라의 명령에 복종하여 선을 행하는 것이 알라를 사랑하는 길인 것이다.[28]

꾸란은 "알라에게 구하고 의로운 것을 행하며 '나는 이슬람에 순종하는 자 가운데 있나이다' 라고 말하는 사람만큼 아름다운 말을 하는 사람이 누구이뇨?"(Q 41:33)라고 말한다.

3. 수피즘의 관점

(1) 복종을 넘어서는 사랑

수피즘에서 말하는 알라를 향한 인간의 사랑 역시 분명히 복종의 개념을 포함하고 있다. 앞에서 언급된 수피의 꿈이 보여 주듯이,[29] 수피들은 자아를 완전히 포기하고 알라의 종이 되어 철저히 그의 뜻대로만 행하기를 갈망하는 자들이다. 둔-눈(Dhun-Nun)은 매순간 알라가 주인이고 매순간 수피는 그의 종이라고 표현하고 있다.[30]

죽기까지 복종하고자 하는 수피의 의지는 "저에게 죽음을 명하신다면, 저는 그것에 복종하여 죽겠습니다. 그리고 나에게 죽음을 주시는 분을 기쁘게 맞이하겠습니다."하는 고백 속에서도 잘 드러나고 있다.[31]

---

28) Rahman, Tanzil-ur, *Essays on Islam*(Lahore: Islamic publicaitons, 1988), p. 13.

29) 참조. "Ⅲ.D.1. 고통, 그리고 죽음과 부활" 에서 '고통의 십자가' 를 보여 주는 수피의 꿈.

30) Dhun-Nun, Vaughan-Lee, *Travelling the Path of Love: Sayings of Sufi Masters*(California: The Golden Sufi Center, 1995), p. 98.

수피즘에서 사랑 개념의 기초를 놓았다고 하는 라비아의 '사심 없는 사랑' 개념 역시 알라의 뜻이 무엇이든지, 그것이 좋게 느껴지는 것이든 고통스러운 것이든, 자신의 뜻이나 욕심은 하나도 없이 알라의 뜻을 무조건적으로 수용하는 완전한 복종의 개념을 포함하고 있다.

이렇듯 수피즘에서 복종은 그러나 알라의 명령에 대한 종교적 의무를 행하는 단순한 복종의 의미가 아니다. 복종은 수피가 알라에게 철저히 속해 있음을 의미하고 있다. 복종의 주체나 대상조차도 존재하지 않는, 완전히 알라와 하나가 된 상태에서 알라의 뜻이 곧 복종하는 자의 뜻이 되는 상태인 것이다. 루미(Rumi)는 "내가 하고 있는 일에 대해 내가 알고 있다고 생각하는가? 숨소리 하나라도, 아니 그 반이라도 내게 속해 있다고 생각하는가?" 하고 묻는다. 또한 무명의 수피는 "나는 보고 싶지도, 알고 싶지도 않다. 그저 사용되고 싶을 뿐이다."라고 고백하고 있다.[32]

수피즘에서의 복종 개념은 알라에 대한 절대적 신뢰를 바탕으로 하는 수피의 무조건적인 사랑에 대한 표현이기도 하다. 알라에 대한 수피의 사랑은 이성적이지 않은 사랑이다. 할라즈(Hallaj)는, 수피는 알라에 대한 무조건적인 사랑의 대가로 알라를 알게 된다고 말한다.[33]

아따(Attar)는 사랑을 불에, 이성을 연기에 비유하면서, 사랑이 임할 때 이성은 사라져 버린다고 말한다. 이성의 눈으로는 볼 수 없었던 이 세상의 본질을 알라의 사랑을 통해 보게 된다는 것이다.[34]

루미도 알라에 대한 사랑이 모든 이성을 잠재워 버린다고 그의 시에서

---

31) Shimmel, Annemarie. op. cit., p. 135.
32) Vaughan-Lee, op. cit., p. 99.
33) Shimmel, op. cit., p. 72.
34) Attar, Vaughan-Lee, op. cit., p. 142.

읊고 있다.[35]

이와 같이 수피즘에서 말하는 사랑의 개념을 살펴보면, 복종의 개념을 포함하고 있지만 단순한 복종 이상을 의미하고 있음을 알 수 있다. 그렇기에 수피는 복종을 이야기하면서 자유함을 말할 수 있는 것이다. 누군가가 주나이드(Junayd)에게 "알라의 종이시여, 그러나 자유하신 분이시여, 어떻게 하면 그런 만족함의 경지에 도달할 수 있습니까?"하고 묻자, 주나이드는 사랑을 통해 용납을 배우게 되면 가능하다고 대답했다고 한다.[36]

같은 맥락에서 초기 수피였던 바예지드(Bayezid)는 사랑의 4가지 측면[37]을 말하면서, 알라에 대한 복종뿐 아니라 알라와 수피 사이의 '신-인 간의 사랑'을 제시하고 있다. 수피즘의 사랑 개념이 정통이슬람에서 말하는 복종의 개념을 포함하고 있지만, 복종의 개념을 넘어서서 그 이상을 말하고 있음을 분명히 한 것이다. 우마르 카얌(Umar Khayyam: 1123년 사망)은 그의 시에서 다음과 같이 읊고 있다.

> 나로 분명히 말하게 하라.
> "당신에 대한 사랑으로 나는 나의 삶을 내려놓습니다.
> 당신의 사랑이 나를 다시 살리실 것을 소망합니다."
> 칠십삼 개의 신조가 있을지라도
> 나는 당신(알라)에 대한 사랑 이외에는 아무것도 붙잡지 않을 것입니다.
> 신앙, 불신앙, 복종, 죄, 이런 것들이 다 무슨 소용인가?
> 사랑 이외에는 다 헛된 것을…[38]

---

35) Fatemi, Nasrollah S., Faramarz S., and Fariborz S., *Love, Beauty and harmony in Sufism* (London: Thomas Yoseloff, 1978), p. 48.
36) Vaughan-Lee, op. cit., p. 96.
37) 바예지드가 구분한 사랑의 4가지 측면은, 첫째, 알라로부터 오는 은혜, 둘째, 알라에 대한 복종, 셋째, 알라를 끊임없는 기억하는 것, 그리고 넷째, 알라와 수피 사이의 사랑이다. Shimmel, Annemarie, op. cit., p. 132.

할라즈에게 있어서 역시 사랑은 단순히 복종만을 의미하는 것이 아니었다. 그에게 사랑은 사랑받는 자(알라) 앞에 서는 것이며, 자신의 모습을 버리고 알라의 모습을 덧입는 것이었다.[39)]

이븐 아라비(Ibn Arabi)는 율법의 중요성을 강조하면서, 알라를 따르는 자들이 마땅히 지켜야 할 것이라고 말하지만, 율법에 대한 단순한 복종에 의미를 두기보다는 외형적인 복종을 통한 내부인의 변화를 궁극적으로 추구하고 있다.[40)]

이와 같이 수피즘에서 말하는 사랑은 '신-인 상호 간의 사랑'을 통해 창조주와 창조물이 서로를 알게 되는 단계이다. 수피의 눈이 창조주 알라를 향에 열리게 될 때, 알라의 눈 역시 자신을 구하는 수피를 향해 열리게 되고, 수피 안에서 알라는 창조물 속에 숨겨져 있는 알라 자신을 보게 되는 것이다.[41)]

---

38) Smith, Margaret, *The Sufi Path of love: an anthology of Sufism*(London: Luzac & Company, 1954), p. 128. "신앙, 불신앙, 복종, 죄, 이런 것들이 다 무슨 소용인가?" 하는 구절에서도 엿볼 수 있듯이, 복종의 개념을 넘어서 애정적 요소를 포함하고 있는 수피즘의 사랑 개념은 초월적인 신에 대한 사랑을 불경한 것으로 간주하는 이슬람 법학자들에게 정통과 이단의 시비를 불러일으키기에 충분한 주제였다. 수피들의 시에서 그러한 표현들을 찾아보기는 어렵지 않다. 한 예로 함자 판주리도 그의 시에서 "(사랑의) 경지에 이르렀다면, 종교적 의무에 매일 필요가 무엇인가?" 하고 읊고 있다. Hamzah Fansuri, *The poems of Hamzah Fansuri* ed. with an introduction, a translation, and commentaries, accompanied by the Javanese translations of two of his prose works by G.W.J. Drewes and L.F. Brakel(Dordrecht: Foris Publications, 1986), p. 107.

39) Shimmel, Annemarie, op. cit., pp. 71-72

40) Hirtenstein, Stephen, *The Unlimited Mercifier: The spiritual life and thought of Ibn `Arabi* (Oxford: ANQA, 1999), p. 104, 68.

41) Vaughan-Lee, *The Lover & the Serpent, Dorset: Element*(1990). 참조. "I was hidden treasure, and I desired to be known, so I created the world" (Hadith qudsi).

(2) 사랑하는 자, 사랑 받는 자, 사랑을 갈망하는 자: 알라

수피즘은 정통이슬람과는 달리 알라에 대한 사랑을 고백하고, 알라와 인간 상호간의 사랑을 말하고 싶어 한다. 이슬람 법학자들은 알라에 대한 사랑이 알라의 초월성을 위협하는 불경건한 행동이라고 여겼지만, 수피들은 꾸란 5장 59절의 "그분은 그들을 사랑하시고, 그들은 그분을 사랑하느니라."라는 구절을 즐겨 인용하면서, 알라에 대한 사랑을 고백하고 스스로 알라의 사랑을 받는 자들임을 자처했다. 비록 본문에서 분리되어 인용되긴 했지만, 이 구절이 알라와 인간 상호간의 사랑을 이야기하는 듯했던 것이다.[42]

수피즘은 사랑이 알라의 본질이라는 것에서부터 출발한다. 둔-눈이 해변가에서 만난 한 낯선 여인에게 사랑의 끝이 어디인가를 물었을 때, 여인은 "알라께서 무한하시기 때문에 사랑에는 끝이 없습니다." 하고 대답한다.[43]

둔-눈은 지식적으로 이해하기 어려운 문제에 대해 이런 식으로 이야기 형식을 빌려 설명하고는 했는데, 여인의 대답을 통해 둔-눈이 말하고자 하는 것은 사랑이 알라의 본질이라는 것이다.[44]

알라의 본질인 사랑은 그렇기에 태초부터 이미 존재하던 것이었다. 하피즈(Hafiz: 1320-1391)는 영원 전에 이미 사랑이 존재했고, 사랑의 불꽃

---

42) 안네마리 쉼멜, op. cit., p. 153.

43) 수피 문학에서는 사랑을 설명하기 위해 종종 바다의 비유를 사용한다. 끝이 없는 바다는 무한한 알라를 상징한다. 주나이드는 '사랑은 물가 없는 무한한 바다'라고 시에서 읊고 있다. Fatemi, Nasrollah S., Faramarz S. and Fariborz S., *Love, Beauty and harmony in Sufism*(London: Thomas Yoseloff, 1978), p. 57.

44) Shimmel, Annemarie, op. cit., p. 45.

이 이 세상을 불타오르게 했다고 말하고 있다.[45]

이븐 아라비는 사랑을 창조의 원초적인 동력으로 보고 있다. 창조자는 그의 사랑으로 이 세상을 창조했고, 따라서 창조자와 창조물은 하나라고 말한다.[46]

수피즘에서 알라는 단순히 초월적인 존재라기보다는 사랑을 갈망하는 존재이고, 사랑 받고 사랑을 주는 존재이다. 루미의 시 "사랑 받는 자가 원하지 않았다면, 알라를 사랑하는 자 그 누구도 알라와 하나가 될 수 없었을 것을…"[47]에서도 알 수 있듯이, 알라는 인간보다 먼저 사랑을 갈구하고 있다. 동일한 의미에서 루미는 "나는 알라께서도 우리를 갈망하고 있다는 것을 결코 알지 못하고 있었다."고 고백한다.[48]

마찬가지로 가잘리(Ghazzali)도 알라를 사랑하는 자를 알라도 사랑하고, 알라를 갈망하는 자를 그분도 갈망하고, 알라를 바라보는 자를 그분도 역시 보고 있다고 말한다.[49]

라지(Razi, Yahya ibn Muadh ar-Razi: 871년 사망)는 아무 필요도 가지고 있지 않은 완전한 알라가 인간을 사랑하여야 한다는 것은 알라의 은혜로 인한 기적일 수밖에 없다고까지 고백하고 있다.[50]

이와 같이 수피즘에서 알라는 인간과 사랑을 주고받는 존재이며, 사랑 개념은 알라와 인간 상호간의 사랑에 초점이 맞춰져 있다. 7세기 수피 압

---

45) Smith, Margaret, op. cit., p.143.
46) Hirtenstein, Stephen, op. cit., p. 26.
47) Shimmel, Annemarie, op. cit., p. 139.
48) Vaughan-Lee, Llewellyn ed., *Travelling the Path of Love: Sayings of Sufi Masters*(California: The Golden Sufi Center, 1995), p. 145.
49) op. cit., p. 132.
50) Shimmel, Annemarie, op. cit., p. 52

드 알-와히드 이븐 자이드(Abd al-Wahid ibn Zayd: 793-4년경 사망)는 신과 인간 상호 간의 사랑을 설명하기 위해 꾸란에도 나오지 않는 이 쉬끄(ishq: 정열적인 사랑)라는 단어를 사용했다.[51]

10세기에 들어서서 아불-후세인 안-누리(Abu'l-Husayn an-Nuri)도 이 단어를 사용하여 신과 인간 사이의 사랑 개념을 제시했고, 온갖 논쟁과 반대에도 불구하고 이 개념은 수피즘의 주요 흐름이 되었다는 것을 기억할 필요가 있다.[52]

수피즘은 인간이 사랑할 수 없는 초월적인 알라가 아닌 인간을 사랑하고 인간의 사랑을 받는 알라를 추구하는 것이다. 인간과 알라 사이에는 분명히 베일이 존재하고, 그래서 알라는 인간이 다가갈 수 없는 초월적인 존재이지만, 그 베일을 없애고 사랑의 단계에 도달하는 것이 수피의 목표이다.[53]

(3) 내재하는 알라

이와 같은 알라를 향한 수피들의 염원은 내재하는 알라의 개념으로 나타났다. 꾸란 5장 59절을 즐겨 인용하던 수피들은 "우리(알라)는 그(인간)의 생명의 혈관보다 그에게 더 가까이 있느니라"는 꾸란 50장 16절의 구절을 묵상하면서 초월적인 동시에 내재하는 알라를 깨달았다. 꾸란 6장

---

51) Ernst, Carl W., "The Stages of Love in Early Persian Sufism, from Rabi'a to Ruzbihan", in Leonard Lewisohn ed., *Classical Persian Sufism: from its origins to Rumi*(London: Khaniqahi Nimatullahi Publications, 1993), p. 438.
52) 참조. "Ⅲ.A.4. 신(神)-인(人) 간의 사랑".
53) Shimmel, Annemarie, op. cit., p.81.

103절은 "그 누구도 알라에게 미치지 못한다"고 말하고 있지만, 꾸란 2장 115절은 "동쪽과 서쪽이 알라에게 있나니, 너희가 어느 방향에 있든 간에 알라의 앞에 있다"고 분명하게 기록하고 있는 것이다. 꾸란 51장 20-21 절은 "지상에는 믿는 자들을 위한 사인이 있고, 또한 너 자신의 마음속에 도 있다는 것을 알지 못하느냐?"고 묻는다.[54]

하디스에는 "알라는 드러나기를 원하는 숨겨진 보물이며, 그래서 세상 이 창조되었다"는 예언자 무함마드의 말씀이 기록되어 있다.

수피들은 내재하는 알라로 자신 안에서, 자신 마음(heart, qalb) 속에서 알라를 발견했음을 고백한다. 할라즈는 시를 통해 자신 속에서 계시하시 며, 자신의 마음을 온통 가득 채우고 있는 알라에 대해 읊고 있으며,[55] 함 마 판주리(Hamzah Fanzuri)는 그가 메카의 카바 신전에서 발견하지 못 하던 알라를 마침내 자신 안에서 발견했다고 시를 통해 고백하면서, 알라 는 자신을 분명하게 계시하시니 너 자신을 깊이 들여다보라고 권면한다.[56]

또한 알라가 매우 찾기 어려운 존재임을 인정하면서도, 그러나 사실 알 라는 매우 가까운 곳에 계시다고 말하고 있다.[57]

이븐 아라비 역시 수피가 깨닫게 되는 것은 바로 "하늘도 땅도 나를 품 을 수 없다. 오직 나의 신실한 종의 마음속에만 내가 있다"는 구절이라고

---

54) Ibid., p. 25.

55) "…You have manifested Yourself so much that it seems to me that there is only You in me! I examine my heart amidst all that is not You…" Vaughan-Lee, op. cit., p. 201. 전 생 애 동안 할라즈의 삶과 가르침을 연구한 루이 마시뇽(Louis Massignon)이 편집한 할라 즈의 작품과 수집한 시들은 알라의 초월성과 함께 마음속에 내재하는 알라의 개념을 분 명하게 제시해 주고 있다(shimmel, op. cit., p. 65).

56) Hamzah Fansuri, The poems of Hamzah Fansuri ed. with an introduction, a translation, and commentaries, accompanied by the Javanese translations of two of his prose works by G.W.J. Drewes and L.F. Brakel(Dordrecht: Foris Publications, 1986), p. 109.

기록하고 있다.[58]

수피들이 고백하는 이러한 내재하는 알라의 개념은 수피의 길을 걸으면서 경험하게 되는 것으로, 알라는 비단 수피의 마음속에서만 발견할 수 있는 존재가 아니다. 수피는 알라와 상호간 사랑의 관계를 통해 궁극적으로는 모든 만물 속에 내재되어 있는 알라를 보게 된다. 수피즘은 이 세상 모든 만물의 본질이 알라이며, 실상은 알라 이외의 아무 것도 아니라고 말한다. 만물이 모두 다른 모습을 가지고 있는 것처럼 보이는 것은 베일에 가려져 있기 때문이며, 베일을 걷어내고 마음의 눈을 통해 보면 그 하나된 본질, 즉 알라를 볼 수 있게 된다고 수피즘은 설명한다. 다양한 만물을 하나로 묶어 주는 것은 그 속에 숨겨져 있는 알라의 존재이다. 수피즘은 이를 유일성과 다양성(unity and multiplicity)이라는 말로 표현한다. 수피의 길은 바로 만물에 드리워져 있는 베일을 점차로 걷어 나가면서 다양성 속에 내재되어 있는 유일성을 보게 되는 과정이며, 이러한 단계에 도달하는 것이 모든 수피들의 염원인 것이다.[59]

그러면 여기서 말하는 만물의 본질로서의 알라, 만물에 내재되어 있는 알라의 개념은 무엇을 의미하는가? 거울의 이미지는 바로 이 내재하는 알라의 개념을 설명하기 위한 것이다. 다양한 생명체들은 유일한 알라를 드러내고 있는데, 인간은 마음속에 지니고 있는 거울을 통해서 그 거울 속에 비치는 알라를 보게 된다고 한다. 수피의 길은 바로 끊임없는 헌신

---

57) "… His place is hard to approach and entirely fenced in To His servants He is very mysterious …" (Ibid., p.103, 참조. p. 95). "His radiance is a blazing glow In all of us It is He who is the cup and the arak Do not look for Him far away, my boy" (Ibid., p. 99).

58) Hirtenstein, Stephen, op. cit., p. 27.

59) Vaughan-Lee, Love is a Fire: The Sufis' Mystical Journey Home(California: The Golden Sufi Center, 2000), pp. 180-183.

과 염원을 통해 이 거울을 먼지 없이 깨끗하게 닦아내는 과정이며, 거울이 깨끗해질수록 만물을 가리고 있는 베일이 점점 더 엷어지고, 점점 더 분명하게 알라의 모습이 드러나게 된다고 보고 있다.[60]

따라서 자아의 눈으로 볼 때는 알라의 모습이 숨겨진 채 외형적으로 보이는 만물의 다양성만을 보게 되지만, 자아가 사라진 마음의 눈으로 볼 때는 다양성이 사라지고 숨겨져 있던 유일한 알라의 모습이 드러나게 되는 것이다. 여기서 드러나는 알라의 모습은 알라 자신이라기보다는 다양한 만물의 거울 속에 비치는 알라의 모습이다.

거울의 이미지를 통해 수피즘에서 말하고자 하는 것은 알라가 만물의 핵심을 이루고 있다는 것인데, 이는 알라로부터 만물이 창조되었기 때문이다. 알라로부터 창조된 만물은 그 중심에 알라의 이름이 새겨져 있으며, 만물은 알라를 반영하고 있는 거울이요, 알라의 사인이다. 알라는 초월적인 존재이고 인간이 결코 알 수 없는 존재이지만, 알라의 창조물을 통해 알라의 존재를 느끼게 되고, 만물 속에 임하는 알라를 경험하게 된다는 것이 수피즘의 가르침이다. 이러한 이유로 수피들은 사랑의 단계에

---

60) 수피의 길의 마지막 단계에서 마침내 수피는 자신이 알라를 보여 주는 맑은 거울이 된다고 수피즘은 말한다. 사랑의 단계에 도달한 수피는 거울에 비친 알라와도 같아서, 거울에 비친 알라가 알라 자신은 아니지만 알라의 모습을 그대로 가지고 있는 것처럼, 수피는 알라를 그대로 보여 주는 거울로써 베일에 가려지지 않은 알라의 모습을 보여 주는 존재가 되는 것이다. 세상 모든 만물은 베일에 가려져 있는 반면, 성자들은 베일에 가려지지 않은 알라를 보여 줌으로써 사랑의 단계에 도달하지 못한 무슬림들에게 초월적인 알라를 간접적으로 보여 주는 역할을 하고 있다. 높은 영적 단계에 이르지 못한 무슬림들에게는 성자들이 내재하는 알라와 같은 존재가 되는 것이다. 참조. Vaughan-Lee, Llewellyn, *The Lover & the Serpent*(Dorset: Element, 1990), p. 121; Vaughan-Lee, *Love is a Fire: The Sufis' Mystical Journey Home*(California: The Golden Sufi Center, 2000), p. 211; Smith, Margaret, *The Sufi Path of love: an anthology of Sufism*(London: Luzac & Company, 1954), p. 135.

도달한 후 전혀 새로운 것을 보게 되는 것이 아니라 전에도 동일하게 존재하던 것을 새롭게 보게 된다고 고백한다. 즉, 자아의 눈으로 보던 것을 마음의 눈으로 보게 됨을 의미하는 것이다. 그래서 사랑의 경지에 도달한 수피들은 모두 동일하게 그렇게도 염원하고 갈망하던 알라가 늘 함께 있었음에도 전에는 알라의 존재를 깨닫지 못하고 있었다는 고백을 하고 있는 것이다.[61)]

수피들은 주로 꿈을 통해 알라로부터 오는 지식을 얻고, 알라와 대화하며, 알라의 존재를 경험한다. 꿈은 수피들에게 있어서 알라와 친밀한 관계를 맺게 되는 주요 통로 중 하나이다. 이렇듯 꿈을 통해 현현하는 알라 역시 인간 내부에 이미 존재하고 있는 '진실한 나', 즉 인간 속에 창조시부터 이미 존재하고 있던 알라의 모습을 만나는 것이다.

수피들이 꿈을 중요하게 생각하는 것은, 꿈은 눈으로 보이는 세상의 영역을 넘어 영적 영역까지도 모두 포함하고 있다는 믿음 때문이다. 이성과 자아가 잠들어 버린 꿈의 영역에서 좀더 분명하게 '진실한 나'를 만날 수 있다고 믿는 것이다. 이러한 믿음은 인간이 알라의 이미지를 따라 창조되었으므로 그 깊숙한 부분에서 신적 특성(divine qualities)을 소유하고 있다는 원리에 근거하고 있다.

수피들에게 있어서 내재하는 알라는 이러한 인간의 본성에 따라 꿈을 통해 자신을 계시하는 존재이다. 따라서 수피들이 사랑의 단계에서 얻게 되는 알라로부터 오는 지식인 마리파(marifa) 역시 알라가 이 세상 만물을 통해 어떻게 자신을 드러내며 보여 주고 있는가를 알게 되는 것을 의

---

61) Vaughan-Lee, *Love is a Fire: The Sufis' Mystical Journey Home* (California: The Golden Sufi Center, 2000), p. 182, 196-206. 참조. 루미의 시 "The World is God's pure Mirror clear… With Love's own Eyes the Mirror view…" Smith, Margaret. op. cit., p. 137.

이슬람의 사랑 개념 | 161

미한다. 수피들이 얻게 되는 지식은 이 세상이 알라를 보여 주는 거울로써 어떻게 숨겨져 있는 알라를 보여 주고 있는가를 깨닫게 되는 것이다.[62]

그러나 수피즘이 이러한 내재하는 알라의 개념을 말한다고 해서, 초월적인 알라를 부인하는 것은 아니다. 수피즘에서 자아의 죽음을 강조하는 것은 알라가 초월적인 존재이기 때문이다. 초월적인 알라는 인간과 어떠한 관계도 맺을 수 없기 때문에 자아가 살아있는 인간은 초월적인 알라와 함께 존재할 수 없고, 그래서 수피즘은 알라가 존재하면 수피가 없고 수피가 있으면 알라가 없다고 말한다. 자아가 죽은 자만이 알라의 임재 가운데 거할 수 있다는 수피즘의 원리는 초월적인 알라를 전제로 하고 있다고 할 수 있다.

또한 수피즘은 알라에 대한 경험이 결코 말로 설명될 수 없다고 말한다. 이것 역시 수피가 알라를 경험할 때 그 주체는 수피 자신이 아니기 때문이다. 인간 수피는 초월적인 알라를 결코 경험할 수 없다. 인간 수피가 가지고 있는 모든 것, 자아와 정신을 비롯한 모든 의식이 사라지고 아무 것도 존재하지 않을 때 알라의 임재는 이루어지는 것이다. 수피의 길은 인간 수피가 이러한 자기 부재(non-existence)의 상태에 도달하는 길이며, 파나(fana)와 바파(baqa)가 바로 이러한 '자유'의 상태를 의미하는 말이다.[63]

그렇기 때문에 수피즘은 수피의 길의 마지막 단계에서 하게 되는 "나는 알라다."라는 고백이 결코 신성 모독이 아니라고 말한다. 이는 단지 자신

---

62) 수피들은 이슬람의 "알라 이외에는 신이 없다."는 이슬람의 신앙고백이 바로 이 깨달음의 과정을 묘사하고 있다고 보고 있다. 수피들은 외형적인 만물의 알라가 없는 상태(There is no God)에서 본질적으로 알라만이 존재하는 상태(but God)를 깨닫게 된다는 것이다. Vaughan-Lee, op. cit., pp. 206-212. 참조. Shimmel, Annemarie, op. cit., p. 64-65.

이 완전히 사라진 상태에서 알라만이 존재하는 파나와 바파 상태의 표현이라는 것이다.

이러한 내재하는 알라의 개념을 용납할 수도, 이해할 수도 없었던 이슬람법학자들은 수피즘의 개념을 강하게 비난했다. 알라의 초월성을 위협한다는 비난을 받았던 수피즘의 대표적인 인물은 '만물의 유일성(Wahdatu'l-Wujud, Unity of Existence) 이론'으로 유명한 수피 이븐 아라비이다. 정통을 자처하는 무슬림들은 이 이론의 위험성을 강하게 지적하면서 이븐 아라비를 이단이라고 비난하였다.[64]

특히 이븐 타이미야는 수피즘이 창조물과 창조자와의 구분을 없앰으로써 알라의 초월성을 위협하고, 알라의 심판과 보상, 공의 등 이슬람의 정통 이론들에 도전한다고 비난하면서, 이븐 아라비가 바로 그러한 비이슬람적인 영향들을 집대성하여 수피즘의 이론으로 정착시킨 수피라고 보았

---

63) 바예지드 비스타미는 자신이 세 번째로 알라가 계신 곳에 이르렀을 때 그 거룩한 전(殿)도 알라도 보지 못하였다고 하면서, "알라 앞에서 나의 존재는 완전히 사라졌다. 나는 아무것도 아는 바가 없다. 내가 알라를 보았다는 것을 내가 본적이 있는가?' 하고 묻는다. 그는 이를 통해 알라 앞에서 자신은 완전히 없는 상태임을 말하고자 하는 것이다. Vaughan-Lee, op. cit., pp. 192-193.

64) 이븐 아라비에 대해서는 현재까지도 두 가지 엇갈린 반응이 존재하고 있다. 첫째는 그를 알라의 초월성을 위협하는 이단으로 보는 이븐 타이미야(Ibn Taymiyyah)로 대표되는 경향과, 둘째는 이븐 아라비를 매우 경건한 무슬림이요 참 성인이라고 보는 Firuza-badi나 Suyuti로 대표되는 경향이다. 이븐 아라비가 말하고자 했던 그의 진실한 관점이 무엇이었는가, 그는 진정 초월적 알라를 만물의 수준으로 끌어내린 범신론자였는가 아니면 알라로부터 오는 지식을 통해 참 진리를 깨달은 자였는가는 아직도 논쟁이 분분한 문제이다. 이븐 아라비의 방대한 저술 활동이 그의 심오하고 논란이 분분한 사상에 대한 완전한 이해를 더욱 힘들게 하고 있는 것도 사실이다. Husaini, S.A.Q. The Pantheistic Monism of Ibn Arabi(Lahore: Ashraf, 1970), iii & 38. 그러나 그의 '만물의 유일성' 사상은 이후 수피즘의 주요 개념으로 자리 잡았으며, 그의 개념을 받아들이지 않는 자들도 그 사상의 영향력을 완전히 벗어날 수는 없을 정도로 수피즘 내에서 그의 영향력은 대단한 것이었다. 안네마리 쉼멜, op. cit., pp. 167-168.

다. 이븐 타이미야는 이븐 아라비 이전에 가잘리(Ghazali: 1111년 사망)는 이슬람 신학만으로는 부족한 점을 지적함으로써 수피즘이 정통이슬람의 범주 내에서 할 수 있는 역할을 제시해 준 반면, 이븐 아라비에 이르러서는 강한 헬레니즘의 영향 아래에서 수피즘이 정통으로부터 벗어나기 시작했다고 주장하면서, 수피즘 이론에 대한 자신의 반론을 통해 정통을 위협하는 수피즘의 위험성을 논박했다.

이븐 타이미야에 의하면 수피즘의 사랑 개념은 초월적 알라를 인간 사랑의 대상으로 삼음으로써 알라를 지상으로 끌어내린 매우 불경건한 사상이었으며, 그러한 사랑 개념은 이슬람에서 결코 용납될 수 없는 것이었다. 또한 진정한 파나는 세상적인 것들에 분산된 사고를 알라에게만 집중시킴으로써 좀더 완전하고 집중적으로 알라를 구하게 되는 것이었다. 이는 종교적으로 권장되는 헌신의 행위를 통해 알라만을 향한 순수한 사랑과 헌신이 이루어지는 것일 뿐, 수피즘에서 말하는 것처럼 파나 상태에서 모든 사물에 실재하는 알라를 보게 된다는 것은 있을 수 없는 일이었다. 알라는 창조의 원인이요, 그 결과가 눈에 보이는 세상일 뿐이라고 꾸란은 분명하게 말하고 있는 것이다. 그에게 있어서 종교적 행위의 범주에 만족하지 못하는 수피즘의 파나 개념은 비난받아 마땅한 것이었다.[65]

이러한 이론적 반박을 통해 이븐 타이미야가 말하고자 하는 것은 인간과는 철저하게 구분되는 알라, 즉 위협받을 수 없는 알라의 초월성이며, 이것이 또한 이슬람 법학자들이 동일하게 주장하는 것이다.[66]

알라와의 연결성을 추구하는 수피들의 염원, 알라를 사랑하고 사랑하

---

65) Memon, Muhammad Umar, *Ibn Taimiya's Struggle against Popular Religion*(The Haque: Mouton, 1976), pp. 26-33. 이 책은 수피즘의 이론들에 대한 이븐 타이미야의 반론들을 자세히 소개해 주고 있다.

는 그 알라로부터 사랑받고자 하는 수피들의 갈망은 내재하는 알라의 개념으로 발전했지만, 반면에 인간과 신은 결코 만날 수 없는 존재라는 것이 이슬람 법학자들의 변하지 않는 입장이다. 인간이 신과 함께 나눌 수 있는 부분이 있다는 것, 즉 인간은 알라의 이미지를 따라 창조되었으므로 그 깊숙한 부분에서 신적 특성을 가지고 있다는 것은 그들에게 결코 용납될 수 없는 이론인 것이다.[67]

이처럼 이슬람 법학자들이 수피즘 이론의 위험성을 강조하는 것은 그것이 이슬람에서 용서받을 수 없는 가장 큰 죄로 여기는 쉬르크(shirk), 즉 알라 이외의 다른 것에 신성을 부여하는 행위라고 보기 때문이다. 이븐 아라비를 이단이라고 비난하면서 했던 말도 이븐 아라비가 성육신(incarnation, hulul)의 개념을 말하고 있다는 것이었다.[68]

그러나 이렇듯 일원론자 혹은 범신론자로 비난받는 이븐 아라비[69] 역시 알라의 초월성을 의심하지 않고 있는 것으로 보인다. 이븐 아라비는 세상을 세 개의 영역으로 나누는데, 보이는 영역(shuhud)과, 보이지 않는 영역(ghayb), 그리고 제3의 영역-이 두 영역 사이에 존재하면서 두 영역을 연결시켜 주고 있는 중간 영역(barzakh)-이 그것이다. 이븐 아라비에 의

---

66) 이븐 타이미야는 한발리 학파에서 법학을 공부했다. 이븐 타이미야의 종교적 견해에 대해서는 그의 생전에 이슬람 법학자들 사이에서 끊임없는 논쟁이 있었지만, 그럼에도 불구하고 그의 사후 그의 견해는 정통이슬람을 대표하는 것으로 받아들여지고 있다. 참조. Haque, Serajul, *Imam Ibn Taimiya and his Projects of reform*(Dhaka-2: Islamic Foundation, 1982); Husaini, S.A.Q. *The Pantheistic Monism of Ibn Arabi*(Lahore: Ashraf, 1970), p. 38; Geisler, Norman L., & Saleeb, Abdul, *Answering Islam: The Crescent in the Light of the Cross*(Michigan: Baker, 1998), p. 47.

67) Memon, Muhammad Umar, *Ibn Taimiya's Struggle against Popular Religion*(The Haque: Mouton, 1976), p. 86.

68) Husaini, S.A.Q. *The Pantheistic Monism of Ibn Arabi*(Lahore: Ashraf, 1970), p. 38.

69) 후사이니는 앞의 책에서 이븐 아라비의 이론은 범신론적 일원론이라고 주장한다.

하면 초월적인 알라와 인간은 눈에 보이는 영역인 지상에서는 결코 만날 수 없는 존재이고, 눈에 보이지 않는 영역은 초월적인 알라에게 속한 영역이므로, 알라의 임재가 이루어지는 것은 그 중간 영역인 제3의 영역이다. 그러나 알라의 임재 가운데에서도 여전히 인간은 알라를 모두 알 수는 없는데, 그것은 알라가 너무나 위대하고 초월적인 존재이기 때문이라는 것이 그의 설명이다.[70]

또한 신과의 하나됨을 말하는 수피즘도 신의 실재적인 내재를 의미하는 훌룰(Hulul)의 개념을 적극적으로 부인하고 있으며, 이븐 아라비도 예외는 아니다. 수피즘은 파나의 개념이 이단적 개념인 훌룰과는 달리 알라의 임재 앞에서 수피 자신이 없는 상태(nullification)를 의미하는 것이라고 강조한다.[71]

수피즘에서 거울 이미지와 알라의 사인을 말하는 것도 훌룰 개념과의 차이를 분명히 하기 위해서이다. 마찬가지로 이븐 아라비도 분명하게 알라는 베일에 가려져 있으며, 만물은 알라의 사인을 지니고 있다고 말하면서 훌룰의 개념을 부인하고 있다.[72]

그러나 이와 같이 명백한 이단인 훌룰의 개념은 부인하면서도 결과적으로 알라와 인간과의 관계성을 포기하지 않고, 오히려 꾸란의 구절들을 통해 그러한 이론의 합법성을 제시하는 수피즘에 대해, 이븐 타이미야를 비

---

70) Ibn `Arabi, *The Seven Days of the Heart: Prayers for the nights and days of the week* trans. by Pablo Beneito and Stephen Hirtenstein(Oxford: ANQA, 2000), pp. 7-8. 이 외에도, Ibn `Arabi, *The Seven Days of the Heart*에 수록되어 있는 이븐 아라비의 기도문에는 알라의 초월성을 고백하는 구절들이 여러 곳에 나와 있다. 참조, 안네마리 쉼멜, Ibid., pp. 168.

71) Shimmel, Annemarie, Ibid., p. 144.

72) Ibn `Arabi, op. cit., p. 39.

롯한 강경한 입장에서는 수피들이 실재적인 의미를 혼란시키고 있다면서 이는 정통이슬람으로부터의 보복이 두렵기 때문이라고 비난하고 있다.[73]

더 나아가 그들이 증거로 제시하는 꾸란 구절들에 대해서도 꾸란 구절을 교묘히 이용하여 원하는 곳에 끼워 맞추고 적절한 꾸란 구절이 없을 때는 하디스의 내용을 끌어다 붙인다고 비난하면서 정통적인 개념을 파괴시키고 있다고 경고한다.(Husaini, 1970:38)[74]

이러한 신관의 차이, 즉 내재하는 알라의 개념은 수피들에게 이슬람 법학자들이 제시할 수 없는 새로운 차원의 신앙의 길을 열어 주었다. 이슬람 법학자들에게 있어서 알라의 사랑은 종교적인 의무를 제시해 주는 것으로, 또한 그 알라에 대한 인간의 사랑은 알라의 명령에 대한 복종으로 나타났지만, 수피즘의 내재적인 알라는 인간과 사랑을 주고받으면서 인간과 관계성을 가질 수 있는 인격적인, 임재하는 알라의 개념을 제시해 준 것이다.

(4) 인격적인 알라

무하마드 이끄발(Muhammad Iqbal: 1938년 사망)은 개인적인 영성에 눈뜨게 함으로써 무미건조한 무슬림들의 영적 생활을 깨워준 할라즈의 공헌을 지적하면서, 그렇기 때문에 살아있는 알라에 대한 생생한 증언을 두려워하는 이슬람 법학자들과 대치할 수밖에 없었다고 평가한 바 있다.[75]

이러한 수피즘의 신앙은 수피들의 채택한 세 가지 신앙 규범인 이슬람

---

73) Memon, op. cit., p. 30.

74) Husaini, op. cit., p. 38.

75) Shimmel, op. cit., p. 76.

(islam)과 이맘(iman), 그리고 이산(ihsan)에서도 잘 나타나고 있다. 이슬람은 알라의 뜻에 대한 완전한 복종과 꾸란의 명령에 대한 전적인 수용을, 이맘은 꾸란에 계시되어 있는 알라의 모든 말씀에 대한 믿음을 의미한다. 꾸란에도 제시되고 있는 이러한 두 가지 신앙 규범에 더하여 수피들은 이산의 개념을 함께 말하고 있다. 이산은 '항상 알라를 보고 있다는 자세로 알라를 경배하라' 는 뜻으로, 이는 매순간 알라가 임재하고 있음을 의식하면서 두려움과 존경심을 가지고 긴장을 늦추지 말라는 것을 의미한다. 수피들에게 있어서 알라는 그들이 있는 곳에 임재하여 늘 그들을 보고 있는 존재인 것이다.[76]

수피들에게 있어서 이러한 알라는 또한 자신의 기도를 듣고, 그 기도에 응답하며 반응하는 인격적인 알라였다. 이후의 모든 세대 수피들에 의해 반복되고 애송되었던 라비아의 기도는 사랑하는 자와 사랑받는 자 사이의 달콤한 대화로 일컬어지고 있다. "알라시여, 밤이 지나고 새벽이 밝아옵니다. 내 기도를 당신께서 들으셨는지요. 나를 위로해 주실 분은 당신뿐이십니다. 당신은 내게 생명을 주셨고, 나를 돌봐 주시는 영광을 받으실 분입니다. 나를 문전에서 쫓아내실지라도 나는 당신을 떠나지 않을 것입니다. 나는 당신을 사랑하기 때문입니다." [77]

이븐 아라비에게 있어서 역시 알라는 자신의 종들에게 자신을 부를 것을 요청하고, 부를 때에 기꺼이 응답하는 존재였다. 이븐 아라비의 기도문은 알라의 임재를 경험하며, 알라에게 말로 드릴 수 있는 가장 아름답고 적절한 본문으로 오랜 세월동안 애송되었는데, 같은 기도문이라도 알

---

76) Ibid., p. 29. 참조. Hirtenstein, op. cit., p. 126.
77) Ibid., p. 40.

라와 사랑의 단계에 이른 자에게 있어서 기도는 단순히 기도문을 읊조리는 반복적인 행위가 아니라 알라와의 친밀한 대화로 변하게 된다고 설명한다. 그런 의미에서 수피즘에서 기도는 알라와 대화하는 수피의 말의 기록이며, 비록 한편에서 하는 말만 기록되어 있지만 그 기도에 응답하는 알라가 전제되어 있는 것이다.[78]

라비아의 예에서도 알 수 있듯이 수피즘 초기부터 기도를 들으시고 응답하는 알라의 개념이 존재하고 있었다. 초기 수피였던 라지(Razi)는 그래서 사랑의 작은 씨앗이 사랑 없는 70년간의 종교행위보다 낫다고 하면서 무한한 자비를 가지고 기도를 들으시는 알라를 말하고 있고, 니파리(Niffari, Muhammad ibn Abdu'l-Jabbar: 965년 사망)는 기도가 알라의 선물이라고 고백하고 있다.[79]

수피가 파나의 단계에 도달하기까지 수피를 인도하는 스승도 알라이고[80] 마침내 사랑의 단계에 도달하여 경험하게 되는 것 역시 알라와의 대화이다. 수피들이 염원하는 사랑의 단계는 다른 말로 하면 인격적인 알라를 만나게 되는 단계인 것이다. 바예지드 비스타미(Bayezid Bistami)는 자신의 파나 경험을 묻는 조카에게 알라의 음성을 들었다고 말하고 있다. "바예지드야 너는 나를 감당하기에는 너무 연약한 존재다."라는 알라의 음성에 대해 자신은 "그것이 바로 제가 원하는 것입니다."라고 답하자 "네가 드디어 진리를 깨달았구나!"하는 알라의 음성을 들었다는 것이다(Shimmel, 1975:48).[81]

---

78) Ibn `Arabi, op. cit., pp. 3-6, 23.

79) Shimmel, op. cit., p. 51, 81. 참조. Smith, op. cit., pp. 121-2, 129.

80) 세상을 향하고 있는 수피의 눈을 돌려 알라에게로 향하게 하는 분은 바로 알라이시다. Nafasi, Smith, op. cit., p. 141.

이러한 인격적인 알라는 수피에게 현현하여 자신을 계시하며 사랑을 전하는 존재로 그려지고 있다. 이븐 아라비는 알라를 사모하는 신실한 자들에게 알라가 다양한 모습으로 현현하는데, 이처럼 현현하는 모습이 다양한 것은 알라에 대한 다양한 이해 때문이라고 말하고 있다. 지상에서의 알라에 대한 이해는 부분적일 수밖에 없기 때문에, 인격적인 알라는 사랑하는 종이 자신을 이해하고 있는 모습으로 그에게 현현한다는 것이다.[82]

이것은 바로 루즈비한(Ruzbihan)이 자신에게 현현한 알라에게 직접 물은 질문이기도 했다. 루즈비한에게 나타난 알라는 "네가 나를 의심하기 때문에 형상화한 모습으로 네게 나타나는 것이다. 그러면 네가 나를 친밀하게 느끼고 나를 사랑할 것이기 때문이다."라고 분명하게 말한다. 루즈비한에게 있어서 알라는 사랑하는 자의 의문에 응답하고 사랑을 베푸는 존재였다. 루즈비한의 기록은 이러한 인간의 모습으로 나타난 알라에 대한 환상의 경험으로 가득 차 있다. 그에게 있어 인간의 형상으로 현현하는 알라는 매우 자연스러운 것이었으며, 그것은 알라에 대한 이해를 돕기 위해서 그에게 꼭 필요한 것이기도 했다.[83]

이러한 인격적인 알라는 무한한 자비와 사랑을 가진 존재로 수피즘에서 그려지고 있다. 라지(Ar-Razi)의 기도는 무력한 죄인과 그러한 구제할 수 없는 죄인의 죄를 사해 줄 수 있는 무한한 자비와 사랑의 알라에 대한 고백을 담고 있다.

---

81) Shimmel, op. cit., p. 48.
82) Smith, op. cit., pp. 133-134, 126. 참조. 알라를 인간의 형태를 지닌 존재로 생각하는 것에 대해서는 전통적으로 강한 비판이 제기되어 왔으며, 꾸란에 나타난 알라를 의인화하려는 경향과 그러한 의인화를 철저히 배격하려는 경향 사이에는 늘 긴장이 있어 왔다. Ernst, Carl W., Ruzbihan Baqli: Mysticism and the rhetoric of sainthood in Persian Sufism (Richmond: Curzon Press, 1996), p. 68.

알라시여, 당신께서는 반역자인 바로에게 모세와 아론을 보내시면서 말씀하셨습니다. "그에게 부드럽게 권유하라." 주님, 당신께 반역하는 자에게도 그와 같은 자비를 보이셨다면, 당신을 진실로 따르고자 하는 자를 향한 당신의 자비하심은 어떠하겠습니까? … 알라시여, 죄인인 제가 어찌 당신을 부를 수 있겠습니까? 그러나 알라시여, 자비하신 당신을 제가 어찌 부르지 않을 수 있겠습니까?

라지는 죄를 지을 수밖에 없는 인간의 무력한 상태를 인정하면서, 모든 죄를 사해 주실 수 있는 알라의 능력을 굳게 믿었다. 그에게 있어서 인간은 알라의 사랑을 절대적으로 필요로 하는 존재이며, 알라는 또한 그런 무력한 인간을 향한 무한한 자비를 지닌 존재였다.[84]

루미도 마찬가지로 죄의 사슬을 끊을 수 있는 것은 알라의 사랑밖에 없다고 읊고 있다.[85]

또한 이븐 아라비는 12세의 어린 나이일 때부터 알라로부터 환상을 보기 시작했다고 전해지는데, 환상들을 통해 그가 깨닫게 된 것은 무한한 알라의 자비와 사랑이었다. 그에게 있어서 알라는 무한한 축복을 인류에게 내려 주시는 분이며, 인간은 모두 알라의 축복의 대상이었다. 이러한 무한한 자비의 알라 개념은 이븐 아라비에게 지옥이 영원히 불행을 겪을 수밖에 없는 영원한 형벌의 장소일 수 없다는 데에까지 나아가게 했다. 그에게 있어서 지옥은 일시적인 것이며, 알라의 자비로 인해 언젠가는 모든 인간이 지옥에서 벗어나게 될 것이었다. 이 세상에 용서받지 못할 정도로 큰 죄는 없는 것이다.[86]

이러한 죄의 개념, 지옥의 개념은 이슬람 법학자들이 제시하는 것과 다

---

83) Ernst, op. cit., p. 68, 72.

84) Shimmel, op. cit., p. 52.

85) Smith, op. cit., p. 137.

른 것이었고, 이것이 바로 이븐 타이미야를 비롯한 이슬람 법학자들로부터 수피즘이 이슬람의 정통 개념인 공의와 심판 개념을 위협하는 위험한 사상이라고 비난받는 이유이다. 이슬람 신학에서는 인간의 끊을 수 없는 죄성과, 무기력한 죄인인 인간의 개념을 부인하고 있으며,[87] 심판의 날에 대한 믿음은 이슬람에서 강조하는 다섯 믿음 중 하나로, 심판의 날에 자신의 행위대로 심판받아 천국과 지옥에 가게 된다고 설명한다.[88]

수피즘에서 강조하는 형제사랑의 개념 역시 인격적인 무한한 자비의 알라를 만난 자들만이 말할 수 있는 이웃에 대한 사랑을 잘 나타내 주는 개념이다. 수피즘에서 사랑의 단계에 도달한 수피들은 알라를 닮은 자들이요, 알라와 하나됨을 통해 신성을 덧입은 자들로써 인간을 향한 알라의 무한한 자비를 형제에게 실천하는 자들이다. 이븐 아라비는 기록된 법에 따라서만 행동하면서 사랑의 마음이 없는 이슬람 법학자들을 향해 자기 스타일대로 법을 해석하는 자들이라고 강하게 비판하고, 그들과 공개적으로 논쟁을 벌이기도 했다. 또한 무한한 사랑의 실천자로써 백성들을 대신해 왕에게 용서를 강조하고, 자비를 요청하기도 했다.[89]

아불-하산 안-누리(Abu'l-Hasayn an-Nuri: 907년 사망)는 가장 진

---

86) Hirtenstein, op. cit., pp. 65, 120-121. 참조, 이븐 아라비는 모든 창조물 중에서 인간만이 알라의 형상을 따라 창조된 유일한 창조물이지만, 인간은 그러한 모습을 잃어버렸다고 말함으로써, 그 역시 인간의 죄된 모습을 인정했다(Hirtenstein, op. cit., p. 180).

87) 꾸란에도 인간이 본질적으로 약한 존재라는 기록이 존재하지만(14:34, 37; 33:72; 28:32; 11:9, 12-10, 13; 16:4; 96:6 등) 이러한 본문들이 인간의 어쩔 수 없는 죄성으로 이해되고 있지는 않으며, 인간은 알라의 자비를 필요로 하기는 하지만, 스스로 선행을 행함으로써 구원에 이르게 된다고 설명한다. Geisler & Saleeb, Abdul, *Answering Islam: The Crescent in the Light of the Cross* (Michigan: Baker, 1998), pp. 40-45, 122-126. 참조. 'III, E.1.1) 인간을 향한 알라의 사랑'.

88) Memon, Muhammad Umar, *Ibn Taimiya's Struggle against Popular Religion* (The Haque: Mouton, 1976), op. cit., p. 44.

정한 영성은 형제 사랑으로 표현된다고 보았으며, 그에게 그것은 바로 타인을 자신보다 더 우선하는 것을 의미하는 것이었다.[90]

할라즈는 종교적 의무보다도 형제사랑을 더 우선시하는 데에까지 나아간 수피였다. 그는 순례를 행하는 것보다 고아들을 초청하여 음식을 베풀고 옷을 입히고 그들을 기쁘게 해 주면서 마지막 날의 잔치를 준비하라고 사람들에게 가르쳤다.[91]

할라즈의 이러한 형제애는 물론 정통이슬람에서는 결코 용납할 수 없는 것이었다. 그러나 할라즈나 이븐 아라비를 비롯한 수피들이 결코 종교적 의무를 소홀하게 생각한 것은 아니었다. 이븐 아라비를 비롯하여 루즈비한이나 다른 많은 수피들이 메카를 순례했다는 기록이 있고, 그들을 따르는 추종자들에게도 종교적 의무를 지킬 것을 가르쳤다고 전한다. 티르미디(Tirmidhi)의 작품을 통해 알 수 있는 것은 성자 개념이 발전되기 시작한 매우 초기 단계부터 이미 종교적 의무를 중요하게 생각했으며, 결코 무시되어서는 안 되는 것으로 강조되고 있다는 사실이다. 티르미디는 수피가 알라에게 다가가기 위해서는 종교적 의무를 반드시 지켜야 하며, 종교적 의무로 규정하고 있는 것 이상을 행할 때 알라에게 가까이 가는 길이 열리게 된다고 설명하고 있다. 성자들은 종교적 의무를 결코 소홀히 하지 않는 자들이며, 오히려 이를 철저하게 준수하면서, 종교적인 금기들을 지키는 자들이다. 무엇보다도, 사람들을 성스러운 법인 'shari'ah'로 이끄는 것은 성자의 중요한 역할 중 하나였다.[92]

---

89) Hirtenstein, op. cit., pp. 65-66, 184-185.
90) Shimmel, op. cit., p. 60.
91) Ibid., p. 71.
92) Radtke, (1996), pp. 91-92, 118.

이들을 비난하는 이슬람 법학자들 역시 그들이 종교적 의무를 게을리 했다고는 말하지 않는다.[93]

사랑의 단계에 오른 수피들이 종교적 의무를 지키는 것을 매우 중요하게 생각함에도 불구하고 그에 못지않게 형제사랑을 강조할 수 있었던 것은, 수피들이 내재하는 알라를 통해 인간과 인격적인 관계를 맺으며 사랑을 주고받는 알라의 무한한 사랑을 보았기 때문이다. 이슬람 법학자들이 제시하는 초월적 알라는 은혜의 방편으로 종교적 의무를 제시했지만, 수피즘의 내재하는 알라는 인격적인 무한한 사랑을 지닌 존재였고, 이러한 알라의 사랑을 실천하는 자들로써 사랑의 단계에 오른 수피들에게는 이웃사랑이 종교적 의무 못지않게 매우 중요한 것이었던 것이다. 이러한 이유로 이븐 아라비는 무슬림 대중들에게 도움을 주는 자로서의 성자의 개념을 말하면서, 수피의 길의 초기에는 은둔 생활이 필요하지만 사랑의 단계에 도달한 자들은 대중 가운데 거해야 한다고 가르친다.[94]

가난한 자들에게 영적인 위로를 주며, 그들의 필요를 채워 주고, 알라의 뜻을 대중들에게 전하는 중재자로서의 역할이 수피들에게는 매우 중요한 것이다.[95]

---

93) 아파르는 라비아(Rabia)가 신실하게 기도와 금식, 순례 등의 의무들을 행했다고 기록하고 있고; Shah Ni'matullah는 수피즘에서 이방적인 요소들을 추방하고자 노력하면서 법을 철저히 지킬 것을 강조했다. Nurbakhsh, Javad, *Masters of the Path: A History of the Masters of the Nimatullahi Sufi Order*(NewYork: Khaniqahi-Nimatullahi Publications, 1980), p. 50; al-'Alawi는 정통 무슬림은 바로 종교적 의무를 철저하게 지키는 자들이라고 규정하고 있다. Lings, Martin, *A Moslem Saint of the twentieth century, Shaykh Ahmad al-'Alawi: His spiritual heritage and legacy*(London: George Allen & Unwin, 1961), p. 23. 참조. Chittick, William C., 'Ibn *"Arabi and His School" in Seyyed Hossein Nasr ed., Islamic Spirituality: Foundations*(New York: SCM Press, 1985), p. 49; Ernst, Ibid., p. 2; Shimmel, op. cit., p. 35.

(5) 사랑의 특징: 패러독스

알라와 하나가 되는 단계인 사랑의 단계에 도달한 수피들만이 경험하게 되는 내재하는 알라의 개념과 그 알라를 통해 깨닫게 되는 인격적이고, 임재하는 무한한 사랑의 알라 개념은 이슬람 법학자들이 결코 용납할 수 없는 개념이었고, 끊임없이 정통성의 시비를 불러일으켰다. 유일신인 알라는 초월적이며 동시에 내재할 수 없는 존재이기 때문이었다. 그러나 수피즘은 초월적인 알라를 인정하고 있음을 분명히 하면서도 내재하는 알라의 개념을 포기하지 않는다. 알라는 초월적인 존재이기 때문에 알라와 하나됨을 경험하기 위해서는 자아가 완전히 사라져야 한다고 하면서, 이성적으로 이해되지 않는 이 단계는 경험해 보지 않고는 결코 설명될 수 없다는 말로 대신할 뿐이다.

이러한 이슬람 법학자들과의 대립과 말로는 표현될 수 없는 사랑의 단계에 대한 설명은 사랑의 개념에 대한 수많은 역설적인 표현을 낳았다. 알라와 하나가 되기 위해서는 자아가 사라져야 한다는 것 자체가 역설이며, 한 수피는 꿈의 내용을 설명하면서 "분명 나의 눈이었으나, 나의 눈이 아니었다."라고 말한다. 초월적인 존재인 알라는 분명 인간과 다른 존재이지만, 인간의 내부 깊숙한 곳을 차지하고 있는 분이라는 수피즘의 개념에 대한 표현인 것이다.[96]

94) Chodkiewicz, Michel, *Seal of the Saint: Prophethood and Sainthood in the Doctrine of Ibn 'Arabi, translated by Liadain Sherrard*(Cambridge: The Islamic Texts Society, 1993), pp. 55-56, 147-172.

95) Trimingham, J. Spencer. *The Sufi Orders in Islam*(London: Oxford University Press, 1971), p. 230.

96) Vaughan-Lee, Llewellyn, *The Lover & the Serpent*(Dorset: Element, 1990), p. 122.

할라즈는 "알라에게 헛된 희망을 갖지도 말고, 그를 향한 너의 희망을 버리지도 말라. 알라의 사랑을 구하지도 말고, 사랑의 알라를 포기하지도 말라."라는 말로 사랑의 신비를 표현했다.[97]

알라는 창조물 가운데 계시지 않는 초월적인 존재이나, 역설적으로 모든 창조물은 본질적으로 그를 드러내고 있고, 따라서 언제나 계신 분이다. 그는 만물 가운데 숨어있지만, 만물을 통해 자신을 드러내고 계신 분이시며, 인간도 그 신비의 일부인 것이다.[98]

"사랑의 개념만큼 미묘하고 설명하기 어려운 것은 없다."는 '사랑하는 자(the lover)'라는 별명을 가진 숨눈 알-무힙(Sumnun al-Muhibb; 900년 사망)의 말이 설명해 주듯이,[99] 수피들의 사랑에 대한 표현은 신비와 역설로 가득 차 있다. 사랑의 신비를 깨닫게 되는 것은 오직 알라로부터 오는 지식, 깨달음을 통해서만 가능한 것이다.[100]

4. 결론

정통이슬람과 수피즘은 모두 사랑의 알라를 고백한다. 그러나 이슬람 법학자들과 수피들이 믿는 알라는 동일한 존재요 똑같이 사랑을 베푸는

---

97) Shimmel, op. cit., p. 71.

98) Vaughan-Lee, *Love is a Fire: The Sufis' Mystical Journey Home*(California: The Golden Sufi Center, 2000), p. 182.

99) Ernst, Carl W., "The Stages of Love in Early Persian Sufism, from Rabi'a to Ruzbihan", in Leonard Lewisohn ed., *Classical Persian Sufism: from its origins to Rumi*(London: Khaniqahi Nimatullahi Publications, 1993), p. 455.

100) Shimmel, op. cit., p. 140.

존재이지만, 정통이슬람에서 인간을 향한 알라의 사랑이 종교적 의무로 나타나고, 알라를 향한 인간의 사랑은 알라의 명령에 대한 복종으로 나타나는 반면, 수피즘은 신과 인간 사이에 이루어지는 상호적인 사랑의 개념을 말하고 있다. 이슬람 법학자들이 말하는 알라는 인간이 근접할 수 없으며 따라서 인간과 그 어떠한 관계성도 가질 수 없는 초월적인 존재이지만, 수피들은 알라에게 근접하기를 시도하고, 또한 수피들이 믿는 알라는 사랑받기를 원하는 초월적이면서도 동시에 내재하는 존재인 것이다.

  수피즘에서 이해하는 이러한 내재하는 알라의 개념은 수피들에게 새로운 차원의 신앙의 길을 열어 주었다. 그것은 수피의 기도를 듣고 그 기도에 응답하는 인격적인 알라, 기도를 통해 대화하는 알라, 수피에게 현현하여 사랑을 전하는 알라였다. 또한 이러한 인격적인 알라는 무한한 자비와 사랑을 가진 존재로서, 알라의 무한한 사랑을 깨달은 수피들은 그 사랑을 실천하는 자들이 되어, 종교적 의무에 못지않게 형제에 대한 중요한 사랑을 깨닫게 해 주었다.

참고 문헌

Anderson, Norman. *God's Law & God's Love*. London: Collins, 1980.

Chittick, William C. "Ibn Arabi and His School" in Seyyed Hossein Nasr ed., *Islamic Spirituality: Foundations*. New York: SCM Press, 1985, pp. 49-79.

Chodkiewicz, Michel. *Seal of the Saint: Prophethood and Sainthood in the Doctrine of Ibn 'Arabi* translated by Liadain Sherrard. Cambridge: The Islamic Texts Society, 1993.

Copleston, F.S. *Christ or Mohammed?: The Bible or the Koran?* Herts: Islam's Challenge, 1989.

Ernst, Carl W. "The Stages of Love in Early Persian Sufism, from Rabi'a to Ruzbihan" in Leonard Lewisohn ed., *Classical Persian Sufism: from its origins to Rumi*. London: Khaniqahi Nimatullahi Publications, 1993, pp. 434-455.

Ernst, Carl W., *Ruzbihan Baqli: Mysticism and the rhetoric of sainthood in Persian Sufism*. Richmond(Surrey): Curzon Press, 1996.

Fatemi, Nasrollah S., Faramarz S., and Fariborz S. *Love, Beauty and harmony in Sufism*. London: Thomas Yoseloff, 1978.

Gardner, W.R.W. *The Qur'anic Doctrine of God*. Madras: The Christian Literature Society for India, 1916.

Gardner, W.R.W. *The Qur'anic Doctrine of Salvation*. London: The Christian Literature Society for India, 1914.

Geisler, Norman L. & Saleeb, Abdul, *Answering Islam: The Crescent in the Light of the Cross*. Michigan: Baker, 1998.

Hamzah Fansuri. *The poems of Hamzah Fansuri*. ed. with an introduction, a translation, and commentaries, accompanied by the Javanese translations of two of his prose works by G.W.J. Drewes and L.F. Brakel, Dordrecht: Foris Publications, 1986.

Haque, Serajul. *Imam Ibn Taimiya and his Projects of reform*. Dhaka-2: Islamic Foundation, 1982.

Hirtenstein, Stephen. *The Unlimited Mercifier: The spiritual life and thought of Ibn `Arabi*. Oxford: ANQA, 1999.

Husaini, S.A.Q. *The Pantheistic Monism of Ibn Arabi*. Lahore: Ashraf, 1970.

Ibn `Arabi. *Sufis of Andalusia*. tran. with Introduction and Notes by R.W. Austin, Sherborne: Beshara Publications, 1988(1971 first edn.).

Ibn `Arabi. *The Seven Days of the Heart: Prayers for the nights and days of the week*. trans. by Pablo Beneito and Stephen Hirtenstein, Oxford: ANQA, 2000.

Lings, Martin. *A Moslem Saint of the twentieth century, Shaykh Ahmad al-'Alawi: His spiritual heritage and legacy*. London: George Allen & Unwin, 1961.

Memon, Muhammad Umar. *Ibn Taimiya's Struggle against Popular Religion*. The Haque: Mouton, 1976.

Musavi Lari, Sayyed Mujtaba. *God and His attributes: Lessons on Islamic Doctrine*. (Book one), trans. by Hamid Algar. Potomac: Islamic Education Center, 1989.

Nicholson, R.A. *The mystics of Islam*. London: Routledge and Kegan Paul, 1914.

Nurbakhsh, Javad. *Masters of the Path: A History of the Masters of the Nimatullahi Sufi Order*. NewYork: Khaniqahi-Nimatullahi Publications, 1980.

Rahman, Fazlur. *Islam*. London: Weidenfeld and Nicolson, 1966.

Rahman, Tanzil-ur. *Essays on Islam*. Lahore: Islamic publicaitons, 1988.

Shimmel, Annemarie. *Mystical Dimensions of Islam*. Chapel Hill: The University of North Carolina, 1975.

Smith, Margaret. *The Sufi Path of love: an anthology of Sufism*. London: Luzac & Company, 1954.

Vaughan-Lee, Llewellyn ed. *Travelling the Path of Love: Sayings of Sufi Masters*. California: The Golden Sufi Center, 1995.

Trimingham, J. Spencer. *The Sufi Orders in Islam*. London: Oxford University Press, 1971.

Vaughan-Lee, Llewellyn. *The Lover & the Serpent*. Dorset: Element, 1990.

Vaughan-Lee. *Love is a Fire: The Sufis' Mystical Journey Home*. California: The Golden Sufi Center, 2000.

안네마리 쉼멜 지음. 김영경 옮김. 『이슬람의 이해』 서울: 분도 출판사, 1999.

서평

『기독교와 이슬람의 대화』

『기독교와 이슬람』

A History of Christian-Muslim Relations

Ministry to Muslim Women

『빼앗긴 얼굴』

『이슬람의 딸들』

Called from Islam to Christ

『기독교와 이슬람의 대화:

아랍 그리스도인이 본 이슬람』

(쇼캣 모우캐리 지음, 한국이슬람연구소 옮김, 예영커뮤니케이션, 2003)

박성은(한국이슬람연구소 연구원)

기독교와 이슬람의 변증론적인 대화는 무함마드 때부터 있어 왔다. 저자는 아랍인 그리스도인으로서 그리스도인과 무슬림 공동체에 대한 이해를 경전에 비추어서 풀어나가고 있다. 저자는 두 종교가 선교공동체임에도 불구하고, 경전을 통한 상호 비교를 통해서 어떤 종교든지 자유롭게 선택할 수 있게 될 때, 진정한 종교 간의 대화가 가능하다고 주장한다. 대다수의 나라에서 종교의 자유가 인정되고 있음에도 불구하고, 일부 이슬람 국가에서 타종교로의 회심이 제도적으로 불가능하도록 규정함으로써 다양한 종교의 앎을 통한 진리 선택의 자유를 제한하는 것은 하나의 모순이 아닐까.

이슬람에 대한 저자의 접근이 회유적이고 타협적이며 아랍 성향이라고 보는 그리스도인도 있을 수 있고, 한편 무슬림 독자들은 그리스도인에 의한 이 연구가 기독교적 편견을 가진 것이 아니냐고 반문할 수도 있다. 종교 간의 대화가 객관적인 태도로만 일관하기에는 어려움을 지녔음에도 불구하고, 상대를 존중하고 타종교를 공정하게 대할 때 대화에 많은 진보가 있으리라.

기독교와 이슬람은 대화의 필요성을 인식하면서도, 대화하기에 어려운 종교 · 역사 · 정치적인 무수한 갈등들을 안아온 것이 현실이다. 저자는 기독교와 이슬람을 보다 객관적으로 비교하기 위해 그리스도인과 무슬림 공동체의 현실보다는 각 종교의 경전에 기초하여 그의 입장을 제시하고 있으며, 경전의 해석에 있어서는 복음적인 성경의 가르침과 순니 무슬림들의 꾸란 이해를 중심으로 전개하고 있다

　이슬람과 기독교 모두 유일신 하나님을 말하면서도, 이슬람의 하나님과 기독교의 하나님 개념은 많은 차이를 지닌다. 저자는 단일신으로서 유일신을 말하는 이슬람의 하나님과, 삼위일체 하나님으로서의 기독교 하나님을 인식한다. 기독교의 하나님은 삼위의 관계뿐만 아니라 인간과의 관계성을 중요시하는 하나님으로 설명된다. 예수를 통해 스스로를 계시하시는 기독교의 하나님은 고난과 신비의 십자가를 통해 인간과의 관계 속에서 무한한 사랑을 말씀하신다. 반면 이슬람에서는 하나님의 자비를 이야기하지만 그분의 예언자가 고난당하는 것은 이성적으로 납득이 가지 않는 것으로 지적하고 있다. 서로 같은 재료를 이용하면서도 확연히 다른 양자의 신 인식과, 무함마드와 예수에 대한 이해, 십자가와 부활에 대한 이해를 주석가들의 해석을 이용하면서 잘 설명하고 있다. 특히 저자는 이러한 변증론적인 경전의 연구를 통해서 진리에 대한 자유로운 선택의 권리를 이야기하고 있다.

　그리고 하나님의 형상을 따라 지음 받은 최고의 작품인 인간에 대한 사랑을 삼위일체 하나님과의 관계 속에서 이야기하고 있다. 또한 하나님의 사랑을 받은 자는 율법의 행위가 아닌 그 신실한 사랑에 대한 사랑의 응답으로, 이웃을 어떻게 사랑하고 대해야 할 것인가를 성서의 여러 비유들을 통해서 강조하고 있다.

더불어 기독교와 이슬람의 대화에 대해 말할 때, 외면할 수 없는 오랜 역사적인 관계에 대해서도 말하고 있다. 기독교와 이슬람의 충돌은 부정적인 영향을 미쳤고, 십자군과 식민주의는 그리스도인들과 무슬림 사이의 관계를 상당히 악화시켜 왔다. 저자는 아랍 그리스도인으로서 그리스도인-무슬림 관계가 얼마나 광범위한 역사적인 상황을 통해 형성되고 있는지를 인식하면서, 중동에서의 충돌과 서구 유럽에서의 무슬림 이주자들의 문제, 그리고 이스라엘과 팔레스타인의 난제들에 대한 이야기도 하고 있다. 그리고 이 어려운 난제에 가능한 편견 없이 성서로 돌아가 답변을 제시하며, 무슬림들이 하나님의 사랑을 나눌 이웃임을 이야기한다.

　본서는 기독교와 이슬람의 관계에 대한 답변을 독자들 스스로 선택하게 하는 좋은 안내서가 될 것이다.

『기독교와 이슬람: 문화의 경계를 넘어 만난 이슬람』

(전재옥 지음, 이화여자대학교 출판부, 2003)

김홍기(감리교신학대학교 교수)

전재옥 교수가 파키스탄 선교 16년의 경험과 선교학 교수로서의 가르침을 통하여 학문과 실천의 종합적이고 통전적인 시각에서 쓴 『기독교와 이슬람』이라는 본서는 많은 감동을 불러일으킨다.

무엇보다도 문화적 접근의 선교방법이 인상적이다. 정치군사적 · 신학적 접촉은 항상 불행한 역사를 반복하여 왔음을 지적하면서, 이슬람 문화를 사랑하고 존경하면서 문화적 경계를 넘어설 뿐 아니라 그들의 문화에 동화하고 성육신하여야 함을 저자는 강조한다. 더불어 문화를 이해한다는 것은 선교적 접촉을 위하여 매우 중요하다고 주장한다. 신학적 접근보다 문화적 접근이 더 영향력이 있다는 것이다.

무슬림을 한 독특한 문화에 젖어 있는 이웃으로 만나는 것은 그들로부터 배우고자 하는 태도와 그들에 대한 관심을 갖게 한다는 것이다. 성과 속의 구별이 없는 무슬림 문화, 개인주의적 행동은 인정되지 않고 공동체적 삶을 중요시하는 무슬림 문화, 손님 대접을 중요하게 생각하는 무슬림 문화, 가족과 친지들이 모여 함께 이야기하고 풍성한 음식을 나누는 형제애를 가진 무슬림 문화, 철저한 규칙을 만들어 순종하게 하는 윤리 · 도덕적 행위

중심의 무슬림 문화, 하루에 다섯 번 기도하는 무슬림 문화 등은 기독교인들도 배우고 존경해야 하는 좋은 문화라는 것을 저자는 강조한다.

특히 성육신 선교의 모델인 예수를 본받아야 함을 주장한다. 예수의 선교 모델은 개종을 권하거나 내 편을 만드는 것이 아니라, 그들의 상황에 성육신하여 삶을 보여 주는 것이다. 마더 테레사처럼 당신을 보면서, 그리스도에게 끌리게 하는 것이다. 저자는 예수님의 성육신 선교의 핵심을 섬김으로 이해한다. 이에 대해 "기독교와 이슬람의 만남을 위하여"라는 머리말에서 이렇게 말한다.

> 기독교와 이슬람의 마찰과 전쟁이 극도에 달한 오늘, 무슬림들을 평화롭게 자주 만날 수 있는 가까운 이웃으로 그리고 형제와 자매로 보고자 한 나의 작은 마음이 여기 담겨 있습니다. 무슬림들도 하나님의 피조물이기 때문에 그들의 소리에 귀를 열어야 합니다. … 기독교와 이슬람 간의 갈등과 원수 맺음의 고리를 풀고, 무슬림들을 향하여 섬김의 길을 떠날 수 있기를 기대한 것입니다. 이 시대가 필요로 하는 일꾼은 섬기려는 이들입니다.

더불어 이러한 성육신적 자세를 결여한 서구 선교사들의 편견 네 가지를 지적한다.

첫째, 이슬람은 거짓 종교이며 진리를 왜곡한 것이다. 둘째, 이슬람은 칼과 힘으로 확장된 것이다. 셋째, 무슬림은 일부다처제를 따른다. 넷째, 무함마드는 적그리스도이다.

이러한 편견을 버려야 진정한 선교가 이루어진다. 이러한 편견과 적대감과 두려움은 선교 사역에 파괴적 요소가 될 뿐이다. 따라서 이런 적대감을 가져오는 이데올로기를 넘어서서 사람을 사랑하고 섬겨야 한다는 것이다. 특히 억눌려 있는 무슬림 여성의 해방을 위해 그들을 섬겨야 함을 힘주어 강조하고 있다.

그리고 그 섬김을 사랑과 화해로 풀어간다. 선교의 본질은 사랑이며, 그 사랑은 '그들을 위하여(for them)'라는 희생적 모토가 아닌, 사랑으로 '그들과 함께(with them)' 있는 것, 함께 일하는 것, 함께 사는 것이 근본이 되어야 하는 것이다. 선교사는 그리스도의 사랑을 전하고 그리스도의 사랑으로 사는 법을 함께 연습하는 자로서 그들을 만나야 한다. 그렇게 함으로써 그들이 예수 그리스도를 볼 수 있게 하는 것이고, 예수 그리스도를 만날 수 있게 하는 것이다. 다시 말해서, 선교사 자신이 메시지가 되어야 하는 것이다. 머리와 발로만 선교하는 것이 아니라 온몸과 온 삶으로 선교할 수 있도록 높은 차원까지 선교 수련을 해야 한다.

이것을 웨슬리 신학적으로 말하면 '성화수련'이다. 진정한 선교를 위해서는 매사에 그리스도에게까지 자라는 성화의 수련이 끊임없이 요청되는 것이다. 사랑의 선교야말로 말씀과 행동의 조화, 믿음과 행동의 조화를 이루어 그리스도의 인격으로 성화되어 사랑의 종이 되는 웨슬리 선교신학과 일맥상통한다. 예배와 말씀과 사랑의 행위가 아우르는 에큐메니칼 정신을 강조하던 웨슬리처럼, 저자는 이 책에서 동방정교회의 예배 중심의 선교, 가톨릭교회의 행위 중심의 선교, 그리고 개신교의 말씀 중심의 선교를 함께 아우르는 에큐메니칼적 선교를 지향한다.

또한 이 그리스도의 모험에 참여하는 것이 선교라고 힘주어 말한다. 어떻게 파키스탄에 갈 수가 있었느냐고 묻는 학생들에게 저자는 이렇게 대답한다고 한다.

나에게 있어서 삶은 모험이며, 선교의 헌신은 그리스도의 모험에 참여하는 것이었다. 그래서 파키스탄에서의 선교 활동은 나에게 의미 있는 것이었고 신나는 것이었다. … 우리에게는 모험의 본능이 있다. 그러므로 우리가 모험에 자신을 바칠 때 죽음도 문제가 되지 않는 것이다. … 이럴 경우에 선교 현장에서 실패라고 할 것은 아무것도 없게 된다.

성공주의의 잣대로 선교의 열매를 평가하지 말아야 한다. 문제는 '우리를 통하여 하나님의 뜻이 성취되고 있는가?' 하는 것이다. 선교의 목표는 성공이 아니라 빛과 소금과 누룩처럼 자기형체가 없어지면서 다른 사람에게 생명의 힘을 전달하는 것이다. 자기의 삶이 없어지도록 내어 주는 데서 생명을 살리는 능력이 시작된다고 저자는 해석한다.

또한 저자는 칼 바르트의 신학적 해석을 넘어서려고 한다. 바르트는 기독교를 종교로 보지 않고 하나님의 자기계시라고 이해하지만, 이 책은 기독교를 하나의 종교로 본다. 기독교를 하나의 종교로 받아들이면, 이슬람과 기독교 간의 유사점들을 발견할 수 있다고 해석한다. 유일신 사상, 창조관, 역사관, 종말관 등에서 기독교와 이슬람이 공유할 수 있는 교리들이 있다는 것이다.

나아가 오늘과 같은 다원주의적 상황에서 이슬람 문화를 즐기고, 그들의 다양한 양식, 특히 축제와 신앙표현 양식 등을 이해하기 위하여 그들을 직접 만나고, 질문하고, 복음증거를 위하여 수용할 수 있는 점들을 찾아보고, 예배와 친교와 가르침에 있어서 서로를 수용하는 것은, 이웃으로 함께 살아가며 그들을 섬기는 데 좋은 접촉이 될 수 있다고 강조한다. 저자는, 하나님은 이미 이슬람 세계 속에서 일하고 계신다는 하나님의 선교(missio Dei)적 시각을 갖고 있고 있다. 또한 무슬림 속에도 이미 하나님의 일반계시적 은총이나 사랑이 역사한다는 웨슬리적 선재적 은총의 개념으로 이슬람 세계와 무슬림들을 이해한다.

지나친 상황화로 인하여 빠지는 혼합주의나 자기정체성을 상실할 수 있는 신론적 다원주의를 받아들이는 것이 아니라, 기독론적 다원주의를 강조하는 것이다. 종교 간의 대화와 종교문화 간의 대화를 수용하면서도, 그리스도에 대한 신앙고백을 포기하지 않는 것이다. 16세의 소년 때 가르쳤던 마하르가 파키스탄의 국회의원이 되어 30년 만에 베푸는 융숭한 대접을 받으면서도, 저자는 무슬림인 그의 외로움과 두려움을 그리스도의 십자가 사랑이 치유하고, 그가 그리스도의 십자가 사랑으로 구원받기를 기도한다. 이 기도 속에서 우리는 저자의 포기하지 않는 복음적 신앙을 발견할 수 있다.

이 책의 아쉬운 점을 두 가지만 지적하겠다. 첫째로, 기독교 근본주의가 저지른 역사적 죄악을 회개해야 함을 지적하지 않은 점이다. 미국의 부시 대통령 부자(父子)가 기독교의 이름으로 저지른 역사적 죄악을 우리는 지적해야 한다. 진정한 치유와 화해는 과거사에 대한 반성과 회개에서부터 시작된다. 지난 걸프전 때 "부시 사탄을 쳐부수기 위해서 알라신의 이름으로 거룩한 전쟁을 선언하노라."고 했던 사담 후세인의 육성방송을 미국에서 들었다. 방송은 하지 않았지만 부시 전(前) 대통령 역시 "사담 후세인 사탄을 쳐부수기 위해서 야훼 하나님의 이름으로 거룩한 전쟁을 선언하노라."는 마음으로 전쟁을 시작하였던 것이다.

둘째로, 어떻게 저자가 16년간 파키스탄의 문화적 접근을 통하여 성육신적 사랑의 선교를 하였는지에 대한 선교이야기(story-telling)가 빠져 있는 점이다. 지금은 국회의원이 된 마하르가 16살 때 저자로부터 무슨 수업을 들었고, 당시 학생은 몇 명이었고, 어떤 사귐과 만남이 있었는지 알고 싶다. 다음 개정판에는 이 두 가지가 추가되었으면 좋겠다.

A History of Christian-Muslim Relations

(Hugh Goddard 지음, Amsterdam Books, 2000)

김아영(한국이슬람연구소 부소장, 이화여대 강사)

기독교-이슬람 간의 대화와 만남에 영향을 주는 요소는 신학적 주제에서부터 사회 · 정치적 문제들에 이르기까지 다양하다. 오랫동안 세계교회협의회 내에서 기독교-이슬람 간의 대화 운동에 주도적인 역할을 해 온존 테일러(John Taylor)는 사실 신학적 문제들은 두 종교 간의 대화에 있어서 큰 역할을 차지하지 않는다고 지적함으로써 일반적인 생각과는 다른 주장을 하였다. 신학적 주제는 사실 기독교인들이 크게 관심을 갖는분야이고, 무슬림들은 이보다는 오히려 사회 · 정치적 문제들, 그리고 이문제들의 깊고 오래된 배경이 되는 역사적 사실에 더 큰 관심을 갖는다는것이다. 그래서 크고 작은 모임에서 언제나 신학적 주제들을 들고 나오는기독교인들에 대해 무슬림 참석자들은 늘 불만스럽게 생각한다는 것이테일러의 주장이다.

*Christians and Muslims and Muslim Perceptions of Christianity*의 저자이기도 한 University of Nottingham의 휴 고다르(Hugh Goddard)가 쓴 이 책은 바로 이 주제, 즉 역사적으로 기독교와 이슬람 간에도대체 무슨 일이 있었는가를 객관적이고 자세하게 다루고 있는 보기 드

문 저서이다.

이슬람의 역사만큼이나 오래되고 뒤틀린 두 종교 간의 만남의 역사를 비교적 객관적으로 제시하기 위해, 고다르는 이슬람이 역사에 등장하기 바로 전의 기독교 세계의 상황과 무하마드가 접했던 기독교에 대한 설명을 통하여, 기독교가 이슬람 형성에 미친 영향을 설명하는 것으로써 긴 여정을 시작한다.

동일하게 중동지역에서 시작되었지만 두 종교는 성장해 간 방향이 달랐다. 기독교는 유럽과 미대륙에서, 이슬람은 아프리카와 아시아에서 영향력을 행사하게 된 것이다. 이슬람 형성 이후 수세기에 걸쳐 소위 힘의 균형이 양 세력 사이로 이동하는 상황이 중세를 거쳐 현대에 이르기까지 계속되었고, 양상이 조금 다를 뿐 오늘날의 세계도 여전히 두 세계가 힘의 균형을 이루며 대치하고 있다는 것이 고다르의 분석이다. 다시 말해 군사적이고 기술적인 힘은 기독교 세계에, 그리고 종교적 신념과 동기는 이슬람 세계에 보다 강력하게 나타나고 있다는 것이다.

이전의 상황과 달리 세계화가 가속화되고 있는 현재의 상황에서 두 종교 간의 만남의 기회가 상대적으로 많아지고 있으나, 그 결과는 상호 이해와 동정보다는 충돌로 끝나는 경우가 많았다고 저자는 분석한다. 1990년대 유럽에서 나타난 일련의 사건들, 구체적으로 전 유고연방, 특별히 보스니아와 코소보의 예는 이것을 잘 보여 주고 있다. 뿐만 아니라 다른 대륙, 즉 필리핀에서부터 수단, 나이지리아 그리고 9ㆍ11 테러에 이르기까지 두 종교 간의 충돌과 갈등의 예는 끝이 없으며, 이러한 충돌은 의심과 불신을 만들어 불화의 끝없는 악순환이 계속되고 있는 것이다.

과거 두 세계 사이에 있었던 충돌의 역사, 다시 말해 이슬람 초기의 확장 시기에서부터 십자군 전쟁, 유럽 열강의 제국주의에 이르기까지, 이 역사는 계속해서 두 종교인들과 그들이 살아가고 있는 세계에 광범위한 영향을 미쳤고 현재에도 미치고 있어서 화해와 평화를 시도하는 사람들의 노력을 무색케 하고 있다.

이러한 상황에서 두 종교인들이 각기 서로에 대해 갖고 있는 오해와 왜곡된 인식이 어떠한 과정을 거쳐 형성되었는가를 알아보는 것은 매우 중요한 일이며, 고다르의 저서는 그러한 의미에서 매우 시기적절한 책이라고 할 수 있는 것이다.

특별히 이 책이 가치 있는 것은, 저자가 동시대 동일 공동체 내에서도 상대 종교에 대해 다양한 의견과 신학의 스펙트럼이 있었음을 보여 주려고 했으며, 충돌의 와중에도 두 세계가 문화적 · 지적으로 어떻게 상호 영향을 미치며 상대 종교인들의 삶의 자리를 풍성하게 만들어 갔는가를 보여 주려 했다는 점이다.

저자는 이슬람 형성 직전시기부터 중세를 거쳐 20세기에 이르기까지 두 종교 간의 역사에 대한 객관적 서술을 통하여, 기독교와 이슬람의 과거를 바르게 통찰하고, 현재에 상호 왜곡되거나 과장되지 않은 정확한 이해를 도모하며, 이를 통해 충돌보다는 이해와 화해의 미래를 제안하고 있다.

벌써 3년이 지난 9 · 11 테러 이후 기독교–이슬람 간의 관계를 다루는 저서들이 쏟아져 나왔지만, 그중 정직하고 객관적인 내용을 담고 있는 신뢰할 만한 책이 한 줌도 되지 않는 사실과 비교할 때, 오랜 연구와 성찰의 산물인 이 책이 갖는 의미와 가치가 더욱 크다. 기독교–이슬람 간의 관계와 관련된 문제는 포괄적이고, 광범위하며, 다양하다. 따라서 진지한 연구와 성찰이 필요한 선교신학적 주제이다.

고다르는 이 책을 통해 그러한 연구에 기본이 되는 든든하고 믿을 만한 자료를 제공하고 있다.

Ministry to Muslim Women :

Longing to Call Them Sisters

(Fran Love and Jeleta Eckheart 편집, William Carey Library, 2000)

김영남(한국이슬람연구소 연구원, 서울신학대학교 강사)

무슬림 여성에 관한 관심이 높아지면서 관련 서적들이 출판되고 있기는 하지만, 정작 선교적 관점에서 그들을 바라보고 쓴 책들은 그리 많지 않은 것 같다. 왜냐하면 학문적 성격을 갖춘 책들의 경우, 가치중립이라는 일종의 원칙을 준수해야 하기 때문일 것이다. 하지만 기독교 선교를 위한 학문적 작업은, 가치중립이라는 원칙을 무시하는 것은 아니지만, 기독교적 가치를 밝히고 선교의 당위(imperative)를 말하는 것이기 때문에, 비그리스도인에게는 어떤 사실이 편협하고 왜곡된 것으로도 간주될 수도 있을 것이다. 본서는 바로 그런 비판을 감수하고 기술된 책이다.

본서는 40명의 무슬림 여성 사역자들이 참여한 모임에서 나눈 사역에 대한 아이디어와 토의를 바탕으로 편집된 것이다. 따라서 아라비아의 근본주의 무슬림 여성에서부터 중앙아시아의 신 무슬림 여성들(neo-Muslim Women), 유럽과 미주에 이주한 무슬림까지 다양한 범주의 무슬림 여성들에 대한 사역을 포괄하고 있다. 웬만한 공간의 문은 거의 열려 있는 전 지구적 현대사회 속에서 아직도 격리된 채 닫혀 있는 무슬림 여성들의 공간을 열고 들어갈 수 있는 통찰을 우리는 이 다양한 경험들로부터 얻어 낼 수 있다.

무슬림 여성들의 세계, 무슬림 배경의 신자들, 그리고 여성 사역자들에 관한 부분으로 구성되어 있는 본서는 각 부분마다 여러 사역자들의 글과 더불어 참석자의 토의, 논의 주제들에 대해 생각하기, 그리고 보다 더 깊은 연구와 고찰을 위한 지침이 실려 있다. 무슬림 사역의 기초가 하나님의 선하심(God's goodness)에 있다고 하는 편집자 프랜 러브(Fran Love)의 말은, 무슬림에 대한 우리의 열정은 곧 무슬림을 향한 하나님의 선하심에 대한 열정이라는 것을 의미한다. 곧 선교에서 하나님 자신이 주역이 되신다는 것이고 하나님을 제쳐 둔 인간의 어떤 열정이나 사랑도 선교에서는 있을 수 없다는 말이다.

무슬림 여성의 세계를 들여다보면, 대부분의 무슬림 여성들은 개발도상국, 분쟁지역, 그리고 재난지역에 살면서 곤고한 삶을 이어 가고 있다는 것을 우리는 발견하게 된다. 무슬림 여성 사역에 대한 각자의 다른 경험에도 불구하고 다른 지역 사역자들이 그들에게서 발견한 공통된 문제는 무슬림 여성들의 두려움이다. 가족의 명예를 훼손했다는 비난과 함께 죽임을 당할 수도 있는 상황에 노출되어 있기 때문에 자신들에 대한 잘못된 소문으로 혹시나 해를 받지 않을까 하는 두려움, 그리고 남편으로부터 버림을 당할지도 모른다는 두려움으로 눌려 있는 무슬림 여성들의 상황은 엄격한 이슬람 이념을 실천하며 이슬람적 전통을 고수하는 지역에서 더욱 강하다. 그래서 이 여성들의 염려는 '내가 누구인가?' '세상에서 나는 어떤 존재이며 내 몫은 무엇인가?' 라는 주체적인 질문보다는, 그리고 '왜 여성들의 삶이 답보상태인가?' '여성들의 삶의 향상을 위해 사회에서 여성들은 무엇을 해야 할 것인가?' '국가적 차원에서 여성 정책은 무엇인가?' 라는 질문보다는, '누가 나에 대한 나쁜 소문을 퍼뜨리지 않는가?' '누가 나를 저주하지나 않는가?' 혹은 '어떻게 하면 남편의 관심을 끌 것인가?' 라는 당면한 근시안적인 염려이다. 왜냐하면 그들은 이러한 일들로 인해 자기 구성단위에서 완전히 배제당하거나 명예살인으로 이어질 수 있기 때문이다.

그들도 영적으로 굶주려 있다. 그러나 하나님과의 올바른 관계 형성과 궁극적 존재에 대한 추구에서 오는 굶주림이 아니라, 누군가로부터 오는 위협과 공격에 대해 방어할 수 있는 힘을 찾는 굶주림, 눌린 어둠의 세력에서 해방되기를 바라는 갈망인 것이다. 그러므로 본서를 통하여 선교적 관점에서 그들에게 진정으로 필요한 것이 무엇인지가 분명해진다. 단순히 그들의 비참한 삶을 보면서 이슬람을 비난하거나, 여성들의 수동적 삶에 답답해하기만 하는 것이 아니라, 그들에 대한 하나님의 열정을 발견하고 그 열정에 동참하고자 하는 마음을 갖게 된다면 그 자체가 본서를 통한 귀한 얻음이 되리라.

선교가 원천적으로 봉쇄된 폐쇄적인 이슬람 세계를 보면, '무슬림들을 향한 하나님의 사랑이 과연 열매를 맺을 것인가?' 하는 의문이 나기도 할 것이다. 그러나 선교의 주체가 하나님이시라는 것을 생각할 때, 무슬림 사역에 대한 의구심은 우리 인간의 행위에 초점을 두기 때문에 생기는 것이다. 이미 하나님은 무슬림 지역에도 고넬료 같은 자들을 준비시켜 두시고, 그리스도를 전할 자들을 부르고 계신다. 본서에서도 많은 무슬림 여성들이 어떤 경위로 그리스도에게로 나오는지, 그리고 사역자들은 그들을 어떻게 양육시킬 것인지에 관한 구체적 사례들을 전하고 있다. 여성들이 예수 그리스도에게로 나오는 경위는 다양하다. 그러나 근본적 동기는 동일하다. 바로 진리에 관한 관심과 추구, 그리고 모든 눌림에서 해방되고자 하는 갈망이다. '자유케 하는 진리'는 바로 예수 그리스도라는 것,

그 안에서만 영원한 평안이 있다는 것을 발견한 이 여성들에게 당연한 후속 조치는 그리스도를 닮아 가는 제자양육이다. 양육은 헌신으로 이어지고, 그리스도에 대한 그러한 헌신을 통해, 이슬람 지역에서 자신이 받아야 할 이전과는 또 다른 고난을 기꺼이 감내하도록 성령의 도우심을 요청한다.

다양한 지역의 사역자들로부터 나온 무슬림 여성에 대한 경험들과 이 책에서 제시하고 있는 개종자 혹은 이름뿐인 그리스도인들을 진정한 제자로 양육하는 방법들은, 무슬림을 향한 선교 관심자뿐 아니라 그리스도인 모두에게 피상적인 정보가 아닌 무슬림 여성들의 실제를 전해 주며, 그들에 대한 선교의 긴급성을 알려 주고 있다. 이를 통해 하나님의 나라가 '지금, 여기'에서와 마찬가지로 '지금, 거기'에서도 이루어지도록 선교의 동시적 참여를 촉구하고 있다. 이 책 후반부에 올려진 여성 선교사들의 고민과 헌신, 그리고 하나님 사랑에 대한 확신은 개인적 차원을 넘어 우리 모두에게 해당되는 그리스도인들의 보편적 문제를 만나게 해 준다.

본서의 아쉬운 점은, 상류층 여성들의 상황과 그들에 대한 선교적 시도나 가능성을 다루지 않았기에, 현저한 차이를 보이는 무슬림 여성들의 삶의 이중적 사회 구조를 이해하지 못하면 무슬림 여성들의 단편적 상황을 전체로 왜곡할 수 있다는 점이다. 하지만 삶의 상황이 아무리 좋은 형편이라 하여도 그리스도를 모른다면 그 상황 자체가 비참한 것이 아닌가!

『빼앗긴 얼굴』

(라티파 지음, 최은희 역, 이레, 2002)

이주영(이화여대신학대원 선교신학 전공)

『빼앗긴 얼굴』은 탈레반 정권 아래에서 철저하게 통제되고 억압된 삶을 경험한 한 아프가니스탄 소녀의 생생한 증언이다. 책표지의 시커먼 부르카(Burqa: 하늘색이나 녹색 등 짙은 색으로 만든 이슬람 여성복으로, 불투명한 천으로 된 베일을 모자에 연결해 꿰매고 눈 부위는 그물 모양의 자수로 만든다. 길이는 다양해 팔까지 덮을 수도 있고 발끝까지 덮기도 한다. 탈레반 정권 이전엔 전통을 고수하는 시골에서만 착용했다)를 착용한 여성의 얼굴은 '빼앗긴 얼굴'이라는 제목이 단순한 상징적인 표현이 아니라는 것과, 실재하는 삶을 있는 그대로 보여 주는 이 책의 사실성을 단적으로 드러낸다. 반 뼘도 채 안 되는 크기의 촘촘한 망으로 밖을 겨우 볼 수 있게 만들어진 시커먼 부르카는 그 모습이 어찌나 끔찍한지 표지를 볼 때마다 섬뜩한 느낌에 시선을 다른 데로 돌리곤 했다. 그러나 책을 읽으며 누군지조차 전혀 알아볼 수 없는 부르카 속의 빼앗긴 얼굴을 가진 여성과 만날 수 있었다.

그녀는 1980년 카불의 중산층 가정에서 태어난 평범하고 꿈 많던 소녀였으나 1996년 탈레반 정권이 들어선 뒤 모든 교육과 사회활동의 권리를 박탈당하고 집에서 감금된 것이나 다름없는 생활을 했다. 2001년 한 잡

지사와 단체의 초청으로 탈레반 정권 하에서의 억압된 여성의 삶을 증언하러 프랑스에 갔다가 다시 고향으로 돌아가지 못하고 파리에 머물고 있는 그녀는 라티파라는 가명으로 이 책을 썼다. 소련 점령 시기에 학교를 다녔고, 4년간의 내전 끝에 공산당 정부가 집권했다. 끔직한 탈레반 정권에 갇혀 삶을 저당 잡힌 열여섯 살짜리 카불 소녀의 이야기는 우리에게 많은 것을 생각하게 한다.

우리는 거대한 사회문제들에 대해 너무 쉽게 판단하고 너무 쉽게 무언가를 주장하지는 않는가. 우리가 판단하는 근거는 무엇이며 우리의 주장은 무엇을 위한 것인가. 이 땅에는 우리가 쉽게 치부하고 주장하는 말들과 무관하게 자신들의 삶을 누군가에 의해 송두리째 빼앗기는 위협 아래에 사는 이들이 살아가고 있음을 기억해야 할 것이다. 『빼앗긴 얼굴』은 그들의 삶을 생생하게 증언하는 목소리이다. 이 목소리는 우리의 주장이 무엇을 위한 것이어야 하는지를 알게 해 주며 우리 판단의 근거를 다시금 생각게 한다. 갈수록 국제정세가 복잡해지고 우리는 어떤 판단도 쉽게 내릴 수 없다. 그러나 평범한 한 사람의 목소리를 들을 수 있는 귀와 한 가정의 삶을 볼 줄 아는 눈을 지녔다면 이 복잡한 상황에서 우리가 어떤 판단을 내리고 어떤 주장을 해야 하는지 좀더 분명한 입장을 취할 수 있게 될 것이다.

사실 그들에 대한 우리의 이야기보다 더 중요한 것은 빼앗긴 얼굴인 그들 자신이 새 삶에 대한 희망과 의지를 잃지 않았다는 것이다. 그들은 끊임없이 자신이 처한 상황에 굴복하지 않고 더 나은 미래를 위한 노력들을 하고 있다. 라티파는 교육을 전혀 못 받게 된 이웃의 아이들을 위해 비밀 학교를 열어 집에서 몰래 가르쳤다. 그것은 목숨을 거는 용기 없이는 할 수 없는 일이었다. 더 이상 어린 소녀라고 할 수 없는 미래를 끌어당길 힘을 지닌 여인의 위대함이 여기에 있다. 그녀의 바람은 얼마나 야무지고 당당한가.

> "나는 아직도 조국을 그리며 팔랑이는 연들이 칸다하르 하늘 위의 폭격기들을 대신하기를 기다리고 있다. 곧 그렇게 될 것이다."

그들의 얼굴을 빼앗을 수는 있었지만 누구도 그들의 희망까지 빼앗을 수는 없었다. 빼앗긴 얼굴을 다시 찾으려는 희망의 목소리는 하나의 신비처럼 들린다. 이제 책표지의 부르카가 더 이상 끔찍하게 보이지 않는다. 그 안에 갇힌 존재가 무기력하게 보이지도 않는다. 꿈꾸는 이들의 얼굴은 어떤 힘으로도 가릴 수 없고 빼앗을 수 없음을 이 책 속에서 만난 수많은 라티파들을 통해 깨달았기 때문이다.

『이슬람의 딸들:

진리를 향한 무슬림 여성들의 꿈과 투쟁』

(미리암 애드니 지음, 정옥배 옮김, IVP, 2004)

이현경(한국이슬람연구소 연구원)

무슬림 여성이라고 하면 숨겨져 있고 수동적이며 무능력한 존재를 떠올리기 쉽다. 또한 무슬림들에게 복음을 전하는 데 있어서도 그동안은 주로 남성중심적인 접근이 이루어져 온 것이 사실이다. 남성중심의 이슬람 사회에서 그러한 접근은 오히려 자연스러운 것이었다고도 볼 수 있다. 그러나 남편이 예수 그리스도를 주로 받아들였다고 해서 아내가, 자녀들이 보다 쉽게 마음을 열 것이라고 기대할 수 있을까? 여성보다 남성들에게 먼저 복음을 전하는 것이 더 효과적인 방법일까? 그러한 순서를 생각하기에 앞서, 사실 우리는 이슬람권에 여성 개종자들이 얼마나 있는지, 도대체 그녀들이 어떻게 복음을 접하게 되는 것인지, 제한이 많은 사회구조 속에서 그들이 생각하는 것은 무엇인지 잘 알지 못하고 있다.

본서에는 아랍, 이란, 말레이시아, 인도네시아, 아프리카를 비롯하여 인도, 파키스탄, 터키 및 우즈베키스탄의 여성들이 등장한다. 그들의 삶은 무슬림 여성들의 삶이 결코 하나가 아님을 분명하게 보여 준다. 종교적인 다양한 깊이와 근본주의 등의 다양한 노선, 직업적으로, 가정배경에서, 생활수준에 있어서 다양한 모습을 보여 주는 여성들, 또한 지역적으로 도시와 유목민의 다른 모습, 전문직 여성과 가정에 머무는 여성들의 다양한 삶의 모습과 형태를 전해 준다. 그리고 그 다양한 여성들이 하나님을 만나게 되는 과정을 소개한다.

이들의 삶을 보면서, 독자는 이슬람 사회에 미치고 있는 여성의 강한 영향력을 엿보게 된다. 아이들을 교육하고 금식이나 기도 및 축제 등의 종교적인 활동에 가족들을 참여시키는 것도 여성이며, 가정과 친척들 더 나아가 국가에 이슬람적인 방향을 제시하는 데 있어서도 여성들이 주도적인 역할을 하고 있다는 사실을 알게 되고, 그것을 위해 이슬람을 공부하는 여성들도 만나게 된다.

본서가 포함하고 있는 다양한 주제들, 즉 베일의 문제나, 이슬람 신학과 기독교 신학의 비교, 꾸란의 여성관 등에 관한 논의는 본서가 비단 여성의 문제만을 다루는 여성만을 위한 책이 아님을 분명히 알려 준다. 베일의 문제가 내포하고 있는 복합성, 원리주의의 문제, 이슬람 내에서의 여권운동의 모습, 이슬람과 기독교 두 종교 간의 관계에 대한 대체적인 구도와 핵심적인 차이점에 대한 정확한 진단과 제시는 다양한 분야에 관한 핵심을 잘 정리하여 언급하고 있다는 점에서 독자들에게 결코 무시할 수 없는 이점을 안겨 준다.

그러나 본서의 강점은 무엇보다도 이론과 실제의 만남이라고 볼 수 있다. 위에서 언급한 다양한 주제들에 대한 이론 소개와 함께, 본서는 그 실례를 제시함으로써 이론의 현실화를 통해 읽는 재미와 함께 이해를 넓혀 주고, 그것을 바탕으로 살아있는 선교전략을 조언한다. 무슬림 남성과 여성에 대한 접근이 왜, 어떻게 달라야 하는지, 그들의 필요가 무엇인지, 무엇을 어떻게 할 수 있는지 본서는 실례를 들면서 구체적으로 제시하고 있다.

무슬림 여성이 이슬람권의 반 이상을 차지하며, 가정에서의 종교교육이 대부분 어머니에 의해 이루어진다는 점에서 본서는 무슬림 전체에 관한 이야기이며, 동시에 그들에게 복음을 전하는 선교사들이 어떻게, 얼마나 참고 견디며 포기하지 않았는가에 대한 이슬람권 선교사들 전체에 대한 이야기이다. 또한 보다 근본적으로는 이슬람이라는 강력한 진 가운데 거하는 무슬림들을 향한 하나님의 끊을 수 없는 사랑 이야기인 것이다.

Called from Islam to Christ:

Why Muslims become Christians

(Jean-Marie Gaudeul 지음, Monarch Books, 1999)

이현경(한국이슬람연구소 연구원)

본서는 제목에서도 알 수 있듯이 이슬람에서 기독교로 회심한 사람들의 이야기를 다루고 있다. 또한 그 부제가 설명하고 있듯이 그들이 왜, 어떻게 회심하게 되었는가를 알려 준다.

본서가 흥미를 끄는 것은 열매를 보기 어렵다는 이슬람권의 선교 상황에서 회심에 대한 이야기는 흔히 들을 수 있는 것이 아니기 때문이다. 이슬람권에서의 실제 선교 경험이 없는 기독교인들은 말로만 듣던 그 열매 맺기 어려운 땅에서 정말 회심자가 있는가 하는 호기심을 가지고 책을 접하게 될 것이다. 그런 독자들의 생각을 반영하듯이 저자는 첫 장에서 무슬림들의 회심이 가능하며 또한 늘 회심자가 있어왔음을 강조한다. 그러나 동시에 저자는 무슬림들만이 기독교로 개종하는 것이 아니라 이슬람으로 개종하는 기독교인들도 있음을 확실히 함으로써 어느 한 종교에 편파적이지 않은 균형 잡힌 관점을 가지고 객관적으로 개종의 문제를 다루려는 노력을 보인다. 즉, 쌍방으로의 회심이 있으며, 이러한 회심은 진리를 찾으려는 노력의 결과라는 것이 저자의 설명이다.

저자는 회심의 근본적인 이유를 진리에 대한 갈망으로 보고 있다. 이슬람과 기독교는 모두 진리를 추구하는 종교이며, 어느 한 편의 종교에 속해 있던 자가 다른 편의 종교에서 진리를 보았을 때, 내부의 갈등과 번민을 겪은 후 철저한 검증과 노력을 통해 진리를 찾아가게 된다는 것이다.

여기서 독자들에게 신선한 충격으로 다가오는 것은, 그 진리가 어떤 신학적·교리적인 것을 통해 검증되는 이론적인 산물이 아니라는 저자의 설명이다. 우리는 무슬림들에게 신학적이고 교리적으로 진리를 알려 줄수 없다. 그들이 진리를 깨닫게 되는 것은 예수님 그분 자체, 그분의 능력, 인격적 예수의 모습에서 기인한다는 것이다. 물론 무슬림들이 자신들이 믿고 있던 진리인 이슬람에서 회의를 갖게 되고 진리에 대한 갈망을 일으키게 되는 것은 이슬람내의 분파·종파, 원리주의 대 현대주의의 대립 등에 의한 내부적 분쟁과 갈등, 위협, 또한 악과 고통의 문제에 대한 신학적 의문들로부터 시작되기도 한다.

그러나 이들 무슬림들이 기독교의 역사나 신학을 공부한다면 기독교는 그들에게 얼마나 만족감을 줄 수 있을까? 기독교 역시 오랜 교리적 논쟁의 역사를 지니고 있으며, 수많은 종파로 나뉘어져 있다. 역사를 통해 수많은 대립과 종교의 이름으로 저질러졌던 악이 있었다. 이러한 기독교 모습에도 불구하고 무슬림들이 기독교에서 진리를 보게 되는 것은 진리이신 하나님의 모습을 통해서라는 것이 저자의 입장이다.

저자는 또한 많은 경우에 무슬림들의 회심이 이슬람이 싫어서나 혹은 이슬람에 대한 비판적인 마음에서가 아니라는 것을 알려 준다. 그들의 변화는 그들이 기독교의 하나님을 만났기 때문이다. 하나님께서 당신의 백성들을 부르시기 때문에 회심이 일어나고 있다는 것을 저자는 강조한다.

그러면 기독교인들이 할 수 있는 일, 감당해야 할 일은 무엇인가? 저자는 기독교인들의 증인으로서의 삶이 중요함을 누차 말한다. 무슬림들이 절실히 필요로 하는 것은 인격적이고 구원을 베푸시는, 사랑이 많으시고 그 사랑을 인간에게 알려 주고자 하시는 부드러운 하나님이다. 기독교인들은 우리가 그러한 풍성한 하나님의 은혜를 누리고 있음을 삶을 통해 증거함으로써 진리가 여기에 있음을 무슬림들에게 알려 줄 수 있다. 저자는 기도를 그 한 예로 든다. 우리가 기도하는 모습은 무슬림들에게 좋은 자극일 수 있다. 인격적 교제 없는 이슬람의 형식적인 기도와, 깊고 풍성한 은혜를 경험하게 하는 인격적 하나님과의 교제 수단인 기독교의 기도는 좋은 대립이 된다.

저자는 더 나아가, 그 회심의 과정 및 결과들을 편견 없이 그대로 보여 준다. 저자는 개종자들이 부름 받았다고 느낄 때의 반응, 그 갈등과 번민, 회심을 결심했을 때 가족들의 반응, 배척, 그 과정에서의 긍정적인 부분들과 부정적인 부분들을 모두 소개하면서 개종자들에 대한 이해, 더 나아가 일반 무슬림들에 대한 이해의 폭을 넓혀 준다.

그 과정에서 다양한 경향도 소개해 주고 있는데, 흥미로운 것 중 하나는 저자가 현대 경향이라고 소개하는 문화 속에서의 회심 모델이다. 구체적으로 기독교로 회심하면 그 문화와 가족을 떠나야만 하는 현실에서 이슬람 문화를 지키면서 기독교인이 되려는 노력을 사례로 보여준다. 자신을 아는 사람들이 있는 곳에서는 기독교인들과 절대 만나지 않으면서 때때로 먼 지역으로 가서 성찬식을 갖는 한 개종자의 모습이 그것이다. 이러한 모델에 대해 저자는 비판하는 소리가 있을 것임을 전제하면서도 다양한 선택이라고 표현함으로써 한 가지 절대적 방법을 주장하지 않고 중립을 지키면서 다양한 경향에 열린 모습을 보이고 있는 것이다.

저자는 또한 이러한 회심자들에 대한 기독교 공동체의 반응도 보여 주고 있다. 이슬람으로 개종하는 자들에 대한 무슬림 공동체의 **따뜻한 환대**와는 달리, 가족과 문화로부터 소외된 채 기독교 공동체에도 속할 수 없는 개종자들의 어려움을 잘 보여 주면서 자성의 기회를 제공한다.

결론적으로 말하자면, 본서는 단순히 사례를 소개하는 책이 아니다. 이슬람과 기독교의 차이를 알려 주고 무슬림들에게 필요한 것이 무엇인지, 그들이 왜 회심하게 되는지를 알려 줌으로써 우리가 무슬림들에게 줄 수 있는 도전과, 미처 생각지 못했던 기독교의 신학적 문제들을 되새기게 한다. 또한 풍부한 사례 발표와 그에 대한 상세한 설명을 통해 실제로 개종이 어떻게 일어나고 있고 그 어려움이 무엇인가를 알려 줌으로써 확신과 도전을 주며 자성의 기회를 제공해 주는 책이다.

본서는 개종자를 내기 어렵고 따라서 여러 가지 시행착오가 많을 수밖에 없는 이슬람권 선교 상황에서 회심자가 생겼을 때 어떻게 행동해야 하고, 상황에 어떻게 대처해야 하는가에 대한 좋은 지침서가 될 것이다. 이슬람권 선교를 소망하는 자들에게 꼭 한번 읽어 볼 것을 권하고 싶다.

부록

한국이슬람연구소 강좌 자료(1999년 이후)

단행본과 번역서

《이스마엘 우리의 형제》 연구발표 내용(38호-68호)

한국이슬람연구소 소장 도서

◆ 한국이슬람연구소 강좌 자료(1999년 이후)

❖ 이슬람 강좌

◇제13차 이슬람 강좌 (1999년 3월 13일—5월 15일, 매주 토요일)

강사: 전재옥 교수, Dr. Patric Cate, 최영길 교수, 김정위 교수, 김종도 박사, 조희선 교수, 최바울 박사, 송경숙 교수, 양승윤 교수, 홍성민 박사

주제: 이슬람권 선교, 꾸란의 현대적 의미 이해, 이란의 수피와 민속 이슬람, 변화하는 사회 속의 이슬람 가족법, 현대 이슬람 세계의 여권 운동, 이슬람 역사: 중앙아시아 현대사, 아랍문학 속의 여성 해방, 인도네시아 무슬림들의 갈등, URO화와 범이슬람 정책, 이슬람과 기독교의 비교

◇제14차 이슬람 강좌 (2000년 6월 19일—21일)

강사: 전재옥 교수, 최영길 교수, 최영길 교수, 김승호 교수, 박창현 박사, 조희선 교수, 김동문 연구원, 김영남 연구원, 이현경 연구원

주제: 이슬람의 기독론, 꾸란과 쑨나와 하디스, 이슬람의 역사, 회교권 국가의 정치와 경제, 이슬람의 신론, 이슬람의 구원론, 아랍 민족주의 실패 원인, 역사적 선교 전략에 대한 이해와 문제제기, 이슬람의 창조 이해, 이슬람의 신비주의, 이슬람의 문화적 특색과 토속관행, 이슬람권 선교현황

◇제15차 이슬람 강좌 (2001년 6월 21일—23일)

강사: 전재옥 교수, 김병선 목사, 정형남 선교사, 엄주연 선교사, 김영남 연구원, 박성은 연구원, 장경희 연구원, 이현경 연구원, 허은아 연구원

주제: 이슬람권의 기독교인들, 이슬람권 선교 방법, 이슬람의 정치와 경제, 이슬람권 세대주의 신학의 문제점, 지역연구 방법론, 이슬람의 성자들, 무슬림의 예수 이해, 무슬림과의 대화, 선교전략 패러다임의 변화

◇제16차 이슬람 강좌 (2002년 6월 24일—26일)

　강사: 김영남 연구원, 정무삼 대사, 김정위 교수, 전재옥 교수, 정아나 선교사, 이현경 연구원, 이종택 교수, 박성은 연구원, 정마태 선교사

　주제: 이슬람근본주의와 여성, 이슬람문화, 전근대적 이슬람, 근본주의의 역사, 파키스탄 근본주의운동, 근본주의의 사회적 영향, 현대이슬람근본주의 운동, 이슬람이 만난 기독교, 이슬람근본주의의 미래, 이슬람권 선교실제

◇창립 10주년 이슬람 강좌 (2002년 10월 3일—5일)

　강사: Vivienne Stacey(전 인터서브 선교사)

　주제: 기독교의 성경과 이슬람의 꾸란 비교, 현대 여성에게 전하는 하갈의 메시지: 창세기 성경공부, 무슬림의 세계관: 주요 이슬람 개념들과 성경 구절들, 무슬림 기도의 영성: 기도서, 신비주의 그리고 시, 무슬림들과 공존하는 현대 기독교인들을 위한 이정

　　제1부: 그리스도, 무슬림과 기독교인 모두를 위한 계시, 근본주의의 복잡성, 포스트 모더니즘

　　제2부: 여성의 권리와 페미니즘, 무슬림과 기독교인의 문제 해결, 핍박받는 기독교인들의 증가

　　제3부: 기독교인과 무슬림의 관계 개선 및 체계적인 종교 간의 대화, 성직자와 평신도: 무슬림의 말을 듣고 이해하기 또 다른 계시?, 무슬림들에게 계시된 그리스도, 추수할 곡식

◇기독교문화 및 신학 세미나 (2002년 10월 28일—29일)

　강사: 박준서 교수, 전재옥 교수, 홍성민 교수, 최한우 교수, 전호진 박사, 최정만 교수, 방동섭 교수, 이광호 박사, 장훈태 교수, 이동주 교수, 김영남 교수, 이정순 박사, 김중관 교수, 이장호 교수, 강승삼 교수

　제목: 문명의 공존 - 기독교와 이슬람

　주제:

1. 역사적 · 정치적 측면에서: 이스라엘과 팔레스타인의 갈등 이해 누구의 약속된 땅인가?,
   아프가니스탄과 파키스탄의 근본주의 이해, 샤리아와 이슬람 경제, 이슬람 근본주의 운
   동에 대한 기독교적 조망: 문명사적 접근
2. 종교적 · 신학적 측면에서: 이슬람 종교와 이슬람 근본주의, 신비주의 문제에 있어서의
   기독교와 이슬람, 꾸란과 성경, 종교적 · 신학적 측면에서, 이슬람과 기독교의 창조론과
   종말론, 이슬람과 기독교의 메시아 사상과 기독론, 이슬람과 기독교의 영과 구원론
3. 문화적 측면에서: 이슬람의 평화 이해와 여성, 이슬람의 베일 문화, 이슬람의 '즈까트'와
   가난, 민속 이슬람
4. 현대이슬람 세계의 도전

❖ 공개 강좌

◇ 2000년 5월 6일

   강사: Dr. Peter Riddell

   주제: A Comparative Study of Messiahship in Judaism, Christianity, and Islam
        (유대교와 기독교, 이슬람에 나타나는 메시아사상 비교 연구)

◇ 2001년 5월 5일

   강사 : 강동수 목사(동신교회 담임목사, 前 이란 선교사), 전재옥 교수(이대 신학대학원 원장,
        前 파키스탄 선교사)

   주제 : 이란의 이슬람. 선교 21세기 패러다임의 변화

◇ 2002년 5월 4일

   강사: 도나스미스(Donna Smith, Arab World Ministry 국제본부, 북아프리카선교사)
        전재옥(한국이슬람연구소 이사장, 이화여대 신대원 원장)

   주제: 무슬림 여성

◇ 2003년 9월 15일

　　강사: 쇼캣 모우캐리(ANCC 이슬람학 교수)

　　주제: 기독교와 이슬람, 무엇이 다른가?

◇하계 특별 강좌 (2001년 7월 5일)

　　강사 : Aslam M. Ziai 교수

　　　　(Pakistan Gujranwala Theological Seminary, 구약학 교수)

　　주제 : "The Significance and Implications of the Old Testament in an Islamic Society"

◇창립 10주년 기념예배 (2002년 9월 25일)

　　강사: 비비안 스테이시 선교사

　　주제: 유대인과 그리스도인, 무슬림을 위한 표적 예수

　　　　(Jesus: a sign for Jews, Christians and Muslims)

◇창립 11주년 기념 강좌 (2003년 9월 16일)

　　강사: 쇼캣 모우캐리(ANCC 이슬람학 교수)

　　주제: 1. 이슬람에 대한 기독교의 응답

　　　　 2. 이슬람에 대한 기독교적 접근

　　　　 3. 기독교 소수 공동체와 무슬림 개종자 문제

　　　　 4. 21세기 이슬람권 선교 전략

❖ 월례 세미나

1999년 1월 14일 이집트의 빈민선교 (강사: 여종연 선교사)

　　　　2월 11일 이디오피아의 이슬람 (강사: 박종국 선교사)

　　　　3월 11일 무슬림 여성 (강사: 이정순 선교사)

4월 8일 사우디의 이슬람 (강사: 김주임 선교사)

5월 13일 보스니아의 이슬람 (강사: 민명홍 선교사)

6월 10일 나이지리아의 이슬람 (강사: 이진숙 선교사)

7월 8일 한국인의 세계선교 현황 (강사: 문상철 박사)

9월 9일 필리핀의 이슬람 (강사: 엄주연 선교사)

10월 14일 아프가니스탄 무슬림 사역 (강사: 서기용 선교사)

11월 11일 알바니아 무슬림 사역 (강사: 김용기 선교사)

12월 9일 키르키즈스탄의 이슬람 (강사: 이주회 선교사)

2000년 1월 15일 꾸란의 계시 역사와 해석학의 동향 (강사: 황병하 교수)

2월 10일 파키스탄의 이슬람 (강사: 정경철 선교사)

3월 9일 이슬람의 창조론(I) (강사: 전재옥 교수)

4월 13일 이슬람의 창조론(II) (강사: 전재옥 교수)

7월 13일 이슬람의 영(靈) 사상 (강사: 이동주 교수)

9월 25일 이슬람연구소 창립 8주년 기념강좌

        한국 교회와 이슬람권 선교 (강사: 김병선 목사)

        세계의 이슬람연구소 (강사: 문상철 연구원)

        선교사들을 위한 이슬람연구소의 역할 (강사: 민명홍 연구원)

        이슬람연구소의 비전 (강사: 전재옥 이사장)

10월 21일 이슬람의 신관(I) (강사: 김영경 교수)

11월 11일 이슬람의 신관(II) (강사: 김영경 교수)

12월 23일 (강사: 전재옥 교수)

2001년 3월 10일 현대 파키스탄 여성의 인권문제 (강사: 김영남 연구원)

4월 14일 무슬림과의 대화(역사를 통해서 본 방법론 모색) (강사: 엄주연 연구원)

9월 22일 수피즘의 세계관 비평 (강사: 문상철 연구원)

10월 13일 중국 서북부의 이슬람: 신장 카자흐 종족중심으로 (강사: 장경희 연구원)

11월 10일 세계화와 이슬람 (강사: 문상철 연구원)

12월 8일 아프가니와 파키스타니(Afganis & Pakistanis) (강사: 전재옥 교수)

2002년 1월 19일 예수의 선교방법 (강사: 박성은 연구원)

3월 9일 중국 무슬림의 역사, 문화적 정체성(주류 한족문화의 관계 속에서) (강사: 김건우 연구원)

4월 13일 이슬람권의 여성사역 (강사: 도미영 선교사, 정아나 선교사)

12월 21일 꾸란을 이용한 복음 전도 (강사: 김동문 연구원)

2003년 3월 8일 인도네시아의 이슬람 (강사: 이장호 교수)

4월 12일 나이지리아의 민속 이슬람 (강사: 성남용 교수)

5월 10일 아프리카의 환영신학 (강사: 유부웅 교수)

10월 18일 이라크 전쟁과 선교적 전망 (강사: 정형남 선교사)

11월 15일 터키의 역사와 문화 (강사: 김종일 선교사)

12월 20일 선교기획의 가치와 방법 (강사: 전재옥 교수)

2004년 3월 13일 한국 이슬람의 어제와 오늘 (강사: 이희수 교수)

4월 17일 외국인노동자 선교의 출발: 외국인노동자 친구 되기 (강사: 박천웅 목사)

5월 8일 이슬람권 선교, 부드럽게 합시다 (강사: 문상철 박사)

◆ 단행본과 번역서

이슬람연구 4 이슬람연구소 전재옥 엮음, 『아시아의 무슬림 공동체』 예영커뮤니케이션, 1998.

번역서   비비안 스테이시 지음, 한국이슬람연구소 옮김, 『위대한 모험, 선교: 여성 선교사 8인의 삶과 사역』 IVP, 2002.

쇼캣 모우캐리 지음, 한국이슬람연구소 옮김, 『기독교와 이슬람의 대화』 예영커뮤니케이션, 2003.

◆ ≪이스마엘 우리의 형제≫ 연구발표 내용
〈1999년 1월(제38호) - 2004년 6월(제68호)〉

◇ 제38호 (1999.1)

    연구발표 선교학의 동향 1 (전재옥 교수)

    연구발표 기독교와 이슬람 2 (제레미 존스)

    연구발표 민속이슬람과 정통이슬람과의 관계 연구 (이현경)

◇ 제39호 (1999.3)

    연구발표 이슬람 정치론 1 (엄주연 목사)

    연구발표 이슬람 세계의 정의와 인권 (도미앤 안토니오 신부)

    연구발표 서구 기독교 훈련은 십자가를 거부하는가 (아지즈 훼르난도)

◇ 제40호 (1999.5)

    연구발표 이슬람 정치론 2 (엄주연 목사)

    연구발표 현대 이슬람 세계의 여권운동 (조희선 교수)

    연구발표 무슬림 노예 제도와 검은 아프리카 (John Azumah)

◇ 제41호 (1999.7)

    연구발표 이디오피아의 이슬람 (박종국 선교사)

    연구발표 현대 이슬람 세계의 여권 운동 2 (조희선 교수)

    연구발표 무슬림 노예 제도와 검은 아프리카 (John Azumah)

◇ 제42호 (1999.9)

    연구발표 우리가 직면하고 있는 도전들 (전재옥 교수)

    연구발표 성경과 꾸란에 나타난 하나님의 개념 비교 1 (이현경 연구원)

◇ 제43호 (1999.11)

    연구발표 이슬람의 순니와 쉬아 운동 (김영남 연구원)

    연구발표 성경과 꾸란에 나타난 하나님의 개념 비교 2 (이현경 연구원)

◇ 제44호 (2000.1)

    연구발표 꾸란의 계시 역사 (황병하)

연구발표 꾸란과 해석학 (이현경)

연구발표 터키의 이슬람주의자들과 여성 (김영남)

◇ 제45호 (2000.3)

연구발표 이슬람 사상의 해석방법 (황병하)

연구발표 꾸란과 해석학 2 (이현경)

연구발표 터키의 이슬람주의자들과 여성 2 (김영남)

◇ 제46호 (2000.5)

연구발표 꾸란은 창조에 대해 무엇을 말하는가? (연구부)

연구발표 중동 근대사에서 찾아본 분쟁의 원인 (김영남)

◇ 제47호 (2000.7)

연구발표 이슬람과 유대교, 기독교의 메시아사상 비교 연구 1 (Peter G. Riddell)

연구발표 이슬람의 문화적 특색과 토속관행 (조희선)

◇ 제48호 (2000.9)

연구발표 이슬람과 유대교, 기독교의 메시아사상 비교 연구 2 (Peter G. Riddell)

연구발표 "도대체 이놈들은 돈밖에 몰러" ―중국회족 선교를 위한 제언 (엄주연)

◇ 제49호 (2000.11)

연구발표 이슬람의 영 사상 (이동주)

연구발표 한국교회와 이슬람권 선교 (김병선)

◇ 제50호 (2001.1)

연구발표 새천년의 선교 (전재옥)

연구발표 이슬람의 신관 (김영경)

연구발표 소명의 사람들 (전재옥)

◇ 제51호 (2001.3)

연구발표 새천년의 선교 II (전재옥)

연구발표 아랍국가들의 정체성 (김영남)

◇ 제52호 (2001.5)

연구발표 이슬람의 도전에 직면한 오늘의 교회

연구발표 터키인의 이슬람화와 이슬람의 발전 (김주찬)

◇제53호 (2001.7)

연구발표 무슬림과의 대화, 역사적 배경과 선교 지향적 변증론 (엄주연)

연구발표 실크로드를 통한 문화 교류와 선교 전략적 의미 (조용성)

◇제54호 (2001.9)

연구발표 선교를 위한 한국 교회 갱신과 창조적 목회 (전재옥)

연구발표 실크로드를 통한 문화 교류와 선교 전략적 의미 II (조용성)

연구발표 무슬림들이 말하는 "내가 그리스도를 영접하게 된 이유" (J. Dudley Woodberry &
Russell G. Shubin)

◇제55호 (2001.11)

연구발표 선교를 위한 한국 교회 갱신과 창조적 목회 II (전재옥)

연구발표 중국의 이슬람: 신장 위그루 자치구를 중심으로 (장경희)

◇제56호 (2002.1)

연구발표 선교를 위한 한국 교회 생신과 창조적 목회 III (전재옥)

연구발표 강자의 종교 기독교, 약자의 종교 이슬람? (문상철)

◇제57호 (2002.3)

연구발표 이슬람 지하드에 관한 고찰 (김영남)

연구발표 이슬람에서 수피즘의 역할 (이현경)

◇제58호 (2002.5)

연구발표 튀니지 여성 (정아나)

연구발표 중국 무슬림의 역사 종교 문화적 정체성에 관한 고찰—주류 한족 문화와의 관계
를 중심으로 (김건우)

◇제59호 (2002.7)

연구발표 무슬림 여성과 베일 (이정순)

연구발표 이슬람에서의 여성과 가족 (도나 스미스)

◇제60호 (2002.9)

연구발표 무슬림 여성과 베일 II (이정순)

연구발표 이슬람의 배타성과 포용성 (허은아)

연구발표 이슬람에서 알라는 사랑인가? (이현경)

◇제61호 (2002.11)

연구발표 무슬림들과 공존하는 현대 그리스도인들을 위한 이정표 (비비안 스테이시)

연구발표 미국의 대 이라크 전쟁의 배경과 전망 (김동문)

◇제62호 (2003.3)

연구발표 인도네시아의 민간이슬람 (이장호)

연구발표 꾸란을 활용한 복음전파의 가능성과 실제 (김동문)

연구발표 민속이슬람 (도나스미스)

◇제63호 (2003.7)

연구발표 인도네시아의 민간이슬람 II (이장호)

연구발표 전쟁 후의 이라크 (김동문)

연구발표 서부 아프리카의 민속이슬람 (성남용)

◇제64호 (2003.10)

연구발표 기독교와 이슬람, 무엇이 다른가? (쇼캣 모우캐리)

연구발표 역사적 기원으로 본 카작족 이해 (장경희)

연구발표 서부 아프리카의 민속이슬람 II (성남용)

◇제65호 (2003. 12)

연구발표 역사적 기원으로 본 카작족 이해 III (장경희)

연구발표 터키의 역사와 문화 I (김종일)

연구발표 이라크 전쟁과 이슬람권 선교 (정형남)

◇제66호 (2004. 2)

연구발표 역사적 기원으로 본 카작족 이해 III (장경희)

연구발표 터키의 역사와 문화 II (김종일)

연구발표 Missiological Implications of the Mission for Migrant Workers in Korea" (김아영)

◇제67호 (2004. 4)

연구발표 한국이슬람의 어제와 오늘 (이희수)

연구발표 이슬람 경전과 전통에 나타난 여성 차별 (김영남)

◇제 68호 (2004.6)

　연구발표 외국인노동자 선교의 출발:외국인노동자 친구 되기 (박천웅)

　연구발표 이슬람권 선교, 부드럽게 합시다 (문상철)

　연구발표 Islamic Da´Wa and Christian Mission (김아영)

◆ 한국이슬람연구소 소장 도서

◇ 사전

『표준아랍어-한국어사전』 명지대학교 부교수, 이종택 편

Gibb, H.A.R. & Kramers, J.H., *Shorter Encyclopaedia of Islam*(4th ed.), Leiden: N.Y.: Koln: E.J.Brill,
　1995(19531st).

Glasse, Cyril, *The Concise Encyclopedia of Islam*, Sanfrancisco: HarperSanFrancisco, 1991.

Urdu English Dictionary, Lahore; Rawalpindi; Karachi: Ferozsons (Pvt.).

◇ 입문

이승수 지음, 『미전도 지역 무슬림 세계를 향한 선교』 서울: 예루살렘, 1992.

존 엘더 지음, KTM 편집부 옮김, 『무슬림을 향한 성경적 접근』 서울: 도서출판 펴내기, 1992.

최영길, 『꾸란의 이해: 성경의 유죄설과 꾸란의 무죄설』 서울: 성천문화재단, 1995.

쿠르쉬드 아흐만 편저, 이석훈 옮김, 『이슬람 그 의의와 메시지(*The Islamic Foundation*)』 서울:
　우리터, 1993(1982).

함무라 알달라티, 『이슬람의 실상(재판)』 서울: 한국이슬람교 중앙회, 1990(1986 1st).

존 엘더 지음, KTM 편집부 옮김, 『무슬림을 향한 성경적 접근(*The Biblical Approach to the
　Muslim*)』 서울: 도서출판펴내기, 1992.

잭 버드 지음, 중동선교회 옮김, 『이슬람이란 무엇인가(*Studies on Islam*)』 서울: 예루살렘, 1992.

사이애드 아불 아알라 마우두디 지음, 압바스 홍순남 박사 옮김, 『이슬람의 이해(*Towards*

Understanding Islam)』 서울: 한국이슬람교 중앙회, 1990.

카렌 암스트롱 지음, 유혜경 옮김, 『마호메트평전』 서울: 미다스북스, 2002.

P.J.스튜어트 지음, 김백리 옮김, 『펼쳐보는 이슬람』 서울: 도서출판 풀빛, 2004.

Stacey, Vivienne, *Submitting to God: Introducing Islam*, London; Sydney; Auckland: Hodder & Stoughton, 1997.

Klein, F.A., *The Religion of Islam*, London: Curzon Press, 1985.

W.ST. Clair-Tisdall, M.A., *The Sources of Islam*, Edinburgh: The message for Muslims Trust, 1900.

Islam: An introduction, Karachi: Begum Aisha Bawany Wakf.

Peter Clarke ed., *The World's Religions: Islam*, London: Routledge, 1990(19981st).

Louis Bahjat Hamada, *Understanding the Arab World*, Nashville: Thomas Nelson Pbulishers, 1990.

Islam: The religion of all Prophets, Karachi: Begum Aisha Bawany Waqf.

Mirza Ghulam Ahmad, *The Teachings of Islam*, London: Darf Publishers, 1984.

Abdiyah Akbar Abdul-Haqq, *Sharing Your Faith with a Muslim*, Minneapolis(Minnesota): Bethany House Publishers, 1980.

Geisler, Normal L., *Saleeb, Abdul, Ansering Islam: The crescent in light of the cross*, MI: Baker, 1993.

Tanzil-ur-Rahman, *Essays on Islam*, Lahore: Islamic Publications(PVT), 1988.

Rahman, Fazlur, *Islam*, Chicago; London: University of Chicago Press, 1979(1966 1st).

Parshall, Phil, *Inside the Community: Understanding Muslims through Their Traditions*, MI: Baker, 1994.

Beyond Belief: *Contemporary Feminist Urdu Poetry*, tr. Rukhsana Ahmad, Lahore: ASR, 1990.

◇ 철학, 분파, 법

Watt, W. Montgomery, *Islamic Philosophy and Theology*, Edinburgh: Edinburgh University Press, 1985(1962 1st).

Goldziher, Ignaz, *Introduction to Islamic Theology and Law,* tr. Andras and Ruth Hamori,

Princeton: Princetion University, 1981.

Schacht, Joseph, *An Introduction to Islamic Law*, Oxford: Clarendon, 1979(1964 1st).

Baber Johnasen, Aharon Layish, Huda Lutfi, David S. Powers eds, *Islamic Law and Society*,
    Leiden: E.J.Brill, 1994.

Yusuf Al-Qardawi, *The Lawful and the Prohibited in Islam*, Lahore: Islamic Publications(PVT),
    1993(1988 1st).

Watt, W. Montgomery, *The formative period of Islamic Thought*, Oxford: Oxford University,
    1998(1973 1st).

Momen, Moojan, *An Introduction to Shi`i Islam: The History and Doctrines of Twelver Shi`ism*,
    New Haven; London: Yale University, 1985.

S. Abul A'la Maududi, *Islamic Law and Constitution*, Lahore: Islamic Publications(Pvt), 1992,
    (1955 1st).

◈ 사회, 문화

버나드 루이스 지음, 김호동 옮김, 『이슬람문명사』 서울: 이론과 실천, 1994.

공일주, 『아랍문화의 이해』 서울: 대한교과서, 1996.

Gellner, Ernest, *Muslim Society*, Cambridge: Cambridge University, 1981.

John J. Donohue and John L. Esposito eds, *Islam in Transition: Muslim Perspectives*, N.Y.:Oxford:
    Oxford University, 1982.

Lingenfelter, Sherwood G., *Transforming Culture: A Challenge for Christian Mission*, Mi: Baker,
    1992.

Lindholm, Charles, *Frontier Perspectives: Essays in Comparative Anthropology*, Oxford: Oxford
    University, 1996.

Westermarck, Edward, *Pagan Survivals in Mohammedan Civilization*, Amsterdam: Philo Press,
    1973(1933 1st).

Islahi, M. Yusuf, *Etiquettes of Life in Islam*, Lahore: Islamic Publications(Pvt.), 1993(1979 1st).

Marwan Ibrahim Al-Kaysi, *Morals and Manners in Islam: A guide to Islamic Adab*, Leicester: The

Islamic Foundation, 1989(1986 1st).

◇ 신학

Choueiri, Youssef M., *Islamic Fundamentalism*, London: Pinter Publishers, 1990.

Islahi, S.D., *Islam at a Glance*, Lahore: Islamic Publications(Pvt.), 1994(1977 1st).

Mohammad Zia Ullah, *Islamic Concept of God*, London; Boston; Henley: KPI, 1984.

Notes and Commentary M.A. Yusseff, *The Gospel of Barnabas*, Indianapolis(IN): American Trust Publications, 1990.

Philips, Bilal, *The True Message of Jesus Christ*, Sharjah: Dar Al Fatah, 1996.

Muhammad `Ata ur-Rahim, *Jesus, A Prophet of Islam*, Karachi: Begum Aisha Bawany Waqf, 1397A.H.

Parrinder, Geoffrey, *Jesus in the Qur'an*, Oxford: Oneworld, 1996(1965 1st).

Seyyed Hossein Nasr, *Islam and the Plight of Modern Man*, Lahore: Suhail Academy, 1988.

무함마드 아따울 라힘 지음, 이석훈 역, 『예수, 신의 예언자』 서울: 신지평, 1993.

Ahmad Shafaat, *Islam, Christianity, and the state of Israel as Fulfillment of Old Testament Prophecy*, Indianapolis(IN): American Trust, 1989.

Iskander Jadeed, *For the sake of Truth*, Rikon: The Good Way, 1991(Arabic edition 1970).

Abd-al-Masih, *Who is Allah in Islam?*, Villach: Light of Life.

Nicola Yacoub Ghabril, *Themes for the Diligent*, Rikon: The Good Way.

Zwemer, Samuel M., *The Muslim Christ: An Essay on the Life, Character, and Teachings of Jesus Christ According to the Koran and Orthodox Tradition*, Birmingham: Church Magazines, 1912.

Hahn Ernest, *Jesus in Islam: A Christian View*, Pasadena(CA), Good Shepherd Ministries, 1991(1975 1st).

Ajijola, Alhaj A.D., *The Myth of the Cross*, Lahore: Islamic Publications, 1975.

◇ 선교

Musk, Bill A., *Touching the Soul of Islam: Sharing the Gospel in Muslim Cultures*, Crowborough: MARC, 1995.

Mathews, R. Arthur, *Born for Battle: 31 Studies on Spiritual Warfare*, Wheaton(Illinois): OMF, 1993(1978 1st).

Rishawi, Emir, *A Struggle that led to Conversion*, Villach: Light of Life, 1993.

Christine Amjad-Ali, ed. *Developing Christian Theology in the Context of Islam,* Rawalpindi: Christian Study Centre, 1996.

Saal, William J., *Reaching Muslims for Christ*, Chicago: Moody Press, 1993.

필 파샬 지음, 이숙희 옮김, 『십자가와 초승달: 그리스도인과 무슬림의 영성에 관하여』 서울: 죠이선교회, 1994.

Christensen, Jens, *The Practical Approach to Muslims*, Mrs. M. Christensen & The North Africa Mission, 1977.

Parshall, Phil, *New Paths in Muslim Evangelism: Evangelical Approaches to Contextualization*, Michigan: Baker, 1992(1980 1st).

C.G. Pfander, *How can we know the true religion?*(Balance of Truth, Part III), Villach: Light of Life.

C.G. Pfander, *How can you be saved, O Man?*(Balance of Truth, Part II), Rikon: The Good Way.

C.G. Pfander, *No distortion in the Tora and the Gospel*(Balance of Truth, Part I), Rikon: The Good Way.

Anderson, Neil T., *The Bondage Breaker*, Eugene(Oregon): Harvest House, 1990.

Julian Saldanha, *Patterns of Evangelisation in Mission history*, Bandra-Bombay: St Paul, 1988.

parshall, Phil, *Bridges to Islam: A Christian perspective on Folk Islam*, Grand Rapids(MI): Baker, 1983.

빌퀴스 쉬이크 지음, 박양미옮김, 『어느 이슬람 여인의 회심』 서울: (주)임마누엘, 1987 (1978 1st).

Saal, William J., *Reaching Muslims for Christ*, Chicago: Moody Press, 1993.

Gilchrist, John, *The Christian Witness to the Muslim*, Benoni: Jesus to the Muslims, 1988.

Woodberry, J. Dudley, *Muslims & Christians on the Emmaus Road*, Monrovia(CA): MARC, 1989.

222 | 민속이슬람

Sayyid Abul A'la Mawdudi ed., *Let us be Muslims, Khurram Murad* Leicester: The Islamic Foundation, 1992(1982 1st).

Musk, Bill, *Passionate Believing*, Tunbridge Wells: Monarch, 1992.

Bassam Michael Madany, *The Bible and Islam: Sharing God's Word with a Muslim*, Palos Heights(IL): The Back to God Hour, 1992(1981 1st).

James P. Mackey ed., *Studies in World Christianity* (Vol 3.2, 1997), Edinburgh: Edinburgh/Orbis Books, 1997.

Cooper, Anne, *Ishmael my brother: A Christian Introduction to Islam*, Tunbridge Wells: MARC, 1993(1985 1st).

Chapman, Colin, *You go and do the same: Studies in relating to Muslims*, Rushden: Church Missionary Society, 1983.

Gaudencio B. Rosales DD & C.G. Arevalo SJ eds., *For all the Peoples of Asia: Federation of Asian Bishops' Conferences Documents from 1970 to 1991*, Maryknoll: Orbis Books, 1992. *The True Guidance (Part One): The Infallibility of Revelation and the Sins of the Prophets*, Villach: Light of Life, 1991(Arabic Ed., 1904).

Roger Forster & John Richard eds., *Chruches that Obey: Taking the Great Comminssion Seriously*, Carlisle: OM, 1995.

Lenning, Larry G., *Blessing in mosque and mission*, Pasadena: William Carey Library, 1980.

Hofman, J. Samuel, *Mission Work in Today's World: Insights and Outlook*, Pasadena: William Carey Library, 1993.

Livingstone, Greg, *Planting Churches in Muslim Cities: A team Approach*, Grand Rapids(MI): Baker, 1993.

Gulsham Esther, *Beyond the Veil*, London: Marshall Pickering, 1992.

Gulsham Esther, *The Torn Veil*, London: Marshall Pickering, 1992.

콜린 채프만 지음, 전재옥 옮김, 『이슬람번역서 1, 가서 너도 이와 같이 하라』 서울: 이슬람연구소, 1995.

조용성 역편, 『잊혀진 땅: 오늘의 터어키』 서울: 중동선교회, 1987.

조용성, 『잊혀진 땅을 가슴에 품고: 소아시아 선교행전 그 십이 년의 이야기』 서울: 요단출판사, 1998.

에드윈 야마후치 지음, 조용성 옮김, 『잊혀진 땅 소아시아』 서울: 성광문화사, 1999 (1998 1st).

자네트 발렌트 화이트 지음, 전재옥 편역, 『에스더 꺼마르: 파키스탄 순교여성 이야기』 서울: 두란노, 1992.

《중국복음선교회(제8호) 중국 교회와 선교》 서울: 중화기독교유지재단, 2000.

전재옥, 『파키스탄, 나의 사랑』 서울: 예영커뮤니케이션, 2003.

전재옥, 『기독교와 이슬람: 문화의 경계를 넘어 만남 이슬람』 서울: 이화여자대학교출판부, 2003.

필 파살 지음, 조정자 옮김, 『화폭을 짜시는 거룩한 손』 서울: 선교타임즈, 2004.

◇ 역사

Michael Nazir-Ali, *Islam: A Christian Perspective*, Flemington Markets: Paternoster Press, 1983.

Carl Brockelmann, *History of the Islamic Peoples*, New York: Capricorn Books, 1960.

Philip K Hitti, *History of the Arabs*, New York: St. Martin's, 1974 (1937 1st).

Profiles of Islamic Countries, Tehran: Islamic Propagation Organization, 1989.

이희수, 『한 · 이슬람 교류사』 서울: 문덕사, 1991.

Ochsenwald, William, & Fisher, Sydney Nettleton, *The Middle East*, New York: McGraw-Hill, 1990.

Hodgson, Marshall G.S., *The Venture of Islam: The Classic Age of Islam*, Chicago: Univ. Chicago, 1974

양승윤, 『인도네시아 史』 서울: 대한교과서주식회사, 1993.

De Lacy O'Leary, *Arabia before Muhammad*, New York: E. P. Dutton, 1927.

버나드 루이스 지음, 이희수 옮김, 『중동의 역사』 서울: 까치글방, 1998.

김정위, 『중동사』 서울: 대한교과서주식회사, 1994.

공일주, 『아랍문화의 이해』 서울: 대한교과서주식회사, 1996.

이희철, 『터키』 서울: 도서출판 리수, 2002.

Marwan Ibrahim Al-Kaysi, *Morals and Manners in Islam: A Guide to Islamic Adab*, Wiltshire: The
  Islamic Foundation, 1986.

M. Yusuf Islahi, *Etiquettes of Life in Islam*, Lahore: Islamic Publications, 1993(19791st).

Westermarck, Edward, *Pagan Survivals in Mohammedan Civilization*, Amsterdam: Philo,
  1973(1933 1st).

Lindholm, Charles, *Frontier Perspectives: Essays in Comparative Anthropology*, Oxford: Univ.
  Oxford, 1996.

Lingenfelter, Sherwood G., *Transforming Culture: A Challenge for Christian Mission*, Grand
  Rapids: Baker, 1992.

John J. Donohue & John L. Esposito eds., *Islam in Transition: Muslim Perspectives*, Oxford: Univ.
  Oxford, 1982.

Gellner, Ernest, *Muslim Society*, Cambridge: Univ. Cambridge, 1981.

버나드 루이스 엮음, 김호동 옮김, 『이슬람 문명사』 서울: 이론과 실천, 1994.

◇ 여성

Rafiullah Shehab, *Rights of Women in Islamic Shariah*, Lahore: Indus publishing House, 1986.

Weiss, Anita M., *Walls within Walls: Life Histories of Working Women in the Old City of Lahore*,
  Lahore: Westview, 1992.

Eve Brook & Ann Davis eds., *Women the Family and Social Work*, London: Tavistorck, 1985.

Raja, R.J., *You are Free: Women in the New Testament*, Bangalore: NBCLC, 1993.

Stacey, Vivienne, *Women in Islam*, London: Interserve, 1995.

Wani, M.A., *Maintenance Rights of Muslim Women*, Delhi: Genuine, 1987.

Judith E. Tucker ed., *Arab Women*, Bloomington: Indiana, 1993.

Abu Ameenah Bilal Philips, *Islamic Rules on Menstruation and Post-Natal Bleeding*, Sharjah: Dar
  Al Fatah, 1995.

Nighat Said Khan ed., *Voices Within: Dialogues with women on Islam*, Lahore: ASR, 1992.

Tehmina Durrani, *My Feudal Lord,* Lohare: Intikhab i Jadeed, 1991.

H. Mintjes, *Women and Islam in Pakistan*, Rawalpindi: Christian Study Centre, 1984.

Safia Iqbal, *Woman and Islamic Law*, Lahore: Islamic Publicaiton, 1989.

Yameema Mitha, *Another Form of Stoning: Women at the Quarries,* Lahore: ASR, 1989.

Sasson, Jean P., *Princess*, London: Bantam, 1992.

Fatima Mernissi, *Hidden from History: Forgotten Queens of Islam*, Lahore: ASR, 1993.

Eva Isaksson ed., *Women and the Military System*, New York: St. Martin's Press, 1988.

Rafi Ullah Shahab, *Muslim Women in Polotical Power*, Lahore: Maqbool Academy, 1993.

Nawal El Saadawi, *Woman at Point Zero*, Lahore: ASR, 1975.

베흐야트 모알리 지음, 이승은 옮김, 『차도르를 벗겨라』 서울: (주) 생각의 나무, 2004.

◇ 지역

Sun Yoon Kyung, *Islam in Korea*, Ann Arbor(MI): UMI, 1971.

Pakistan Christian history monograph No.1, John Rooney, M.H.M, *Shadows in the Dark: A history of Christianity in Pakistan up the the 10th century*, Rawalpindi: Christian study centre, 1984.

Pakistan Christian history monograph No.5, John Rooney, M.H.M, *On Rocky Ground: The Catholic Church in the North West Territories 1887-1987*, Rawalpindi: Christian study centre, 1987.

Pakistan Christian history monograph No.4, John Rooney, M.H.M, *Into Deserts: A History of the Catholic Diocese of Lahore*, Rawalpindi: Christian study centre, 1987.

Pakistan Christian history monograph No.3, John Rooney, M.H.M, *On Heels of Battles: A History of Catholic Church in pakistan*, Rawalpindi: Christian study centre, 1986.

Pakistan Christian history monograph No.6, John Rooney, M.H.M, *Symphony on Sands: A history of the Catholic Church in Sind & Baluchistan*, Rawalpindi: Christian study centre, 1988.

Pakistan Christian history monograph No.2, John Rooney, M.H.M, *The Hesitant Dawn: Christianity in Pakistan 1579-1760*, Rawalpindi: Christian study centre, 1984.

Afaf Lutfi Al-Sayyid Marsot, *A short History of Modern Egypt*, Cambridge: Univ. Cambridge, 1985.

Lamb, Christina, *Waiting for Allah: Pakistan's Struggle for Democracy*, Auckland: Viking, 1991.

John L. Esposito ed., *Islam in Asia: Religion, Politics, & Society*, Oxford: Univ. Oxford, 1987.

Parry, V.J., *A History of the Ottoman Empire to 1730*, Cambridge: Univ. Cambridge, 1976.

Moss, Joyce, & Wilson, George, *The Middle East and North Africa: The culture, Geographical Setting, and Historical Background of 30 Peoples of the Middle East and North Africa*, London: Gale Research Inc., 1992.

Geijbels M., & Addleton, J.S., *The rise and development of Urdu and the importance of Regional Languages in Pakistan*, Rawalpindi: Christian Study Centre, 1986.

Voll, John Obert, & Voll, Sarah Potts, *The Sudan: Unity and Diversity in a Multicultural State*, London: Westview, 1985.

Khan, Wali, *Facts are Facts: The untold story of India's Partition*, New Delhi: Vikas, 1988 (1987 1st).

United Nations Development Programme, *EDAP Joint Policy Studies 1: Social Reform and Development in the Asia Pacific*, 서울: KDI, 1998.

Gowing, Peter Gordon, *Muslim Filipinos: Heritage and Horizon*, Quezon: New Day, 1979.

Bowen, John R., *Muslims through Discourse: Religion and Ritual in Gayo Society*, Princeton: Univ. Princeton, 1993.

Moghal, Dominic, *Human Person in Punjabi Society: A tension between Religion & Culture*, Rawalpindi: Christian Study Centre, 1997.

Lines, Maureen, *The Kalasha people of North-Western Pakistan*, Peshawar: EMJAY, 1993.

Benningsen, Alexandre, & Wimbush, S. Enders, *Muslims of the Soviet Empire*, Bloomington: Indiana University, 1986.

Richard Tapper ed., *Islam in Modern Turkey: Religion, Politics and Literature in a Secular State*, London: I.B. Tauris, 1991.

Hasan, Sibte, *The Battle of Ideas in Pakistan*, Karachi: Pakistan Publishing House, 1989(1986 1st).

Jamil M. Abun-Nasr, *A history of the Maghrib in the Islamic period*, Cambridge: Univ. Cambridge, 1987.

Macmunn, George, *Afghanistan: From Darius to Amanullah*, Quetta: Nisa Traders, 1979(1934

Cambridge, 1987.

Macmunn, George, *Afghanistan: From Darius to Amanullah*, Quetta: Nisa Traders, 1979(1934 1st).

강성광, 『중국은 지금』 서울: 죠이선교회, 1995.

Abdallah Frangi, *The PLO and Palestine, tr. by Paul Knight*, London: Zed Books, 1983.

Nurul Zaman Ahmad Auj, *Cholistan: Land and People*, Lahore: Zahid Bshir Printers, 1991.

Alastair Lamb, *Birth of A Tragedy: Kashmir 1947*, Hertingfordbury: Roxford, 1994.

Khawar Mumtaz & Farida Shaheed, *Women of Pakistan: Two Steps Forward, One Step Back?*, Lahore: Banguard, 1987.

S. Abul A'la Maududi, *Purdah and the Status of Woman in Islam*, Lahore: Islamic Publications, 1993(19721st).

Mahmud, Khalid, *Pakistan's Political Scene 1984-1992*, Lahore: Rhotas Books, 1992 (1990 1st).

Roedad Khan, *Pakistan - A Dream Gone Sour*, Oxford: Oxford Univ., 1998 (1997 1st).

Khalid Hasan, *The Umpire Strikes Back: People and Politics in Pakistan*, Lahore: Vanguard, 1988.

Justice Syed Shameem Hussain Kadri, *Creation of Pakistan*, Lahore: Wajidalis, 1982.

주 인도네시아 한국 선교사 친교회, 《인도네시아 선교 안내》 1994.

◇ 수피즘

Jens Enevoldsen, *Selections From Rahman Baba*, Herning: Poul kristensen, 1977.

Anthony de mello, S.J., *One Minute Wisdom*, Anand: Gujarat Sahitya prakash, 1987.

이현경, "Sainthood and Modern Java: A Window into the world of Muhammad Zuhri" London Bible College Th.M. 논문, 1999.

◇ 교육/ 미디어

Viggo Sgaard, *Media in Church and Mission: Communicating the Gospel*, Pasadena: William Carey Library, 1993.

Kraan, J.D., *Rieligious Education in Islam with special reference to pakistan: An Introduction*

Lings, Martin, *Muhammad: His life based on the earliest sources*, Cambridge: Islamic Texts Society, 1997(1983 1st).

Allama Saiyid Sulaiman Nadwi, *The Life and Message of the holy Prophet Muhammad*(Along with a Comparative Study of Religions), tr. by Mohiuddin Ahmad, Karachi: Begum Aisha Bawany Waqf, 1977.

◇ 정치

Chand, Attar, *Islam and the New World Order*, New Delhi: Akashdeep Publishing House, 1992.

◇ 예술

Hillenbrand, Robert, *Islamic Art and Architecture*, London: Thames and Hudson, 1999.

◇ 해석

The True Guidance(Part Five): Comments on Quranic Verses, Villach: Light of Life, 1994.

Peters, F.E., *A Reader on Classical Islam*, Princeton: Princeton, 1994.

Muhammad Zubayr Siddiqi, *Hadith Literature: Its Origin, Development & Special Features*, Cambridge: The Islamic Texts Society, 1993.

◇ 변증

The True Guidance(Part One): The Infallibility of Revelation and the Sins of the Prophets, Villach: Light of life, 1991(Arabic 1904 1st).

Arnold, T.W., *The Preaching of Islam: A History of the Propagation of the Muslim Faith*, London: Darf Publishers, 1986.

Chapman, Colin, *Cross & Crescent: Responding to the challenge of Islam*, Leicester: IVP, 1995.

Nehls, Gerhard, *Christians Answer Muslims*, Bellville: Evangelical Mission Press, 1988.

Tisdall, Clair ST., *Christian Reply to Muslim Objections*, Villach: Light of Life, 1904.

Abdul Rahman Dimashkiah, *Let the Bible Speak*, Riyadh: IIPH, 1995.

Pfander, C.G., *Balance of Truth*, Villach: Light of Life, 1986.

The True Guidance(Part Two): False Charges Against The Old Testament, Villach: Light of life, 1992(Arabic 1987 1st).

Yusseff, M.A., *The Dead Sea Scrolls The Gospels of Barnabas and the New Testament*, Indianapolis: AP, 1990.

Madany, Bassam M., *The Bible and Islam: Sharing God's Word with A Muslim*, Palos Heights(IL): The Back to God Hour, 1992(1979 1st).

The Gospel of Barnabas, Karachi: Begum Aisha Bawany Waqf, 1907.

The True Guidance(Part Three): False Charges Against The New Testament, Villach: Light of life, 1992(Arabic 1987 1st).

The True Guidance(Part Four): An Introduction to Quranic Studies, Villach: Light of life, 1994(Arabic 1904 1st).

◇ 경전

`Abdur Rahman I. Doi, *Shari`ah: The Islamic Law*, London: Ta Ha, 1997(1984 1st).

◇ 2002년 신간도서

1. Bob Hitching, McDonalds, *Minarets and Modernity,* Spear Publications: Kent, 1996.

2. Annette Hall, *Producing Mature Fruit*, CMS Publishing: Makati City, 1999.

3. Ida Glaser & Napoleon John, *Partners or Prisoners?: Christians thinking about women and Islam*, Solway: London, 1998.

4. Fran Love & Jeleta Eckheart eds., *Ministry to Muslim Women: Longing to Call Them Sisters*, William Carey Library: Pasadena, 2000.

5. CD-ROM, The World of Islam: Resources for Understanding.

6. Diskettes, Joyce Wiebe, Women in the Bible, Spiritual Warfare, Bible Storying, Prayer & Prophets.

7. Diskettes, JO Terry, "Heaven is for Women, Water Stories".

8. Diskettes, JO Terry, "God and Women".

9. Diskettes, "Research questions, Study Group Narrations".

10. Diskettes, "Cultural Research, Worldview".

11. Diskettes, Donna Smith, "Women in Islam" "Women in the Arab World".

12. Emily J. van Dalen, "Raising Radiant Daughters in Dark Places" Seedbed XV, pp. 14-28.

13. Fran Love, "Church Planting that Includes Muslim Women" International Journal of Frontier Missions, Vol 13:3 July-Sept., 1996.

14. Selected Bibliography for Women in Islam by Donna Smith.

15. Philip Yancey, *What's So Amazing About Grace?* Zondervan: Grand Rapids, 1997.

16. Philip Yancey, *The Jesus I Never Knew,* Zondervan: Grand Rapids, 1995.

17. Andrew F. Walls, *The Cross-Cultural Process in Christian History*, Orbis Books, Maryknoll, New York, 2002.

18. John L. Esposito with Natana J. Delong-Bas, *Women in Muslim Family Law*, Syracuse University Press: Syracuse, 2001.

19. John L. Esposito, *Unholy War: Terror in the Name of Islam*, Oxford University Press: New York, 2002.

20. John L. Esposito, *The Islamic Threat: Myth or Reality?* Oxford University Press: New York, 1999.

21. Wilbert R. Shenk, *Changing Frontiers of Mission*, Orbis Books, Maryknoll, New York, 2001.

22. Andrew F. Walls, *The Missionary Movement in Christian History: Studies in the Transmission of Faith*, Orbis Books, Maryknoll, New York, 2000.

23. John L. Esposito, *Islam The Straight Path*, Oxford University Press: New York, 1988.

24. John L. Esposito & John O. Voll, *Makers of Contemporary Islam*, Oxford University Press: New York, 2001.

25. Majella Franzmann, *Women and Religion*, Oxford University Press: New York, 2000.

26. Kenneth Cragg, *Jesus and the Muslim: An Exploration,* Oneworld Publications: Oxford, 1999.

27. William Montgomery Watt, *Islam: A Short History*, Oneworld Publications: Oxford, 1996.

28. Fazlur Rahman, *A Study of Islamic Fundamentalism: Revival and Reform in Islam*, Oneworld Publications: Oxford, 2000.

29. Charles Van Engen, *Mission on the Way: Issues in Mission Theology*, Baker Books: Grand Rapids, 2000.

30. Chawkat Moucarry, *The Prophes & the Messiah: An Arab Christian's Perspective on Islam & Christianity*, InterVarsity Press: Grove, Illinois, 2001.

31. Akbar S. Ahmed, *Islam Today: A Short Introduction to the Muslim World*, I.B. Tauris Publishers: London, 1999.

32. Yossef Bodansky, *Bin Laden: The Man Who Declared War on America*, Forum Prima Publishing: New York, 1999.

33. Fred M. Donner, *Narratives of Islamic origins: The Beginnings of Islamic Historical Writing*, The Darwin Press: Princeton, New Jersey, 1998.

34. Nazih Ayubi, *Political Islam: Religion and Politics in the Arab World* , Routledge: London, 1991.

35. Jacques Barzun & Henry F. Graff, *The Modern Researcher*, Wadsworth: London, 1992.